前 言

自 2000 年以来，我在北京大学光华管理学院为 MBA、EMBA 等项目持续讲授《财务报表分析》课程。在该课程的教学过程中，除了介绍和讨论财务报表结构和信息特征，以及财务报表分析的原理、方法和应用等基本问题，也不断尝试将一些相关学术研究的发现结合到课堂教学之中，以使教学内容既有个案经验总结，也有大样本统计分析，从而使学员能够更深入和具体地理解和认识《财务报表分析》课程的基本问题。

关于集团企业财务与会计问题的研究，虽然以前也有涉猎，但 2010 年以来才集中更多的注意力持续研究这一领域的问题。在我主持的国家自然科学基金重点项目《会计信息与资源配置效率研究》（2012～2016）和财政部"会计名家培养工程"课题（2014～2016）的执行过程中，都比较着重于集团财务与会计问题的研究。本书旨在将过去几年间我和我的合作者有关集团企业财务与会计问题的学术研究成果，以尽可能通俗易懂的方式，转化为专题著作性质的教学参考资料，为那些希望深度认识集团企业财务报表分析问题的读者提供一本既具有学术深度又比较容易接受的严肃性读物。

从上述基本思想出发，我们设计了本书的基本框架。本书的内容安排和体系设计主要有以下几个特点：

（1）本书内容的核心是关于集团企业财务解读。也就是说，希望本书能够为读者理解和认识集团企业财务状况提供一些理论分析和经验证据。

（2）本书具体内容涉及集团企业的财务、会计和审计三大方面。但是，其中关于会计和审计问题的分析与讨论，目的还是为了使读者能够更为深入地理解和认识集团企业的财务状况，而不是在于会计和审计问题本身。

（3）本书共分八章，每章覆盖一个主题。其中，第3、6、8章分别只涉及一个具体问题；其余各章分别均涉及多个具体问题，但它们都围绕同一个主题，因此安排在同一章中介绍。本书之所以包括了目录所示的八个专题，主要原因是我和我的合作者在过去几年间所作的有关集团企业财务与会计问题的研究，涉及了这样八个主题。也就是说，在我们截至目前的理解之中，这样的八个主题对于理解和认识集团企业财务问题是最为重要的。至于这八个专题的排列顺序，虽然并非随机，但也不存在严格的逻辑顺序。我们在对它们进行排列时的唯一考虑是，尽可能将更为基础性的问题排在前面一些。但何者更为基础，其实也具有相对性。

（4）由于第3、6、8章分别只涉及一个具体问题，而其余几章分别涉及多个相关问题。因此，各章目录在形式上并不完全统一。但事实上，关于每一个具体问题的分析和讨论，基本上都包括了以下几个部分：引言；历史经验/制度背景；理论分析；经验证据/我们的研究发现；结语。

（5）本书主要目的不是向学术界介绍学术研究的具体技术过程，而是向那些需要应用学术界和我们自己的研究成果解读集团企业财务的读者提供理论分析和经验证据，因此，本书写作过程中尽可能简化了技术过程的一些细节，而重在介绍研究的理论思维逻辑和实证分析结果。

（6）本书各章均配了一个案例，以使读者通过案例的讨论，更直观、更具体地理解和应用书中介绍的理论和经验。

需要说明的是，本书所介绍的学术研究成果的原作者，除了本书的三位作者之外，还有我的其他几位合作者。他们是（按姓名拼音顺序）：窦欢、何捷、胡诗阳、林安霁、王鹏、伍利娜、祝继高。正是有了他们的共同努力，才有了这些研究成果；正是有了他们的倾力支持，才有了本书的结集成册。在此一并表示衷心的感谢！

出版说明

为贯彻国家人才战略，根据《会计行业中长期人才发展规划（2010～2020年）》（财会〔2010〕19号），财政部于2013年启动"会计名家培养工程"，着力打造一批造诣精深、成就突出，在国内外享有较高声誉的会计名家，推动我国会计人才队伍整体发展。按照《财政部关于印发会计名家培养工程实施方案的通知》（财会〔2013〕14号）要求，受财政部委托，中国会计学会负责会计名家培养工程的具体组织实施。

会计人才特别是以会计名家为代表的会计领军人才是我国人才队伍的重要组成部分，是维护市场经济秩序、推动科学发展、促进社会和谐的重要力量。习近平总书记强调，"人才是衡量一个国家综合国力的重要指标""要把人才工作抓好，让人才事业兴旺起来，国家发展靠人才，民族振兴靠人才""发展是第一要务，人才是第一资源，创新是第一动力"。在财政部党组正确领导、有关各方的大力支持下，中国会计学会根据《会计名家培养工程实施方案》，组织会计名家培养工程入选者开展持续的学术研究，进行学术思想梳理，组建研究团队，参与国际交流合作，以实际行动引领会计科研教育和人才培养，取得了显著成绩，也形成了系列研究成果。

为了更好地整理和宣传会计名家的专项科研成果和学术思想，

中国会计学会组织编委会出版《会计名家培养工程学术成果库》，包括两个系列丛书和一个数字支持平台：研究报告系列丛书和学术总结系列丛书及名家讲座等音像资料数字支持平台。

1．研究报告系列丛书，主要为会计名家专项课题研究成果，反映了会计名家对当前会计改革与发展中的重大理论问题和现实问题的研究成果，旨在为改进我国会计实务提供政策参考，为后续会计理论研究提供有益借鉴。

2．学术总结系列丛书，主要包括会计名家学术思想梳理，教学、科研及社会服务情况总结，旨在展示会计名家的学术思想、主要观点和学术贡献，总结会计行业的优良传统，培育良好的会计文化，发挥会计名家的引领作用。

3．数字支持平台，即将会计名家讲座等影音资料以二维码形式嵌入学术总结系列丛书中，读者可通过手机扫码收看。

《会计名家培养工程学术成果库》的出版，得到了中国财经出版传媒集团的大力支持。希望本书在宣传会计名家理论与思想的同时，能够促进学术理念在传承中创新、在创新中发展，产出更多扎根中国、面向世界、融通中外、拥抱未来的研究，推动我国会计理论和会计教育持续繁荣发展。

会计名家培养工程学术成果库编委会

2018 年 7 月

会计名家培养工程学术成果库——**研究报告**系列丛书

集团企业财务解读：
理论分析与经验证据

The Financial Interpretation
of Corporate Group：
Theoretical Analysis and Empirical Evidence

陆正飞 张会丽 王春飞◎著

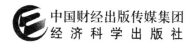
中国财经出版传媒集团
经济科学出版社

图书在版编目（CIP）数据

集团企业财务解读：理论分析与经验证据 / 陆正飞
著 . —北京：经济科学出版社，2018.5
（会计名家培养工程学术成果库 . 研究报告系列丛书）
ISBN 978-7-5141-9395-4

Ⅰ . ①集…　Ⅱ . ①陆…　Ⅲ . ①企业集团 – 财务管理 –
研究　Ⅳ . ①F276.4

中国版本图书馆 CIP 数据核字（2018）第 121174 号

责任编辑：宋学军　等
封面设计：秦聪聪
责任校对：王肖楠
责任印制：邱　天

集团企业财务解读：理论分析与经验证据
陆正飞　张会丽　王春飞　著
经济科学出版社出版、发行　新华书店经销
社址：北京市海淀区阜成路甲 28 号　邮编：100142
总编部电话：010-88191217　发行部电话：010-88191522
网址：www.cfeac.com.
电子邮箱：cfeac@cfemg.cn
天猫网店：经济科学出版社旗舰店
网址：http://jjkxcbs.tmall.com
固安华明印业有限公司印装
787×1092　16 开　15.75 印张　270 000 字
2018 年 8 月第 1 版　2018 年 8 月第 1 次印刷
ISBN 978-7-5141-9395-4　定价：48.00 元
（图书出现印装问题，本社负责调换。电话：010-88191510）
（打击盗版举报热线：010-88191661，QQ：2242791300）

第 1 章
合并报表与母公司报表信息的决策有用性 [1]

1.1 引言

　　财务报告的基本目标是向股东和债权人提供决策有用的信息，以使其在股票定价和信贷决策中能够利用公司过去的盈余信息对公司未来的盈利能力和风险作出预测（Finger, 1994; Rutherford, 2000）。然而，就企业集团而言，财务报告不仅包括合并报表，而且包括母公司报表。合并报表反映作为经济主体的集团（母公司和子公司）合并的会计信息，母公司报表则提供作为法律主体的母公司自身的会计信息。股东和债权人在其决策过程中应如何恰当利用合并报表和／或母公司报表信息，在理论界和实务界都是一个颇具争议的问题。

　　尽管人们通常认为，较之于母公司报表，合并报表可以为母公司的股东（特别是控制股东）提供更为有用的信息。但是，关于母公司报表是否对合并报表具有补充性的作用，则尚有争议。此外，合并报表对于债权人的有用性则更没有统一认识。一般认为，母公司和子公司的债权人对企业债权的求偿权是针对法律主体而非经济主体的，而合并报表实际上是母公司和各子公司报表数据的混合，并不能反映每个法律主体的偿债能力。因此，债权人主要应该关注

　　① 本章主要参考了下列论文：陆正飞、张会丽：《会计准则变革与子公司盈余信息的决策有用性》，载于《会计研究》2009 年第 5 期；陆正飞、张会丽：《新会计准则下利润信息的合理使用——合并报表净利润和母公司报表净利润之选择》，载于《会计研究》2010 年第 4 期；祝继高、林安霁、陆正飞：《会计准则改革、会计利润信息与银行债务契约》，载于《中国会计评论》2011 年第 2 期。

母公司和子公司的个别报表。但是，当母子公司存在债务交叉担保，或银行对企业集团进行整体授信时，合并报表就可能为债权人提供更为有用的信息，但母公司报表对合并报表依然具有补充作用。

1940年，美国证券交易委员会（SEC）规定证券上市公司必须编制和提供合并报表。1959年，美国会计程序委员会（CAP）发布了首份规范合并报表的正式规范——《会计研究公报第51号——合并财务报表》（ARB 51）。ARB 51指出，当集团中一个公司直接或间接拥有其他公司的控制财务权益时，合并报表较母公司报表更有意义（ARB 51，第1段）。但在某些情况下，除了披露合并报表外，披露母公司报表也是必要的，以充分显示母公司的债券持有人和其他债权人或母公司的优先股股东的状况（ARB 51，第24段；APB 18，第14段）。美国财务会计准则委员会（FASB）于1987年发布的《财务会计准则公告第94号——所有拥有多数股权的子公司的合并》（SFAS 94）和2007年发布的《财务会计准则公告第160号——合并财务报表中的非控制权益：对ARB 51的修订》（SFAS 160）重申了上述观点，并主张合并报表是最恰当的报告方式。国际会计准则理事会（IASB）2008年发布的《国际会计准则第27号——合并财务报表与单独财务报表》（IAS 27）也规定，除满足特定豁免条件外，母公司应编制和披露合并报表。IAS 27没有强制规定哪些主体应当编制供公开使用的单独财务报表（即母公司报表）。如果主体选择或应当地监管部门要求披露单独财务报表，仍应根据IAS 27编制供公开使用的合并财务报表。我国财政部于1995年发布实施了《合并会计报表暂行规定》，首次对合并报表的编制进行了规范。2006年发布的《企业会计准则第33号——合并财务报表》对其进行了修订。此次修订之后，我国会计准则关于母公司报表和合并报表编制的规定较以往发生了一个重要变化：母公司对子公司长期股权投资的会计处理由权益法改为成本法。这就使得合并报表净利润反映整个集团实现的归属于母公司股东的净利润，而母公司报表净利润则仅反映母公司自身实现的净利润（包括来自子公司的分红，下同）。因此，子公司已实现而未分配利润中归属于母公司股东的部分，就构成了合并报表净利润与母公司报表净利润差异的一个重要内容，从而导致合并报表净利润和母公司报表净利润之间差异（以下简称"合并—母公司净利润差

目 录

最后，愿本书的正式出版，能够为读者深度解读集团企业财务问题带来一些帮助。

陆正飞

2018 年初夏于北京大学光华管理学院 2 号楼

利润（子公司实现收益减去少数股东损益，=2.17-1.05），影响该合并—母公司净利润差异的因素包括子公司净利润中归属于母公司股东的 1.12 亿元和内部交易抵销事项净额 0.01 亿元。2007 年新准则实施后，母公司报表净利润不再包含 1.12 亿元的子公司净利润，是该年合并—母公司净利润差异较 2006 年大幅度上升的主要原因。在四川长虹 2007 年合并—母公司利润差异中，子公司净利润约占 99.12%。

通过以上分析可以发现，旧准则下合并—母公司净利润差异主要反映的是集团内部抵销事项对合并净利润的影响净额。戴德明等（2006）检验了旧准则下合并报表与母公司报表的有用性，发现在预测集团经营成果和现金流量方面，两者并不存在显著差异。这就意味着旧准则下的合并—母公司净利润差异并不能为母公司股票定价决策提供合并报表净利润之外的增量信息。基于此，我们推论：在旧准则下，合并—母公司净利润差异不能提供合并报表净利润之外的增量信息含量。

在新准则下，母公司利润表与合并利润表之间的分工更为明确。然而，仅使用其中任意一张报表提供的利润信息进行母公司股票定价决策都将产生一定偏差。如果仅仅使用母公司报表净利润信息，子公司当期实现但未分配的净利润将被完全排除在母公司股票定价决策之外；而若仅使用合并报表净利润信息，则意味着将集团内部不同法律实体的盈余不加区分地加以使用。格雷厄姆等（Graham et al., 1997）发现子公司的盈余宣告会导致母公司的股价反应，从而能为投资者对母公司股票的定价提供额外的信息含量。哈瓦斯等（Hevas et al., 2000）认为基于税收成本等方面因素的考虑，理性的投资者应该对子公司盈余和母公司盈余区别定价。基于以上分析，我们推论：在新准则下，合并—母公司净利润差异能够提供合并报表净利润之外的增量信息含量。

自鲍尔和布朗（Ball and Brown, 1968）首次发现会计盈余在股票定价中具有信息含量的证据以来，有关会计盈余信息决策有用性的研究不断涌现。会计盈余信息通过改变投资者的信念和行为而影响股票定价。20 世纪 80 年代以来学术界兴起的盈余反应系数（Earnings Response Coefficients）研究就是基于这一思想，考察会计盈余信息的决策有用性（Kothari, 2001）。霍尔特豪森和瓦茨（Holthausen and Watts, 2001）将有关会计盈余信息有用性的研究分为三类：相对信息含量、增量信息含量及边际信息含量研究。我们考察的是合并—母公司净利润差异在合并报表净利润基础上提供的增量信息含量。

我们的研究假定投资者在股票定价决策过程中首先使用合并报表净利润信息，然后再关注合并—母公司净利润差异。上述假定的合理性在于：一方面，从实务角度看，我国上市公司在其定期报告中同时披露合并报表和母公司报表，合并报表在前，母公司报表在后，而且上市公司披露的诸如每股收益（EPS）、净资产收益率（ROE）及资产报酬率（ROA）等财务指标的计算均以合并报表信息为基础；另一方面，从学术角度看，我国主要学术研究数据库，诸如 CSMAR、CCER 等均提供合并报表数据，并不提供母公司报表数据，因而在会计及财务学术研究中主要使用合并报表信息已成惯例。

为了较为清晰地观察合并—母公司净利润差异的变化趋势，我们将从 wind 资讯数据库可得的非金融业上市公司的原始数据样本按年度进行了初步的描述性统计分析。图 1-1 给出了合并—母公司净利润差异的符号从 1996 年实施《合并会计报表暂行规定》以来至 2007 年的 12 年间在横截面上的频率分布变化趋势。表 1-2 给出了 1996～2007 年该差异的绝对值大小的年度变化趋势。

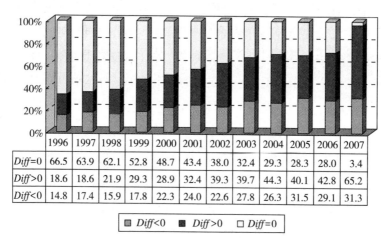

	1996	1997	1998	1999	2000	2001	2002	2003	2004	2005	2006	2007
Diff=0	66.5	63.9	62.1	52.8	48.7	43.4	38.0	32.4	29.3	28.3	28.0	3.4
Diff>0	18.6	18.6	21.9	29.3	28.9	32.4	39.3	39.7	44.3	40.1	42.8	65.2
Diff<0	14.8	17.4	15.9	17.8	22.3	24.0	22.6	27.8	26.3	31.5	29.1	31.3

■ *Diff*<0　■ *Diff*>0　□ *Diff*=0

图 1-1　合并—母公司净利润差异符号的年度频率分布

由图 1-1 可以看出，在开始披露合并报表信息的最初几年，合并报表净利润与母公司报表净利润相等即 *Diff* [1]=0 的观测数占相当大的比例，但呈现出逐年下降的趋势。受新准则实施的影响，该类观测数占全部观测值比在 2007

---

① Diff——合并—母公司净利润差异。

够更为有效地分离出子公司盈余信息的定价作用。另外，我们的研究还发现，合并报表与母公司报表的合理分工，从而子公司盈余信息的释放，为投资者的股票定价决策带来了额外信息，证明过去不尽完善的合并技术所导致的信息遗失确实会对投资者股票定价决策带来不利的经济后果，进而支持了新准则对子公司长期股权投资核算方法调整的合理性，以及对于投资者保护的积极意义。

新准则实施之前，我国上市公司编制合并财务报表一直遵循财政部 1995 年颁布的《合并会计报表暂行规定》（财会字〔1995〕11 号）。在旧准则下，母公司报表采用权益法核算对子公司的长期股权投资；合并报表则在对集团内部交易影响利润的事项进行抵销处理之后，将子公司当期净利润中归属于母公司股东的部分计入合并净利润。因此，假定不存在母子公司之间的抵销事项，或内部交易事项对合并净利润的影响为 0 时，母公司报表净利润将等于合并报表净利润，亦即合并—母公司净利润差异等于 0。因此，在旧准则下，合并—母公司净利润差异的大小主要反映了集团内部交易事项对合并净利润的影响。

在新准则下，母公司改按成本法核算对子公司的长期股权投资，母公司只有在子公司发放红利时才确认投资收益，从而母公司报表净利润不再包括归属于母公司股东的、子公司当期已实现而未分配的利润。在编制合并报表时，则将母公司对子公司长期股权投资调整为权益法基础。因此，在新准则下，合并—母公司净利润差异除了包含集团内部抵销事项对合并净利润的影响之外，还包含了归属于母公司股东的子公司当期已实现而未分配的利润①。

---

① 需要说明的是，该部分"归属于母公司股东的子公司当期已实现而未分配的利润"会因子公司的盈利或亏损而影响合并—母公司净利润差异的符号和数值大小。为了表述方便，本文未对亏损情形加以单独分析。就一般情形而言，在新准则下，合并—母公司净利润差异会因当期子公司盈利而符号为正、数值变大，因子公司亏损而符号为负、数值变小。上述两种情况均会导致该差异的绝对值变大，故我们下文在探讨新准则"扩大"了合并净利润与母公司净利润之间的差异时，是基于绝对值意义上的大小的考虑（见表 1-1）。但在考察该差异的增量信息含量时，我们充分考虑了子公司盈利和亏损所可能导致的不同影响，不对差异变动（或差异水平）的符号作任何限定。当然，如果内部抵销事项与子公司盈亏状况对合并净利润的影响方向相反，也可能出现新准则下合并—母公司净利润差异的绝对值比旧准则下反而更小的情况，对于这种特殊情形，我们专门对所有可以同时获得 2006 年和 2007 年合并—母公司净利润差异数据的非金融业上市公司进行了核查，发现差异绝对值变小的公司数目仅占 10.29%，而且，表 1-1 中该差异绝对值均值的 2007 年和 2006 年对比，也充分表明该特殊情形并不会对合并—母公司净利润差异扩大的总体趋势造成显著影响。另外，新准则下合并范围的扩大，如要求对特殊行业子公司加以合并，也会对上述差异的变化产生影响，但是上述情形仍然可归结为子公司盈余的影响范畴，与本文的研究并不冲突，故不再单独另行讨论。

例如，四川长虹（600839）在其 2006 年和 2007 年的财务报告中详细披露了母公司报表净利润与合并报表净利润之间的差异及成因①，汇总整理后的信息息见表 1–1。

表 1–1　四川长虹（600839）2006 年、2007 年合并—母公司
净利润差异形成原因对比

单位：亿元

A：2006 年合并—母公司净利润差异形成原因	
母公司净利润	3.00
加：母公司以无形资产投资的摊销影响数	0.02
加：收取设计费和固定资产销售等的未实现利润影响数额	0.04
合并净利润	3.06
B：2007 年合并—母公司净利润差异形成原因	
母公司净利润	2.24
加：子公司实现收益	2.17
减：少数股东损益	1.05
加：母公司对子公司销售未实现利润	−0.14
加：母公司销售给子公司固定资产、无形资产中包含的销售利润折旧、摊销对本期的影响	0.15
合并净利润	3.37

资料来源：巨潮资讯网，四川长虹（600839）2006 年和 2007 年财务报告。

表中 A 部分显示，该公司 2006 年度合并—母公司净利润差异约为 0.06 亿元（＝3.06–3.00）。其中，0.02 亿元归因于"母公司以无形资产投资的摊销影响数"，其余 0.04 亿元归因于"收取设计费和固定资产销售等的未实现利润影响数"。上述两项差异均为母子公司内部交易事项所致，内部抵销净额对母公司净利润造成负向影响，导致合并净利润高于母公司报表净利润共计约 0.06 亿元。表中 B 部分显示，该公司 2007 年度合并—母公司净利润差异为 1.13 亿元（=3.37–2.24），较 2006 年提高了约 20 倍，共计增加 1.07 亿元。该公司报表附注披露的差异成因表明，其中 1.12 亿元为归属于母公司股东的当期子公司净

---

① 之所以选择四川长虹（600839），是因为我们随机抽取了 50 家上市公司阅读其会计报表附注，只有该公司在其 2006 年和 2007 年的年度报告中详细披露了合并—母公司净利润差异的形成原因。

1.2.2　我们的分析

投资者① 对上市公司股票定价决策的实质，就是利用过去的利润信息对公司未来的盈利能力和风险作出预测（Finger，1994；Kormendi and Lipe，1987；Ramesh and Thiagarajan，1993；Rutherford，2000）。然而，当上市公司普遍以母公司形式存在，并控制着越来越多的子公司时，母公司、子公司及集团合并报表的利润信息分别在母公司股票定价中扮演着什么样的角色，是学术界尚未打开的"黑箱"。已有文献在研究净利润的定价功能时均按惯例采用合并报表净利润②，其中蕴含的假定是母公司股东作决策时会将集团内不同法律实体的利润信息不加区分地同等看待。而现实中，由于母子公司间的利润转移将受到税收等因素的成本制约（Hevas et al.，2000），上述假定显然并不符合经济事实。截至 2007 年末，我国约 96.52% 的上市公司合并报表中归属于母公司股东的净利润与母公司报表净利润之间存在差异。因此，打开投资者如何利用子公司利润信息进行股票定价的"黑箱"，对于我们了解投资者的定价决策行为和研究集团内不同法律实体会计信息对于母公司股票定价的决策相关性具有重要意义。

解决上述问题的关键就在于认清投资者是否会对母子公司盈余信息进行甄别定价。如果我们能够发现子公司盈余在合并报表净利润的基础上具有增量信息含量，就说明投资者在决策时仅利用合并报表净利润信息是不够的。这就意味着，投资者需要在利用合并报表净利润信息的基础上，进一步关注合并报表净利润与母公司报表净利润之间的差异，亦即关注包括在合并报表净利润但未包括在母公司报表净利润中的子公司盈余。由于合并财务报表编制过程中的调整、归并以及加总等技术会导致母子公司个体信息的遗失，因此，要对上述问题进行深入考察，就离不开单独的母子公司利润信息（Pendlebury，1980；Francis，1986）。然而，美国等发达市场经济国家实施的"单一披露制"，导致单独的母公司报表数据无法获取（Harris et al.，1997；Abad et al.，2000；Hevas et al.，2000）③。而在实行"双重披露制"的国家（如 2006 年前的中国），由于母

---

① 本章中，若无特别说明，专指作为母公司的上市公司的股票投资者。
② 确切地说，是指合并报表中反映的"归属于母公司股东的净利润"。下同。
③ 此处借鉴戴德明等（2006）的说法，"单一披露制"要求以合并报表取代母公司报表，母公司只对外提供合并报表而不提供自身的财务报表；"双重披露制"要求母公司同时提供合并报表和母公司报表。

公司报表中也采取权益法核算对子公司的长期股权投资，母公司利润表和合并利润表的分工不合理，导致母子公司以及合并报表信息的重叠（如 Hevas et al., 2000；戴德明等，2006）。这些披露制度特征，使得研究者很难获得用于考察合并报表净利润中包含的子公司盈余的增量信息含量的数据。

我国财政部于 2006 年 2 月颁布的企业会计准则（简称"新准则"）[①]对合并报表和母公司报表分工的调整，为我们考察投资者如何利用母子公司的盈余信息进行母公司股票定价决策提供了良好的契机。新准则要求投资企业对子公司的长期股权投资的日常核算采用成本法，但在编制合并报表时需要按权益法进行调整。这就使得合并报表净利润反映整个集团实现的利润，而母公司报表净利润则仅反映母公司自身实现的利润。因此，子公司已实现而未分配利润中归属于母公司的部分，就构成了合并报表净利润与母公司报表净利润差异的一个重要内容。为了叙述方便，下文将合并报表净利润与母公司报表净利润差异简称为"合并—母公司净利润差异"。

我们通过对比新旧准则下合并—母公司净利润差异的经济内涵，以及该差异所提供的在合并报表净利润之外的增量信息含量的变化，考察投资者对合并报表中所包含的子公司盈余的定价行为。我们的研究发现，在旧准则下，由于合并—母公司净利润差异主要反映集团内部抵销事项对合并净利润的影响净额，并没有为投资者的股票定价决策带来额外的信息含量；而在新准则下，该差异能为母公司投资者的股票定价决策提供合并报表净利润之外的增量信息。

与已有文献相比，通过我国新旧准则转换过程中报表信息的动态比较，能够更为清晰地考察投资者对子公司盈余信息的定价行为。赫尔曼等（2001）和哈瓦斯等（2000）分别就日本和希腊的市场进行过类似的考察，研究投资者对上述合并—母公司净利润差异的定价行为[②]。虽然他们计算出了与我国新准则下相同的合并—母公司净利润差异，但是，由于他们的研究是在静态环境下进行的，无法区分合并抵销事项与子公司盈余信息各自对股票定价产生的影响。故其结论并不能十分可靠地说明子公司盈余信息的定价作用。而我们的研究考察了我国新旧准则下合并—母公司净利润差异增量信息含量的动态变化，从而能

---

① 出于表述方便，本文将 2007 年 1 月 1 日起实施的会计准则体系简称为"新准则"，之前的准则简称为"旧准则"。

② 日本和希腊均实施"双重披露制"，在母公司报表中采用成本法核算对子公司长期股权投资。

异”）的骤然扩大 ①。也正因如此，如何合理使用合并报表和母公司报表利润信息，就更值得深入分析和思考了。

2014 年我国再次修订了《企业会计准则第 33 号——合并财务报表》，强调以控制为基础确定合并财务报表的合并范围，并就如何判断控制提供了更为具体的原则和标准。此外，我国证监会要求作为母公司的上市公司同时提供母公司报表和合并报表。

由上可见，各个国家对母公司财务报告存在两种制度安排，即"单一披露制"和"双重披露制"。前者是以合并报表取代母公司报表，母公司只对外提供合并报表，而不提供其自身的财务报表，美国和加拿大等实行单一披露制；后者要求母公司同时提供合并报表与母公司报表，英国、法国、德国、日本和中国等实行双重披露制。总体而言，各国准则制定机构和相关证券监管机构对"单一披露制"和"双重披露制"的选择大多基于假定，并没有充分的理论和经验证据支持。

1.2 合并报表和母公司报表盈余信息的决策有用性：股东角度

1.2.1 历史经验

关于盈余信息决策有用性的已有研究，往往涉及不同企业特征对盈余信息含量的影响（Collins and Kothari, 1989; Francis and Ke, 2006），单个会计政策、会计方法所包含信息含量的比较研究（Aboody and Lev, 1998），不同会计报表项目的信息含量研究（Kerstein and Kim, 1995; Chen and Wang, 2004），以及不同会计准则体系下的会计信息决策有用性的比较（Auer, 1996; Harris and Muller, 1999; Leuz, 1999; 姜国华等, 2006; Barth et al., 2008）。但是这些文献均未分析会计制度改革对会计盈余信息决策有用性的影响。

---

① 陆正飞、张会丽（2009）研究表明，在我国开始披露合并报表信息的最初几年，合并报表净利润与母公司报表净利润相等的公司占全部上市公司相当大的比例，随后呈现出逐年下降的趋势，但直至 2006 年，逐年下降的幅度都相当有限。然而，受新会计准则实施的影响，该类公司占全部上市公司之比在 2007 年出现了大幅度下降，即由 2006 年的 28.04% 下降至 2007 年的 3.48%。同样，"合并—母公司净利润差异"程度的扩大，也主要发生在 2007 年。该差异的均值在 1996 年为 126 万元，2006 年为 1216 万元，而 2007 年则高达 9470 万元。2007 年发生的这些重大变化，主要是由于新准则下的"合并—母公司净利润差异"包含了归属于母公司股东的子公司当期已实现而未分配的净利润。

以我国会计准则改革为背景，罗婷等（2008）以所有 A 股公司为样本，考察了我国新准则执行后上市公司净资产的价值相关性改善程度，实证结果表明新准则提高了净资产的价值相关性。张然、张会丽（2008）基于合并财务报表编制理论的变迁，考察了少数股东权益和少数股东损益的信息含量变化，发现在新准则下，少数股东权益和少数股东损益的价值相关性均显著提高，从而为新准则中合并财务报表采纳实体理论的合理性提供了经验证据。基于会计盈余信息在投资者股票定价决策中的基础地位，我国的会计准则改革将对合并报表盈余信息的决策有用性产生怎样的影响？这是我们需要进一步加以研究的问题。

合并报表编制过程中的调整、归并以及加总等技术会导致一定程度的信息遗失（information loss）已成为不争的事实（Francis, 1986），因此，投资者若只关注合并报表净利润，势必会导致定价决策的不完善。巴特和克林奇（Barth and Clinch, 1996）发现美国上市公司采用本国会计准则核算的会计盈余与经英国 / 澳大利亚会计准则调整后的会计盈余之间的差异对股票回报具有解释力；弗罗斯特和金尼（Frost and Kinney, 1993）以 25 家在美国上市的加拿大公司为样本，发现经加拿大会计准则调整后的盈余差异具有信息含量。这些情况表明，投资者不只是关注合并报表净利润，而且也会关注各种渠道的盈余差异，用以辅助定价决策。

合并报表与母公司报表盈余之间的差异是否同样会对投资者具有决策有用性呢？美国等发达市场经济国家实施的"单一披露制"，导致单独的母公司报表数据无法获取（Harris et al., 1997; Hevas et al., 2000）。而在实行"双重披露制"的国家（如 2006 年前的中国），由于母公司报表中往往也采取权益法核算对子公司的长期股权投资，母公司利润表和合并利润表的分工不合理，导致母公司报表以及合并报表信息的重叠（例如，Hevas et al., 2000；戴德明等，2006）。这些披露制度特征使得研究者很难获得考察上述问题的数据。赫尔曼（Herrmann, 2001）等和哈瓦斯（Hevas, 2000）等分别就日本、希腊两个国家的市场考察投资者对"合并—母公司净利润差异"的定价行为。虽然他们计算出了与我国新准则下相同的"合并—母公司净利润差异"，但是，由于他们的研究是在静态环境下进行的，无法区分合并抵销事项与子公司盈余信息各自对股票定价产生的影响，故其结论并不能十分可靠地说明子公司盈余信息的定价作用。

续表

变量名	DEBTIN	DEBTTERM	NEW	ROA	DIFF	SIZE	LEV	AM
AM	0.053***	0.297***	−0.021	0.043***	−0.047***	0.160***	−0.020	
MB	−0.012	−0.055***	0.468***	0.137***	0.148***	−0.106***	0.092***	−0.129***

注：①***：在1%水平上显著、**：在5%水平上显著、*：在10%水平上显著。②主要变量定义：DEBTIN：借款收到的现金/期初总资产；DEBTERM：长期借款/总负债；NEW：如果是2007年以后，则取值为1，否则为0；ROA：净利润/期初总资产；DIFF：(合并报表净利润−母公司报表净例如)/期初总资产；SIZE：期初资产的自然对数；LEV：期初资产负债率；CF：经营活动现金净流量/期初总资产；AM：期初固定资产/期初总资产；MB：期初股票市场价值/期初股东权益。

多元回归分析结果表明：（1）盈利能力好的公司，借款流入的现金越多，债务期限结构越长。（2）合并报表净利润是银行信贷决策的重要依据。（3）相比旧准则下的合并报表净利润，新准则下的合并报表净利润对于银行信贷决策的有用性存在显著变化：合并报表净利润的有用性在降低。（4）新旧准则的一个重要差异就是公允价值计量问题。根据新准则的规定，公允价值变动损益计入净利润，但是公允价值变动损益是一种未实现的收益，它能否作为企业偿债能力的保证存在很大的不确定性。因此，银行在进行信贷决策时会充分考虑公允价值变动损益对净利润的影响。公允价值变动损益高的公司，ROA与债务契约的相关性会下降。也就是说，银行在信贷决策时考虑了公允价值变动损益对合并报表净利润的影响。（5）"合并—母公司净利润差异"越大的公司，获得的债务融资越多。也就是说，"合并—母公司净利润差异"为银行信贷决策提供了增量信息含量。但是，在新准则下，"合并—母公司净利润差异"不影响企业的债务期限结构。

综上所述，合并报表盈余信息是银行信贷决策的重要依据。由于新会计准则引入了公允价值计量，使得合并报表净利润包含了公允价值变动损益等不确定因素，合并报表净利润与债务契约（包括借款金额、期限结构、借款类型和借款利率）的相关性在减弱，而且在公允价值变动损益高的公司中表现得尤为明显。这说明，银行在信贷决策时已经考虑了会计准则改革对合并报表盈余信息的影响。在新会计准则实施以后，"合并—母公司净利润差异"越大的公司获得的借款金额越少。这说明，合并报表和母公司报表的合理分工使得子公司利润信息得到释放，从而为银行信贷决策提供了新的信息含量。

1.4 合并报表和母公司报表信息的决策有用性：其他方面

1.4.1 股利分派

我国证监会于 2008 年 10 月出台了关于提高上市公司申请再融资时现金分红标准的规定，要求"最近三年以现金方式累计分配的利润不少于最近三年实现的年均可分配利润的 30%"。这一规定是为了防止上市公司只圈钱而不分红或过少分红，以保护投资者利益。但是，上市公司如果过度分红，同样也可能有损投资者利益。学术界关于分红与投资者利益保护关系的研究，也有不同的观点。有些学者认为，支付现金股利是保护中小投资者的一种机制（Faccio, Lang and Young, 2001）。另一些学者则认为，控股股东可能通过高额的现金股利分配侵害中小股东利益（Johnson et al., 2000）。以往的研究多从利润角度来定义股利政策的激进程度。例如，伍利娜等（2003）将每股派现金额大于每股利润的公司，定义为"异常高派现"。邓建平和曾勇（2005）认为，"非理性分红"必须同时满足以下两个条件：（1）现金分红大于当年的净利润；（2）每股现金红利大于 0.1 元。但是，新会计准则实施后，如何从利润角度来定义过度分红，便成了一个值得斟酌的问题。我们的基本观点是，如果选择以合并报表净利润与母公司报表净利润中的较高者为分红基础，就可以认为公司存在过度分红倾向。

王鹏（2009）认为，在主体理论下，合并报表反映了企业集团整体的财务状况、经营成果、现金流量和所有者权益变动。母公司利润分配应该依据合并报表净利润，而不应该依据母公司报表净利润。其理由是，由于母公司控制子公司，母子公司之间通常存在大量的关联交易，在母公司报表净利润主要是通过与子公司的关联交易实现的情况下，如果按照母公司报表净利润提取法定盈余公积金和任意盈余公积金，尤其是向母公司股东分配现金股利，极有可能造成母公司利润超分配，甚至可能侵蚀股本。但是，王鹏（2009）又认为，在母公司亏损或微利的情况下，按照合并报表净利润进行利润分配会导致母公司利润超分配的担心是多余的，因为主体理论强调以控制为基础编制合并报表，能够控制子公司即意味着母公司能够控制子公司向母公司分配利润，只要子公司是盈利的，母公司就有控制力通过董事会或股东大会要求子公司分配利润，这样就可以避免母公司报表中的未分配利润出现负数。

自身实现的净利润（包括来自子公司的分红，但不包括子公司已实现而未分配利润中归属于母公司股东的部分），编制合并报表时再按权益法调整。[1] 这意味着，母公司报表信息是建立在成本法基础上的，即母公司报表将能更为稳健地反映母公司的财务状况。在"双重披露制"下，合并报表和母公司报表的分工是否合理，这些信息在银行信贷决策中扮演着什么样的角色，迄今为止，仍然是学术界尚未打开的"黑箱"。

我们以 2006 年会计准则改革为背景，考察新准则实施后合并报表净利润（新准则下"归属于母公司股东净利润"）对债权人的决策有用性，以及和母公司报表净利润差异（以下简称"合并—母公司净利润差异"）的增量信息含量。具体而言，我们主要回答两个问题：（1）考察在新旧准则下，合并报表净利润对于银行信贷决策的有用性变化；（2）考察在新旧准则下，"合并—母公司净利润差异"对于银行信贷决策的有用性变化。

我们的研究发现，合并报表净利润是银行信贷决策的重要依据。在新准则实施的情况下，合并报表净利润与债务契约（包括借款金额、期限结构、借款类型和借款利率）的相关性在减弱，上述现象在公允价值变动损益高的公司中表现得尤为明显。在新会计准则实施以后，"合并—母公司净利润差异"越大的公司获得的借款金额越少。这说明"合并—母公司净利润差异"为银行信贷决策提供了新的信息含量。

表 1-3 是我们研究样本的描述性统计。从企业会计利润指标看，样本企业 ROA 的均值为 3.1%，"合并—母公司净利润差异"占期初总资产比（用变量 DIFF 衡量）的均值为 0.4%。其中，2004~2006 年 DIFF 的均值为 0.07%，2007~2008 年 DIFF 的均值为 0.88%。这说明新会计准则要求母公司对子公司长期股权投资采用成本法使得"合并—母公司净利润差异"显著增加。从企业的债务指标看，企业本年度借款流入的现金占期初总资产比的均值为 31%，债务期限结构的均值为 11.4%，期初资产负债率的均值为 50.5。

---

[1] 因此，子公司已实现而未分配利润中归属于母公司股东的部分就构成了合并报表净利润与母公司报表净利润差异的一个重要内容。

表 1-3　　　　　　　　　　　　　　　描述性统计

变量名	均值	标准差	最小值	Q1	中值	Q3	最大值
ROA	0.031	0.065	−0.254	0.008	0.027	0.055	0.415
DIFF	0.004	0.020	−0.089	0.000	0.000	0.003	0.171
DEBTIN	0.310	0.221	0.000	0.144	0.278	0.428	1.145
DEBTTERM	0.114	0.155	0.000	0.000	0.045	0.174	0.710
SIZE	21.378	0.998	19.133	20.690	21.277	21.975	25.270
LEV	0.505	0.170	0.104	0.384	0.515	0.628	1.045
CF	0.058	0.093	−0.347	0.012	0.056	0.106	0.413
AM	0.306	0.180	0.003	0.168	0.284	0.431	0.793
MB	3.114	2.354	0.776	1.587	2.345	3.866	13.825

注：主要变量定义：ROA：净利润 / 期初总资产；DIFF：（合并报表净利润 – 母公司报表净利润）/ 期初总资产；DEBTIN：借款收到的现金 / 期初总资产；DEBTTERM：长期借款 / 总负债；SIZE：期初资产的自然对数；LEV：期初资产负债率；CF：经营活动现金净流量 / 期初总资产；AM：期初固定资产 / 期初总资产；MB：期初股票市场价值 / 期初股东权益。

表 1-4 是我们研究中涉及的主要变量的相关系数表。从表中可知，ROA 越大的公司，获得的债务融资越多，债务期限结构越长。变量 DIFF 与 DEBTIN 显著正相关，说明"合并—母公司净利润差异"越大的公司，获得的债务融资越多。DIFF 与变量 ROA 著正相关，说明合并报表净利润越大的公司，DIFF 所占的比重越高。DIFF 与变量 NEW 显著为正，说明在新准则下"合并—母公司净利润差异"显著扩大，这与新准则变更了母公司对子公司投资核算方法相关。

表 1-4　　　　　　　　　　　　　　　相关系数表

变量名	DEBTIN	DEBTTERM	NEW	ROA	DIFF	SIZE	LEV	AM
DEBTTERM	0.115***							
NEW	−0.001	0.0210						
ROA	0.028**	0.062***	0.155***					
DIFF	0.049***	−0.021	0.198***	0.308***				
SIZE	0.136***	0.305***	0.132***	0.080***	0.017			
LEV	0.232***	0.097***	0.036**	−0.195***	0.021	0.237***		

2000 年和 2001 年有所提高。

　　一般而言，债权债务关系是指债权人与作为独立法律主体的母公司或子公司之间的关系，而不是与作为经济主体的企业集团之间的关系。合并报表中信息并不能反映每个法律主体的偿债能力。从这一意义上讲，合并报表并不能完全满足债权人的需求（Pendlebury, 1980；戴德明等，2006）。那么，债权人在什么条件下需要利用合并报表信息，在什么条件下需要利用母公司报表信息呢？弗朗西斯（Francis, 1986）讨论了图 1-2 中的四种情形。当母公司不为子公司提供担保，且债务契约中的条款只针对母公司时，债权人只需要关心母公司报表。弗朗西斯（1986）的研究还发现，整体而言，母公司报表相对合并报表能提供额外的信息。但是，弗朗西斯（1986）只是作了简单的案例分析和讨论，并没有用实证数据检验合并报表盈余和母公司报表盈余在债务契约中的有用性。戴德明等（2006）利用我国上市公司 1996~2004 年同时披露的合并报表和母公司报表检验了合并报表和母公司报表的预测价值，及根据两者计算的综合财务状况和偿债能力指标是否存在显著差异，发现按照新准则实施前的会计制度（以下简称"旧准则"）编制的合并报表在预测集团经营成果和现金流量方面并没有显著优于母公司报表，而在综合财务分析和偿债能力分析方面，母公司报表可以提供显著的增量信息。

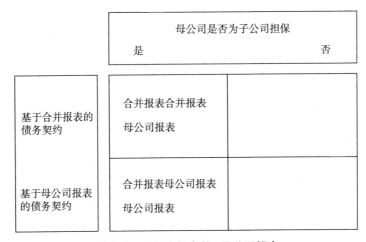

图 1-2　债权人与合并 / 母公司报表

　　从以上内容可以看出，总体而言，准则制定机构对母公司报表和合并报表盈余信息对于债权人决策有用性的认识还存在较大分歧。已有经验研究在考察盈余信息对债权人的决策有用性时通常是基于合并报表，而没有考察股东和债权人对母公司报表信息的需求。新准则对母公司报表和合并报表编制理念和方法的系统改革，为我们考察新准则实施前后合并／母公司报表盈余信息对于债权人的决策有用性及其变化提供了契机。

1.3.2　我们的分析

相比旧准则，新准则在公允价值计量、非流动资产减值准备、母公司对子公司长期股权投资核算方法等方面都有了新的规定。

随着以母公司为核心的企业集团（经济主体）的出现，财务报告开始突破传统单一法律主体财务报表的概念，从而导致了合并报表的产生。其中，合并报表反映作为经济主体的集团（母公司及所有子公司的集合）合并的会计信息，母公司报表则提供作为法律主体的母公司的会计信息。通常认为，合并报表较母公司报表而言，可以为母公司的股东，特别是控股股东提供更为有用的信息。但合并报表对债权人的有用性仍没有达成统一，因为母公司和子公司的债权人对企业债权的清偿权通常是针对独立的法律主体，而不是针对经济主体，而合并报表中的数据实际上是母公司和各子公司的混合数，并不能反映每个法律主体的偿债能力，因而并不能完全满足债权人的信息要求。只有当母子公司存在债务交叉担保，或对企业集团进行整体授信贷款时，合并报表才能为债权人提供更有用的信息。①

在旧准则下，母公司对子公司的长期股权投资采用权益法核算，强调经济主体概念，母公司报表反映子公司已实现损益中一切归属于母公司股东的部分（包括来自子公司的分红和子公司已实现而未分配利润中归属于母公司股东的部分）。因此，母公司报表与合并报表的差异有限；在新准则下，母公司对子公司的投资采用成本法核算，强调法律主体概念，母公司报表仅反映母公司

---

① 对合并报表和母公司报表的有用性，理论界和准则制定机构还存在较大分歧，这些分歧使得各国对母公司的财务报告存在两种制度安排，一种是"单一披露制"，即以合并报表取代母公司报表，母公司只对外提供合并报表，而不提供其自身的财务报表；另一种是"双重披露制"，要求母公司同时提供合并报表与母公司报表。目前，实施"单一披露制"的国家包括美国和加拿大等，英国、法国、德国和日本等国家采用"双重披露制"，中国也采用"双重披露制"。

年出现大幅度下降，即由 2006 年的 28.04% 下降至 2007 年的 3.48%。这主要是由于新准则下的合并—母公司净利润差异包含了归属于母公司股东的子公司当期已实现而未分配的净利润。

表 1-2 合并—母公司利润差异的绝对值的年度分布描述性统计

单位：百万元

年份	观测数	均值	中位数	最小值	最大值	标准偏差
1996	419	1.26	0.00	0	56.81	5.60
1997	590	1.74	0.00	0	321.00	14.43
1998	694	1.65	0.00	0	342.61	13.87
1999	803	1.66	0.00	0	182.88	8.27
2000	910	3.01	0.01	0	567.05	23.54
2001	1021	2.21	0.09	0	150.98	8.51
2002	1091	3.04	0.20	0	195.24	11.84
2003	1218	4.78	0.34	0	374.75	24.35
2004	1347	11.76	0.36	0	9621.00	264.92
2005	1431	15.01	0.51	0	11918.00	318.72
2006	1523	12.16	0.56	0	4530.00	144.40
2007	1521	94.70	15.42	0	17115.68	545.37

由表 1-2 可以看出，自 1996~2007 年的样本观测数目处于平稳的变化状态，在实施新准则以前，合并—母公司净利润差异绝对值的均值和中位数也相应处于较为平稳的变化状态。该差异绝对值的均值从 1996 年的 1.26 稳步升至 2005 年的 15.10，2006 年略有下降，为 12.16，但在实施新准则的 2007 年却发生了明显的跳跃，均值由 2006 年的 12.16 升至 2007 年的 94.70，升幅达678.78%，而中位数由 2006 年的 0.56 突升至 2007 年的 15.42，升幅高达 2653.57%。可见，与四川长虹（600839）的个案一致，大样本的数据分析也表明，从整体上看，新准则给合并—母公司净利润差异所带来的影响是巨大的，进一步凸显了本文研究该差异为投资者定价带来的经济后果的必要性和重要意义。

多元回归分析的结果表明：在旧准则下，合并—母公司净利润差异并不能为合并报表净利润提供增量信息含量，意味着投资者并不关心内部抵销净额所造成的差异。而在新准则下，子公司盈余包含在了合并—母公司净利润差异中，导致该差异的增量信息含量显著增大。也就是说，新准则下子公司盈余信息能够在合并报表净利润基础上为投资者的股票定价决策提供增量信息含量。这就意味着投资者在股票定价决策过程中能够理性地甄别合并报表净利润中所包含的子公司盈余信息。我们的研究也表明，合并报表与母公司报表的合理分工，以及由此导致的子公司盈余信息的释放，为投资者的股票定价决策提供了额外信息，从而说明新准则下母公司对子公司长期股权投资采用成本法在弥补合并技术导致的信息损失方面发挥了积极作用，证明过去不尽完善的合并技术所导致的信息遗失确实会对投资者股票定价决策带来不利的经济后果，进而支持了新准则对子公司长期股权投资核算方法调整的合理性，以及对于投资者保护的积极意义。

1.3　合并报表和母公司报表信息的决策有用性：债权人角度

1.3.1　历史经验

财务报告是债权人（主要是指银行）进行信贷决策的重要依据，银行依据企业提供的会计信息对企业未来的盈利能力和风险作出预测。国内外的研究发现会计信息被广泛应用于会计契约。莱夫特威克（Leftwich, 1983）指出会计信息影响债权人的决策和产权保护。阿斯奎斯等（Asquith et al., 2005）研究了基于业绩定价的债务契约（借款利率会根据企业业绩进行调整），实证结果表明，绝大多数的契约采用了债务与税息折旧及摊销前利润之比（EBITDA）这一指标。国内的相关研究也证实，会计信息是银行信贷决策的重要依据，会计信息会影响银行债务契约的签订（例如，饶艳超、胡奕明，2005；廖秀梅，2007；陆正飞等，2009）。

会计信息的稳健性特征表现为会计系统对于"坏消息"的反映较之于"好消息"的反映更为及时和充分（Basu, 1997）。具有稳健性特征的会计信息与债权人的需求是十分吻合的（Watts, 2003a, b；孙铮等，2005；Zhang, 2008）。国内的研究也基本证实 A 股上市公司存在会计稳健性。李增泉、卢文彬（2003）利用我国 A 股上市公司 1995~2000 年度的数据发现，会计盈余对"坏消息"的反应程度比对"好消息"的反应程度大，这种不对称性表明会计盈余总体上是稳健的。赵春光（2004）认为我国会计盈余的谨慎性在 1999 年、事实上，股利分配不仅影响到控制股东与非控制股东之间的利益关系，也会影响股东与债权人之间的利益关系。尤其是，如果公司过度分红，就可能导致财务不稳健，从而降低股权资本对债权人利益的保障程度。根据我国《公司法》第一百六十七条的规定："公司分配当年税后利润时，应当提取利润的 10% 列入公司法定公积金。公司的法定公积金不足以弥补以前年度亏损的，在依照前款规定提取法定公积金之前，应当先用当年利润弥补亏损。公司从税后利润中提取法定公积金后，经股东会或者股东大会决议，还可以从税后利润中提取任意公积金。公司弥补亏损和提取公积金后所余税后利润，有限责任公司依照本法第三十五条①的规定分配；股份有限公司按照股东持有的股份比例分配，但股份有限公司章程规定不按持股比例分配的除外。股东会、股东大会或者董事会违反前款规定，在公司弥补亏损和提取法定公积金之前向股东分配利润的，股东必须将违反规定分配的利润退还公司。"从上述规定可以看出，《公司法》关于公司股利分配的基本精神是，公司应该在确保财务稳健或曰资本保全的前提下进行利润分配。因此，过度分配利润就应该理解为违背《公司法》立法宗旨的行为。

　　然而，由于我国实行的是"双重披露制"，即公司既披露合并报表，也披露母公司报表，因此，利润分配究竟应该以合并报表净利润，还是母公司报表净利润为依据，就可能成为一个颇有争议的问题。应该说，在实行单一披露制度的情况下，由于不披露母公司报表，因此，从股东角度来讲，以合并报表净利润为依据进行利润分配，应该是没有任何争议的。但是，从债权人角度讲，由于债权人是在与母公司签订信贷契约，因而完全可以也应该获得母公司报表。因此，无论是在"单一披露制"还是"双重披露制"下，当合并报表净利润与母公司报表净利润无差异或差异并不太大时，债权人对公司以合并报表净利润还是母公司报表净利润为利润分配的依据，往往是不会太在意的；但是，当两者差异较大时，公司若以合并报表净利润和母公司报表净利润中的较大者为利润分配的依据，都可能会引起债权人的担忧。母公司报表净利润大于合并报表净利润，主要原因往往是子公司存在亏损，或者母子公司之间关联交易产

---

① 《公司法》第三十五条规定："股东按照实缴的出资比例分取红利；公司新增资本时，股东有权优先按照实缴的出资比例认缴出资。但是，全体股东约定不按照出资比例分取红利或者不按照出资比例优先认缴出资的除外。"

生的集团内部利润在编制合并报表过程中被抵销了。若是前者，说明母公司可能会受子公司亏损的牵累；若是后者，则说明母公司报表净利润存在"水分"（关联交易利润）。因此，无论何种原因导致母公司报表净利润大于合并报表净利润，如果依照母公司报表净利润进行利润分配，都可能导致该公司财务不稳健，从而有损债权人利益。所以，在上述情形下，稳健的股利分配应以合并报表净利润为分配依据。我们的这一观点与前述王鹏（2009）的基本观点（即前半部分观点）是一致的。

但是，如果合并报表净利润大于母公司报表净利润，则说明子公司实现利润未分配或未完全分配。子公司已实现而未分配的净利润，虽然其中相当于母公司持股比例的部分在法律意义上归属于母公司股东，但是，如果母公司依照合并报表净利润进行股利分配，也可能导致财务不稳健。这是因为，如果子公司后续年度发生比较严重的亏损，就会导致已被母公司分配了的利润不复存在。因此，从连续多个年度的总体情况来看，母公司股利分配可能会超出其可分配利润。显然，我们的这一观点与前述的王鹏（2009）后半部分观点是相反的。诚然，在母公司亏损或微利的情况下，如果子公司是盈利的，并且分配了全部利润，就可以避免母公司报表中的未分配利润出现负数。但是，在实践中，子公司未必将实现的可分配利润全部向股东（包括母公司）进行分配，这或许是出于子公司需要提取足够多的盈余公积以满足投资发展需要等的考虑。陆正飞等（2010）研究发现，以2007年和2008年分红的上市公司为样本，在全部1053个公司样本中，103个公司样本为当年分红大于母公司报表净利润，占样本公司总数的9.78%。其原因主要是因为公司治理的不完善。可见，王鹏（2009）后半部分的观点，是以理想和完美状态下的公司治理为前提的，而实践中则并非总是如此的。所以，在母公司亏损或微利的情况下，按照合并报表净利润进行利润分配会导致母公司利润超分配的担心并非是多余的。

综上所述，母公司只有依照合并报表净利润与母公司报表净利润两者孰低原则进行股利分配，才能确保财务稳健。否则，就有可能导致财务不稳健。

1.4.2　业绩评价

一般认为，合并财务报表的出现是由控股公司发展所推动的。作为控股公司的集团母公司，本身并不直接从事生产经营业务，或者只是从事一部分生产经营业务，而大量的生产经营业务是由下属子公司承担的。在这种情况下，只有将控股公司及其子公司的财务报表加以合并，形成集团合并的财务报表，才能使集团最高管理当局和控股公司的股东了解集团经营情况和财务状况的综合信息。此外，由于母子公司之间可能存在大量的关联交易，如果不编制合并财务报表，母公司和子公司各自的财务报表都可能因为非公允的关联交易而被粉饰或操纵，从而不能客观地反映其自身的经营情况和财务状况。

从业绩评价的角度来看，合并报表净利润应该优于母公司报表净利润。这是因为，母公司作为投资控股公司，其报表净利润主要来源于子公司分配的股利。子公司出于自身发展需要等考虑，所实现的利润往往不全部分配，甚至全部不分配。因此，如果集团为了促进子公司的自我积累和投资发展，即便合并报表净利润很大，母公司报表净利润也可能很少。这种情况下，使用母公司报表净利润来评价母公司（控股公司）管理层的经营业绩，显然是有失公允的。进一步考虑母子公司之间可能存在的非公允关联交易产生的影响，那么，即使不考虑子公司股利分配多少对母公司报表净利润产生的影响，由于这种情况下合并报表净利润将比母公司报表净利润更为客观，使用合并报表净利润来进行业绩评价，更有利于防止母公司管理层的"道德风险"。

使用合并报表净利润进行母公司管理层的业绩评价，也可能会面临一定的问题。一是，不利于促进财务资源的集中化，从而可能影响集团的战略发展。在以合并报表净利润进行业绩评价的情况下，无论子公司实现的利润保留在子公司手中，还是以股利分配的方式集中到母公司手中，对于母公司管理层的业绩而言是无差异的。但是，如果财务资源过分地分散在子公司手中，母公司的财务调控能力就受到限制，从而就可能不利于集团的整体协调发展。二是，不利于区分母子公司各自的业绩，从而可能影响基于业绩评价的奖励制度的效果。在以合并报表净利润进行业绩评价的情况下，如果母公司并非纯粹的控股公司，而是既直接从事生产经营业务，同时又控制若干子公司。那么，当母公司盈利而子公司亏损时，基于合并报表净利润来评价母公司管理层的业绩，意味着子公司亏损的责任就直接和完全地由母公司管理层承担了；类似地，当母公司亏损而子公司盈利时，基于合并报表净利润来评价母公司管理层的业绩，意味着子公司盈利的贡献就直接和完全地由母公司管理层享受了。而事实上，子公司业绩的好坏，虽在一定程度上取决于母公司的战略规划和管理控制，但也在一定程度上取决于子公司自身的经营努力程度。因此，这样进行业绩评价就有可能产生不公平感。当然，这些问题相对于前文所述的合并报表净利润较母公司报表净利润所具有的优势而言，只是一个处于其次地位的问题了。可能的修正办法便是，根据集团企业组织结构和母子公司权责划分等具体情况，在进行母公司管理层业绩评价时，赋予合并报表净利润和母公司报表净利润适当的权重。两者权重分配应该遵循以下两个基本原则：第一，合并报表净利润的权重必须大于母公司报表净利润的权重，以体现母公司管理层对集团整体经营情况承担责任的精神；第二，在遵循上述第一条原则的前提下，集团分权程度越高，母公司报表净利润的权重就应该越大，合并报表净利润的权重则应该越小。

1.5 结语

我国 2007 年起实施的企业会计准则改革导致 "合并—母公司净利润差异" 骤然扩大，这对上市公司股东和债权人的决策、上市公司股利分配以及企业集团内部的业绩评价等方面都将带来一定程度的影响。我们研究的总体结论是，合并报表净利润为股东和债权人决策提供了基础性盈利信息，而母公司报表净利润则具有补充性作用。尤其是从债权人的角度来看，无论是为了债务契约的签订，还是为了防止公司过度分红，都需要特别关注母公司报表净利润信息，甚至需要根据合并报表净利润与母公司报表净利润的差异程度以及产生差异的原因，来决定应该主要关注合并报表净利润还是母公司报表净利润。这就意味着，双重披露制，尤其是我国新会计准则关于合并报表与母公司报表分工的安排，对于优化股东和债权人的决策具有积极意义。从上市公司股利分配的角度看，母公司只有依照合并报表净利润与母公司报表净利润两者孰低原则进行股利分配，才能确保财务稳健。从上市公司的内部业绩评价角度看，在考评母公司管理层的业绩时，在评价体系中应赋予合并报表和母公司报表净利润以适当的权重，从而既能起到有效激励的效果，又能有利于财务资源的集中控制。

中船防务：合并与母公司净利润差异及其对信贷决策的影响 ①

中船防务有限公司是 1993 年经国家体改生〔1993〕83 号文批准，由广州造船厂独家发起设立的股份有限公司，并于 1993 年 7 月 5 日经国家体改生〔1993〕110 号文批准，转为社会公开募集的股份有限公司。该公司于 1993 年 9 月 22 日公开发行 33727.96 万股 A 股，于 1993 年 10 月 28 日在上海证券交易所上市交易；于 1993 年 7 月 21 日公开发行 15739.80 万股 H 股，并于 1993 年 8 月 6 日在香港联合交易所有限公司上市交易。2015 年 5 月，公司名称由"广州广船国际股份有限公司"变更为"中船海洋与防务装备股份有限公司"，英文名称"GuangzhouShipyard International Company Limited"变更为"CSSC Offshore & Marine Engineering (Group)Company Limited"，公司实际控制人股权结构见图 1-3。

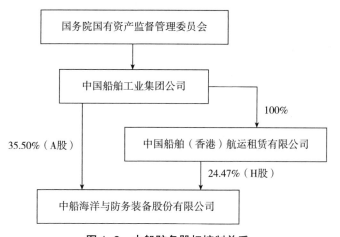

图 1-3　中船防务股权控制关系

一、中船防务母公司及合并净利润情况

根据中船防务 2015 年季报和年报，表 1-5 列示出 2015 年母公司净利润和合并净利润的相应数据。从表 1-5 可见，母公司报表净利润一直处于亏损状

①　参考资料：中船防务（股票代码：600685）2015 年各季度财务报告及年度财务报告。

态，年末母公司净利润为 -18.1 亿元；合并净利润则在第四季度扭亏为盈，年末达到 9832.07 万元，与母公司净利润金额存在较大差异。同时，从公司季报来看，各季度母公司净利润与合并净利润也存在差异。

表 1-5 中船防务 2015 年母公司净利润和合并净利润

单位：元

时间	母公司净利润	合并净利润
2015 年 1~3 月	-97704219.83	-203676106.34
2015 年 1~6 月	-587844529.70	-524993554.11
2015 年 1~9 月	-1077154707.12	-947086292.96
2015 年 1~12 月	-1810384298.20	98320709.38

资料来源：中船防务 2015 年季报和年报。

在新准则下，母公司净利润与合并净利润的差异来源于两方面：（1）集团内部抵销事项对合并净利润的影响；（2）由于母公司按成本法核算对子公司的长期股权投资，母公司只有在子公司发放红利时才确认投资收益，因此母公司报表净利润不再包括归属于母公司股东的、子公司当期已实现而未分配的利润；合并报表中会将母公司对子公司长期股权投资调整为权益法基础，因此合并报表利润中包含了归属于母公司股东的、子公司当期已实现而未分配的利润。尽管中船防务 2015 年报中并未披露母公司净利润与合并净利润差异具体来源，但是披露了合并范围内 25 家子公司的净利润，如表 1-6 所示。利用这一数据可以得到子公司归属于中船防务的净利润，并初步分析母公司净利润与合并净利润差异的来源。

表 1-6 中船防务 2015 年子公司净利润

序号	子公司名称	控股比例（%）	净利润（万元）
1	广船国际有限公司	100.00	169633
2	中船黄埔文冲船舶有限公司	100.00	52223
3	广船国际扬州有限公司	100.00	15
4	中山广船国际船舶及海洋工程有限公司	100.00	-5408
5	广东广船国际电梯有限公司	100.00	230
6	广州市利船舶人力资源服务有限公司	100.00	23
7	广州红帆电脑科技有限公司	51.00	503

序号	子公司名称	控股比例（%）	净利润（万元）
8	广州兴顺船舶服务有限公司	100.00	−379
9	广州万达船舶工程有限公司	100.00	381
10	广州广船大型机械设备有限公司	100.00	106
11	广州永联钢结构有限公司	100.00	1036
12	荣广发展有限公司	100.00	631
13	泛广发展有限公司	80.00	1021
14	泛广（澳门）发展一人有限公司	80.00	112
15	广州广船国际海洋工程有限公司	100.00	50
16	广州市红帆酒店有限公司	100.00	9
17	广州文冲船厂有限责任公司	100.00	−22996
18	广州黄船海洋工程有限公司	100.00	46
19	广州新航人力资源服务有限公司	75.00	15
20	广州星际海洋工程设计有限公司	75.00	0.37
21	广州龙穴置业有限公司	66.67	0.27
22	湛江南海舰船高新技术服务有限公司	80.50	22
23	广州文船重工有限公司	100.00	48
24	广州中船文冲兵神设备有限公司	60.00	−37
25	广州龙穴管业有限公司	42.86	167

资料来源：中船防务 2015 年年报。

二、中船防务对外借款情况

集团型企业对外借款方式大致分为三种：（1）母公司与子公司各自对外借款；（2）子公司不对外借款，母公司通过"统借统还"的方式向子公司划拨款项。对于"统借统还"，财税〔2000〕7 号文规定的统借统还模式为：企业集团自金融机构取得借款，然后按支付给金融机构的借款利率水平借给集团其他企业，集团其他企业收取利息后统一归还给金融机构。国税发〔2002〕13 号文规定的统借统还模式为：企业集团从金融机构取得借款，然后由集团所属财务公司与集团下属企业签订统借统还贷款合同并分拨借款，按支付给金融机构的借款利率向集团下属企业收取用于归还金融机构借款的利息，再转付企业集团，由企业集团统一归还金融机构。

我们无法取得中船防务的银行借款详细数据，但是根据年报中短期借款与长期借款数据可以初步了解其借款信息。表1-7中列示了2015年末母公司及合并报表中短期借款与长期借款的相关数据。其中，合并报表短期借款和长期借款均高于母公司报表相应数额，说明母公司和子公司均存在对外借款情况。并且，母公司短期与长期借款都是通过信用方式获取，不存在质押和担保借款；而合并报表中短期借款存在质押借款，长期借款中存在担保借款，说明子公司对外借款时除通过信用方式获取外，部分借款还需依赖质押或担保。

表1-7　　　　　　　中船防务2015年末短期借款与长期借款情况

单位：元

借款类别	短期借款		长期借款	
	母公司	合并报表	母公司	合并报表
质押借款	—	3740518000.00	—	—
信用借款	1117000000.00	3006153403.20	3269500000.00	6179000000.00
担保借款	—	—	—	2289067600.00
减：一年内到期的部分			549000000.00	1777500000.00
合计	1117000000.00	6746671403.20	2720500000.00	6690567600.00

　　注：2015年年末，合并报表短期借款3740518000.00元以集团的人民币定期存单376099510.00元及美元定期存单499000000.00元作质押；合并报表长期借款500000000.00元由母公司提供担保；长期借款500000000.00元由广州文冲船厂有限责任公司担保；长期借款中1104000000.00元人民币借款及28500000.00元美元借款由中船黄埔文冲船舶有限公司担保。

　　就长期借款而言，中船防务对子公司担保或互保是子公司取得借款的重要途径。2015年7月29日，经中船防务第八届董事会第二十二次会议决议同意2015年度在56.35亿元的额度范围内对子公司提供担保或互保。其中，将为全资子公司广船国际有限公司提供不超过25亿元的担保；为控股子公司泛广发展有限公司提供不超过3.67亿元的担保；为全资子公司广州永联钢结构有限公司提供不超过1.84亿元的担保；公司全资子公司中船黄埔文冲船舶有限公司、广州文冲船厂有限责任公司之间及广州文冲船厂有限责任公司为其参股合营公司（白银三峰文船环保发电有限公司）提供不超过25.84亿元的担保。2015年集团范围内担保情况如表1-8所示。

表 1-8集团范围内担保情况

单位：元

担保方名称	被担保方名称	担保方式	担保金额	担保起始日	担保到期日	担保是否已经履行完毕
中船海洋与防务装备股份有限公司	广船国际有限公司	一般保证	500000000.00	2015/11/20	2019/7/15	否
中船黄埔文冲船舶有限公司	广州文冲船厂有限责任公司	一般保证	500000000.00	2019/7/18	2019/7/15	否
中船黄埔文冲船舶有限公司	广州文冲船厂有限责任公司	一般保证	$7400000.000	2014/7/3	2016/10/26	否
中船黄埔文冲船舶有限公司	广州文冲船厂有限责任公司	一般保证	$7400000.000	2014/7/3	2016/12/25	否
中船黄埔文冲船舶有限公司	广州文冲船厂有限责任公司	一般保证	436000000.00	2014/12/17	2017/5/31	否
中船黄埔文冲船舶有限公司	广州文冲船厂有限责任公司	一般保证	$28500000.00	2015/4/13	2017/4/13	否
中船黄埔文冲船舶有限公司	广州文冲船厂有限责任公司	一般保证	446120000.00	2015/7/6	2016/7/15	否
中船黄埔文冲船舶有限公司	广州文冲船厂有限责任公司	一般保证	168000000.00	2015/12/24	2017/6/30	否
广州文冲船厂有限责任公司	中船黄埔文冲船舶有限公司	互相担保	500000000.00	2012/7/18	2019/7/15	否

　　除了向母公司寻求担保以获取外部借款，子公司也可以通过母公司统借统还方式获取外部借款。2015 年中船防务年报在"母公司财务报表主要项目注释"中注明"长期应收款——对子公司统借统还借款"期末余额为 66.75 亿元。对比统借统还余额和短期/长期借款金额可知，统借统还方式也是子公司获取外部借款的重要途径。

讨论题：

1. 计算 2015 年各季度母公司净利润和合并净利润差异，并初步分析差异来源。

2. 银行该如何理解母公司净利润和合并净利润差异？考虑到这一差异，银行会倾向于将贷款集中提供给母公司还是分别提供给母子公司？您认为中船防务现有的贷款方式是否合理？

3. 若集团母公司不允许子公司自行对外借贷，银行该如何与中船防务公司（母公司）订立债务契约？（参考资料：中国人民银行令 1996 年第 2 号《贷款通则》）

4. 当合并净利润与母公司净利润差异较大时，银行等债权人为了分析和判断企业负债能力，应该更关注合并净利润还是母公司净利润？

母公司与子公司之间的关联交易如表 1-9 和表 1-10 所示。

表 1-9　　　　　　母公司与子公司关联交易——购买商品及接受劳务

单位：元

关联方	关联交易内容	本年发生额	上年发生额
广东广船大型机械设备有限公司	购买商品及接受劳务	52111484.82	31393126.77
广东广船国际电梯有限公司	购买商品及接受劳务	2270038.44	2402364.78
广州市广利船舶人力资源服务有限公司	接受劳务	304760191.87	296597172.10
广州广船国际海洋工程有限公司	接受劳务及技术服务	——	26166468.54
广州红帆电脑科技有限公司	购买商品及接受劳务	10096993.56	4192314.86
广州龙穴管业有限公司	购买商品及接受劳务	6725694.98	6235090.26
广州中船龙穴造船有限公司	购买商品及接受劳务	3561359131.90	1657264306.00
广州万达船舶工程有限公司	购买商品及接受劳务	65066217.55	43585043.86
广州兴顺船舶服务有限公司	购买商品及接受劳务	112017321.39	148101303.46
广州永联钢结构有限公司	购买商品及接受劳务	7909557.93	10602711.36

续表

关联方	关联交易内容	本年发生额	上年发生额
中山广船国际船舶海及海洋工程有限公司	购买商品及接受劳务	311356887.58	125061342.10
荣广发展有限公司	购买商品	230257582.22	129190972.83
广州文船重工有限公司	购买商品及接受劳务	2452751.18	——
中船黄埔文冲船舶有限公司	劳务技术服务	——	161745.28
合计		4666383853.42	2480953962.20

注：从子公司采购商品或接受劳务的定价原则：有市场价的，按市场价定价；无市场价的，按成本加成 8%～10% 定价或内部考核结算价定价。

表 1-10　　　　　母公司与子公司关联交易——销售商品及提供劳务

单位：元

关联方	关联交易内容	本年发生额	上年发生额
广东广船大型机械设备有限公司	销售商品及租赁资产	1539994.20	1573951.71
广东广船国际电梯有限公司	销售商品	2457167.10	824383.77
广州市广利船舶人力资源服务有限公司	销售商品	188051.01	206520.52
广州广船国际海洋工程有限公司	销售商品租赁资产	16985466.71	162086320.29
广州红帆电脑科技有限公司	销售商品	4005.82	10735.65
广州龙穴管业有限公司	销售商品	2518868.35	1731601.77
广州中船龙穴造船有限公司	销售商品及租赁资产	49670267.64	17932459.89
广州万达船舶工程有限公司	销售商品	71865.55	41867.33
广州兴顺船舶服务有限公司	销售商品	3025998.77	17093401.53
广州永联钢结构有限公司	销售商品及租赁资产	8899863.52	9176217.82
中山广船国际船舶海及海洋工程有限公司	销售商品及租赁资产	130909426.51	3489212.69
中船黄埔文冲船舶有限公司	销售商品及提供劳务	144403.96	26736450.84
广州黄船海洋工程有限公司	销售商品及提供劳务	296196.23	36649096.49
广州文冲船厂有限责任公司	销售商品及提供劳务	3207379.42	8709111.56
广州文船重工有限公司	销售商品及提供劳务	85940.83	358974.36
合计		220004895.62	286620306.22

注：向子公司销售商品的定价原则：按成本加成 8% 定价。

参考文献：

［1］戴德明、毛新述、姚淑瑜：《合并报表与母公司报表的有用性理论分析与经验检验》，载于《会计研究》2006年第10期。

［2］邓建平、曾勇：《上市公司家族控制与股利决策研究》，载于《管理世界》，2015年第7期，139～147页。

［3］姜国华、李远鹏、牛建军：《我国会计准则和国际会计准则盈余报告差异及经济后果研究》，载于《会计研究》2006年第9期。

［4］李增泉、卢文彬：《会计盈余的稳健性：发现与启示》，载于《会计研究》2003年第2期。

［5］廖秀梅：《会计信息的信贷决策有用性：基于所有权制度制约的研究》，《会计研究》2007年第5期。

［6］陆正飞、王春飞、王鹏：《激进股利政策的影响因素及其经济后果》，载于《金融研究》2010年第6期。

［7］陆正飞、祝继高、孙便霞：《盈余管理、会计信息与银行债务契约》，载于《管理世界》2009年第3期。

［8］罗婷、薛健、张海燕：《解析新会计准则对会计信息价值相关性的影响》，载于《中国会计评论》2008年第6期。

［9］饶艳超、胡奕明：《银行信贷中会计信息的使用情况调查与分析》，载于《会计研究》2005年第4期。

［10］孙铮、刘凤委、汪辉：《债务、公司治理与会计稳健性》，载于《中国会计与财务研究》2005年第7期。

［11］王鹏：《控制、企业合并与合并财务报表研究》，清华大学经济管理学院博士学位论文，2009年，第192～199页。

［12］伍利娜、高强、彭燕：《中国上市公司"异常高派现"影响因素研究》，载于《经济科学》2003年第1期，第31～42页。

［13］张然、张会丽：《新会计准则中合并报表理论变革的经济后果研究》，载于《会计研究》2008年第12期。

［14］赵春光：《中国会计改革与谨慎性的提高》，载于《世界经济》2004年第4期。

［15］Abad C., J. Laffarga, A. García-Borbolla, M. Larrán, J. M. Piñero and N. Garrod, "An Evaluation of the Value Relevance of Consolidated versus Unconsolidated Accounting Information: Evidence From Quoted Spanish Firms", Journal of International Financial Management and Accounting, 2000,Vol.11: 156-177.

［16］AboodyD. and B. Lev, "The Value Relevance of Intangibles: the Case of Software Capitalization", Journal of Accounting Research, 1998, Vol.36: 161-191.

［17］Asquith P., A. Beatty and J. Weber, "Performance Pricing in Bank Debt Contracts", Journal of Accounting and Economics, 2005,Vol.40: 101-128.

［18］Kerstein J. and S. Kim, "The Incremental Information Content of Capital Expenditures", The Accounting Review, 1995, Vol.70: 513-526.

［19］AuerK.V., "Capital Market Reactions to Accounting Earnings Announcements-EmpiricalEvidence on the Difference in the Information Content of IAS-based Earnings and EC-Directives-based Earnings", The European Accounting Review, 1996, Vol.5: 587-623.

［20］Ball, R. J. and P. Brown. An empirical evaluation of accounting income numbers. Journal of AccountingResearch 1968, Vol.6: 159-178.

［21］BarthM.E. and G. Clinch, "International Accounting Differences and Their Relation to Share Prices: Evidence from UK, Australian, and Canadian Firms", Contemporary Accounting Research, 1996,Vol.13:135-170.

［22］BarthM. E., W. R. Landman and M. H. Lang. "International Accounting Standards and Accounting Quality", Journal of Accounting Research, 2008, Vol.46: 467-498.

［23］BasuS., "The Conservatism Principle and the Asymmetric Timeliness of Earnings", 1997, Journal of Accounting and Economics, 2008,Vol.24: 3-37.

［24］ChenS. and Y. Wang, "Evidence from China on the Value Relevance of Operating Income vs. Below-the-line Items", The International Journal of Accounting, 2004,Vol.39:329-364.

［25］CollinsD. W. and S. P. Kothari, "An Analysis of Intertemporal and Cross-sectional Determinants of Earnings Response Coefficients", Journal of Accounting and Economics , 1989, Vol.11: 143-181.

［26］Faccio, M., L.H.P. Lang，and L.Young, "Dividends and Expropriation", American Economic Review，2001, Vol.91: 54-78.

［27］FingerC. A., "The Ability of Earnings to Predict Future Earnings and Cash Flow", Journal of Accounting Research, 1994, Vol.32: 210-223.

［28］Francis J. R., "Debt Reporting by Parent Companies: Parent-only versus Consolidated Statements", Journal of Business Finance and Accounting, 1986, Vol .13: 393-403.

［29］FrancisJ. R. and B. Ke, "Disclosure of Fees Paid to Auditors and the Market Valuation of Earnings Surprises", Review of Accounting Studies, 2006, Vol.11: 495-524.

［30］FrostC. and W. Kinney, "Regulation S-X and Comparability of Disclosure for Foreign Registrants in the U.S.", Working paper,Washington University and University of Texas at Austin, 1993.

［31］Graham, R.C., Jr. and C. E. Lefanowicz. Parent and subsidiary earnings announcements and parent and subsidiary valuation. Accounting and Business Research 1997, Vol.28(1):3-17.

［32］HarrisM. S. and K. Muller, "The Market Valuation of IAS Versus US GAAP Accounting Measures Using Form 20-F Reconciliations", Journal of Accounting and Economics, 1999,Vol.26:285-312.

［33］HarrisT. S., M. H. Lang and H. P. Moeller, "Unconsolidated versus Consolidated Accounting Measures: Empirical Evidence from Listed German Companies", Paper presented at the 20th Annual Congress of the European Accounting Association, Graz, Austria, 1997.

［34］Herrmann D., T. Inoue and W.B. Thomas, "The Relation between Incremental Subsidiary Earnings and Future Stock Returns in Japan", Journal of Business Finance & Accounting, 2001, Vol.28:1115-1139.

［35］HevasD. L., G. Karathanassis and N. Iriotis, "An Empirical Examination of the Value Relevance of Consolidated Earnings Figures Under a cost of Acquisition Regime", Applied Financial Economics, 2000, Vol.10:645-653.

［36］Johnson, S., R.La Porta, F. Lopez-de-Silanes and A.Shleifer, "Tunneling", American Economic Review, 2000, Vol. 90: 22-27.

［37］Kothari, S. P. 2001. Capital markets research in accounting. Journal of Accounting and Economics, 2001, Vol. 31: 105-231.

［38］Holthausen, R.W. and R.L. Watts. The relevance of the value relevance literature for financial accounting standard setting. Journal of Accounting and Economics 2001, Vol.31(1-3):77-104.

［39］KormendiR. and R. Lipe, "Earnings Innovations, Earnings Persistence, and Stock Returns", Journal of Business, 1987,Vol.60: 323-345.

［40］LeftwichR., "Accounting Information in Private Publics: Evidence from Private Lending Agreements", The Accounting Review, 1983, Vol.58: 23-42.

［41］LeuzC., "IAS versus US GAAP: A New Market Based Comparison", Working paper, Wharton School, Pennsylvania University，1999.

［42］Pendlebury M. W., "The Application of Information Theory to Accounting for Groups of Companies", Journal of Business Finance and Accounting, 1980, Vol.7: 105-117.

［43］RameshK. and S. R. Thiagarajan, "Estimating the Permanent Component of Accounting Earnings Using the Unobservable Components Model: Implications for Price-earnings Research", Journal of Accounting, Auditing & Finance, 1993, Vol.8:399-425.

［44］RutherfordB. A., "An Introduction to Modern Financial Reporting Theory", London: Paul Chapman Publishing，2000.

［45］Watts R. L., "Conservatism in Accounting Part 1: Explanations and Implications", Accounting Horizons, 2003a, Vol.17: 207-221.

［46］Watts R. L., "Conservatism in Accounting Part 2: Evidence and Research Opportunities", Accounting Horizons, 2003b, Vol.17: 287-301.

［47］Zhang J. Y., "The Contracting Benefits of Accounting Conservatism to Lenders and Borrowers", Journal of Accounting and Economics, 2008, Vol.45: 27-54.

第 2 章
同业竞争与盈余信息质量 [①]

2.1　引言

上市公司的同业竞争关系，是指上市公司所从事的业务，与其控股股东、实际控制人及其所控制的企业从事的业务，构成或可能构成直接或间接竞争的关系。如果上市公司与其关联企业存在同业竞争关系，那么它们就可能会在市场拓展、产品开发与布局、对外合作等方面存在利益冲突，控股股东就可能进行干预，从而使得上市公司及其关联企业无法在正常的市场环境下开展经营业务。这样，上市公司的盈余等财务业绩表现，也就不再是其独立经营结果的真实反映。

同业竞争关系会引发上市公司的控股股东与中小股东的代理问题。控股股东利用其控制力，影响上市公司与其关联企业之间的"竞争"，从而导致上市公司与其关联企业之间的利益转移。与关联交易不同，同业竞争关系引发的利益转移发生在"竞争"过程之中，监管机构难以判定更难以量化，这使得同业竞争关系更可能成为控股股东向上市公司进行利益输送或掏空上市公司的手段。为了防止控股股东利用其控制地位影响上市公司的正常发展，损害中小股

[①]　本章主要参考了下列论文：陆正飞、王鹏：《同业竞争、盈余管理与控股股东利益输送》载于《金融研究》2013 年第 6 期；王鹏：《同业竞争关系下大股东掏空行为及经济后果研究》，北京大学博士学位论文（导师：陆正飞），2013 年 6 月。

东的利益，许多发达国家的法律和证券法规都要求公司避免同业竞争[①]，我国的相关规定中也有类似要求[②]。

中国资本市场相对于发达国家来说，发展历史并不长。在中国资本市场建立之初，考虑到资本市场容量限制，监管部门对企业上市采取审批制，并对各个地区的上市公司分配一定的发行额度。由于对上市公司的"量"和"质"都有了限制，企业（尤其是国有企业）在分拆上市时，大都选择剥离出部分优质资产组成上市公司的方式。因此，我国许多上市公司自从成立之日起就不可避免地与其关联企业存在同业竞争关系。分拆上市在当时是一种有效的创新，既满足了企业的融资需求又适应了资本市场的容量限制。然而，随着资本市场的发展和变化，由这种上市方式导致的上述同业竞争关系，为上市公司的控股股东利用其控制地位实现上市公司与其关联企业之间的利益转移提供了便利。

针对同业竞争关系给中国资本市场发展带来的诸多弊端，证监会于2010年初提出了"解决同业竞争减少关联交易"专项活动的具体方案，并及时下发了《关于开展解决同业竞争、减少关联交易，进一步提高上市公司独立性工作的通知》。随后，证监会驻各地派出机构督促相关上市公司及其控股股东按照"一司一策""分类推进"的原则制定解决方案，以明确的时间进度来推进同业竞争问题的解决。在证监会及其派出机构的要求和督促之下，许多存在同业竞争关系的企业纷纷发布公告，承诺将在一定期限内解决同业竞争问题，其中不乏大型企业集团，如五矿集团、中国铝业、中国大唐集团、青岛海尔集团等[③]。由此可见，解决同业竞争问题确实被列入了资本市场监管机构的重要议事日程。

已有的文献主要关注同业竞争关系产生的原因以及同业竞争的解决方案。

---

① 如日本商法第二编第74条规定："股东非有其他股东的承诺，不得为自己或第三者进行属于公司营业部类的交易或成为以同种营业为目的的其他公司的无限责任股东或董事；股东违反前项规定进行为自己的交易时，可依其他股东过半数的决议，将其视为为公司所作的交易。"

② 如《上市公司治理准则》（证监发〔2002〕1号）第27条规定："上市公司业务应完全独立于控股股东。控股股东及其下属的其他单位不应从事与上市公司相同或相近的业务。控股股东应采取有效措施避免同业竞争。"《公开发行证券的公司信息披露内容与格式准则第28号——创业板公司招股说明书》《关于修改上市公司重大资产重组与配套融资相关规定的决定》《上市公司收购管理办法》《保荐人尽职调查工作准则》对同业竞争也进行了严格的规定。详细的披露情况可以登录中国证券监督委员会网站（http://www.csrc.gov.cn/pub/newsite/）进行查询。

③ 详细的披露情况可以登录上海证券交易所网站（http://www.sse.com.cn）进行查询。

我们则旨在考察：（1）在上市公司存在盈余管理[1]动机的情况下，控股股东是否会利用同业竞争关系实现上市公司的盈余管理，从而将额外利益输送到上市公司？（2）在上市公司存在掏空动机的情况下，控股股东是否会利用同业竞争关系对上市公司的资源进行掠夺，从而影响上市公司盈余的持续性？

2.2 我国上市公司同业竞争概况

我们以 2007～2010 年的 A 股上市公司作为研究样本。上市公司的控股股东数据、相关财务数据来自于 CSMAR 数据库；主营业务与行业分布数据来自于 CCER 数据库；上市公司的控股股东控制的其他子公司或分公司信息，通过手工方式收集，来源于控股股东网站的披露以及上市公司年报的披露。收集数据总体分布情况如表 2-1、图 2-1 和图 2-2 所示。

表 2-1　　　　　　　　　同业竞争关系总体分布

项目	2007 年	2008 年	2009 年	2010 年	合计
存在同业竞争	606	625	634	676	2541
没有同业竞争	454	480	542	641	2117
无法判断	450	460	487	570	1967
占总体比例（%）	40.13	39.94	38.12	35.82	38.35
合计	1510	1565	1663	1887	6625

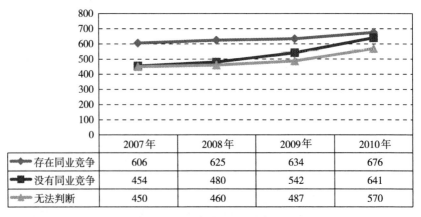

图 2-1　同业竞争总体分布

---

① 根据 Schipper（1989）和 Jones（1991），盈余管理可以分为向上操纵盈余与向下操纵盈余。如无特殊说明，本文所指的盈余管理都是指向上操纵盈余。

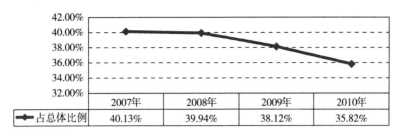

图 2-2　总体同业竞争所占比例

结合表 2-1、图 2-1 和图 2-2 可以看到，同业竞争的绝对数量随时间略有上升，但是同业竞争占总体的比例则随时间有所下降。其原因主要有两个方面：第一，随着发行审批阶段对于同业竞争关系判定的越发严格，每年新增的上市公司中存在同业竞争关系的上市公司比例随时间而下降；第二，在证监会的监督指导下，部分原有的上市公司在逐步消除同业竞争。

表 2-2 是不同股权性质下同业竞争关系总体分布情况。从表 2-2 可以看到，国有企业与非国有企业相比，同业竞争关系的数量更多，比例也更高；在

表 2-2　　　　　　　　　不同股权性质下同业竞争关系总体分布

项目	2007 年			2008 年			2009 年			2010 年		
股权性质	数量	同业竞争数量	比例（%）	数量	同业竞争数量	比例（%）	数量	同业竞争数量	比例（%）	数量	同业竞争数量	比例（%）
国有企业	721	462	64.08	734	468	63.76	756	482	63.76	774	492	63.57
中央国企	243	182	74.90	253	190	75.10	269	198	73.61	282	211	74.82
地方国企	478	280	58.58	481	278	57.80	487	284	58.32	492	281	57.11
非国企	338	143	42.31	370	156	42.16	418	151	36.12	522	172	32.95
总计	1059	605	57.13	1104	624	56.52	1174	633	53.92	1296	664	51.23

注：上市公司的控制人股权性质数据是根据 CCER 色诺芬数据中的上市公司实际控制人类型整理而成的。其中，国有控股的公司被进一步划分为地方政府控制和中央政府控制两类。对于部属院校控制的上市公司和地方政府教育部门所属院校控制的上市公司，分别将其认定为中央政府控制的公司和地方政府控制的公司。同时，用 CSMAR 数据库中的实际控制人数据对 CCER 色诺芬数据库中的实际控制人数据作了部分交叉核对，部分数据控制人数据用手工收集方法作进一步交叉核对。

国有企业当中，中央国有企业相比地方国有企业，同业竞争关系的数量更多，比例也更高。

同业竞争的上述分布特征，与同业竞争关系产生的背景密不可分。大量的同业竞争关系产生于审批制，而审批制下政策会偏向于国有企业；国有企业战略性重组与国有经济布局调整过程中，央企集团的合并、地方国有企业的合并以及央企收购地方国有企业集团等日益增多，而国有企业普遍承担着两方面的政策性负担，因此国有企业重组过程要承担保护中小股东、维护稳定和符合产业政策等责任，市场化程度较低。在此情况下，由于上市公司与直接控股股东及其竞争方之间出现了业务重合的情况，导致上市公司面临同业竞争；同时，因为国有企业有政策性负担（战略性政策负担，是指在传统的赶超战略的影响下，投资于我国不具备比较优势的资本密集型产业或产业区段所形成的负担；社会性政策负担，则是指由于国有企业承担过多的冗员和工人福利等社会性职能而形成的负担）及其股权结构的复杂性，同业竞争问题的解决会更加复杂与困难。

表2-3反映了同业竞争的行业分布情况。从表2-3可以看到，传播与文化产业（87.10%）、采掘业（76.38%）和电力煤气及水的生产和供应业（76.06%）等行业的同业竞争比例最高。

表2-3　　　　　　　　　　　　同业竞争的行业分布

行业	代码	公司总数	存在同业竞争关系数量	存在同业竞争关系比例（%）	不存在同业竞争关系数量	不存在同业竞争关系比例（%）
农、林、牧、渔业	A	91	48	52.75	43	47.25
采掘业	B	127	97	76.38	30	23.62
制造业：食品加工业	C0	200	95	47.50	105	52.50
制造业：纺织、服装、皮毛	C1	198	104	52.53	94	47.47
制造业：木材、家具	C2	21	9	42.86	12	57.14
制造业：造纸、印刷	C3	77	32	41.56	45	58.44
制造业：石油、化学、塑胶、塑料	C4	513	235	45.81	278	54.19
制造业：电子	C5	219	131	59.82	88	40.18
制造业：金属、非金属	C6	402	200	49.75	202	50.25

行业	代码	公司总数	存在同业竞争关系数量	存在同业竞争关系比例（%）	不存在同业竞争关系数量	不存在同业竞争关系比例（%）
制造业：机械、设备、仪表	C7	810	476	58.77	334	41.23
制造业：医药、生物制品	C8	266	157	59.02	109	40.98
制造业：其他	C9	46	10	21.74	36	78.26
电力、煤气及水的生产和供应业	D	213	162	76.06	51	23.94
建筑业	E	119	62	52.10	57	47.90
交通运输、仓储业	F	217	108	49.77	109	50.23
信息技术业	G	276	143	51.81	133	48.19
批发和零售贸易	H	270	151	55.93	119	44.07
房地产业	J	246	137	55.69	109	44.31
社会服务业	K	141	63	44.68	78	55.32
传播与文化产业	L	31	27	87.10	4	12.90
综合类	M	171	92	53.80	79	46.20

注：分类依据为证监会发布的《上市公司行业分类指引》。

表 2-4 反映了同业竞争的地区分布。从表 2-4 可以看到，浙江（40.26%）和山东（40.91%）同业竞争比例最低；黑龙江（71.43%）和宁夏（78.79%）同业竞争比例最高。

表 2-4　　　　　　　　　同业竞争的地区分布

地区	同业竞争	非同业竞争	总和	同业竞争比例（%）
浙江	153	227	380	40.26
山东	108	156	264	40.91
青海	12	17	29	41.38
新疆	29	40	69	42.03
西藏	7	9	16	43.75
内蒙	19	24	43	44.19
广东	283	345	628	45.06
福建	70	68	138	50.72

续表

地区	同业竞争	非同业竞争	总和	同业竞争比例（%）
广西	35	34	69	50.72
湖南	69	66	135	51.11
山西	46	43	89	51.69
湖北	84	78	162	51.85
河南	75	66	141	53.19
江苏	196	163	359	54.60
云南	39	31	70	55.71
安徽	110	86	196	56.12
辽宁	75	58	133	56.39
贵州	36	26	62	58.06
吉林	60	41	101	59.41
甘肃	30	20	50	60.00
上海	238	151	389	61.18
四川	116	71	187	62.03
海南	38	22	60	63.33
江西	53	29	82	64.63
河北	68	35	103	66.02
北京	233	108	341	68.33
天津	54	24	78	69.23
重庆	58	24	82	70.73
陕西	63	26	89	70.79
黑龙江	55	22	77	71.43
宁夏	26	7	33	78.79

注：地区划分依据为公司注册地。

2.3 同业竞争、盈余管理与利益输送

在已有的盈余管理方式文献中，无论是关于使用应计项目进行盈余管理的研究，还是关于使用影响到现金流的真实活动进行盈余管理的研究，都没有考虑上市公司的控股股东可能利用同业竞争关系将额外利益反向输送给上市公

司这种情形①。如果同业竞争关系确实是上市公司进行盈余管理和利益输送的一种新的手段，上市公司的盈余管理将不限于上述两种传统的方式。那么，这种新的手段与原有的两种手段究竟是互相补充，还是互相替代地发挥作用呢？这也是我们希望探究的问题。

我们使用 2007～2010 年中国 A 股市场上市公司为样本，研究同业竞争关系对盈余管理方式和控股股东利益输送的影响。对样本公司是否存在同业竞争关系进行甄别后发现，在 2007～2010 年期间内，有 2541 个样本存在同业竞争关系，2117 个样本不存在同业竞争关系，1967 个样本难以判断是否存在同业竞争关系，可以明确判断为存在同业竞争关系的样本占到了总样本的 38.35%（2541/6625）。通过对存在盈余管理动机与不存在盈余管理动机的样本的比较发现，存在盈余管理动机的上市公司操纵性应计更多，说明大多数上市公司倾向于使用操纵性应计的手段来增加利润。这一发现与之前许多学者（Ducharme、Malatesta and Sefcik, 2004）的研究结论一致。然而，当我们进一步考察同业竞争关系对盈余管理方式的影响时，发现存在同业竞争关系的公司销售收入增长率、销售现金流增长率显著更高，主营业务利润增长率显著更快，而操纵性应计显著更低。最后，我们还发现同业竞争关系没有影响到关联交易或线下项目，说明存在同业竞争关系的公司与不存在同业竞争关系的公司在盈余管理动机下所表现出来的上述差异，并非由于关联交易或线下项目所致。综上所述，存在同业竞争关系的上市公司需要通过盈余管理增加账面利润时，控股股东会利用同业竞争关系向上市公司输送利益，使其所控制的上市公司通过增加销售来满足盈余管理的目标。与以往研究相比，本项研究的主要贡献在于：（1）研究发现，同业竞争关系的存在使得上市公司拥有了盈余管理的新的途径和手段，即控股股东利用同业竞争关系让渡自身的资源，对上市公司进行反向支持和利益输送，增加上市公司的销售、利润和现金流。这些发现丰

---

① 控股股东将自己的资源输送给上市公司有多种操作方式：人力资源的转移可以通过调动研发人员、销售人员等途径实现；如果在非竞争市场的情况下，提高原产品或者服务的价格，或者通过控股股东的直接协调，则可以实现客户资源的转移；产品资源的转移可以通过集团对研发出来的新产品进行定向授权生产与销售来实现。与关联交易不同，通过同业竞争关系进行的利益输送不会与关联方发生实质性的交易，但这些利益输送方式可以改变上市公司的产品结构或者直接将客户资源转入上市公司，从而提高上市公司的真实销售收入进而达到其提高盈余水平的目的。如无特殊说明，本文当中的所说的控股股东通过同业竞争关系对上市公司进行利益输送都包含这些方式。

富和发展了盈余管理方面的研究文献。（2）本项研究发现，也拓展了"支持"与"掏空"方面的研究，还为监管部门进一步完善对上市公司的治理与监管提供了理论支持和决策参考。

同业竞争关系会引发上市公司的控股股东与中小股东的代理问题：控股股东利用其控制力，影响上市公司与其关联企业之间的"竞争"，从而导致上市公司与其关联企业之间的利益转移。与关联交易不同，同业竞争关系引发的利益转移发生在"竞争"过程之中，监管机构难以判定更难以量化，这使得同业竞争关系更可能成为控股股东侵占中小股东利益的手段。为了防止控股股东利用其控制地位影响上市公司的正常发展，损害中小股东的利益，许多发达国家的法律和证券法规都要求公司避免同业竞争（汤树梅，2004）。发达国家资本市场发展时间较长，监管体制完善，上市公司很少存在同业竞争关系。而中国资本市场作为一个新兴的转轨市场，还有许多上市公司存在同业竞争关系。在我国资本市场发展的初期，为了保证上市公司的数量与质量，所有的上市公司都采取了审批制，许多企业在上市时只是把相同或者类似业务当中最优质的资产注入上市公司，从而导致了上市公司与控股股东之间的同业竞争关系。此外，国有控股上市公司上市之后，由于国有企业的战略重组，又增加了新的同业竞争关系问题。最后，随着我国上市公司对同行业其他上市或非上市公司实施收购兼并案例的逐渐增多，进一步增加了资本市场同业竞争关系的数量（杨朝军等，2011）。

盈余管理是经营者运用会计方法或者安排真实交易来改变财务报告以误导利益相关者对公司业绩的理解或者影响以报告盈余为基础的合约（Healy and Wahlen, 1999）。投资者保护是资本市场制度的核心，而公司盈余管理行为受公司对投资者保护重视程度的直接影响（Leuz、Nanda and Wysocki, 2003）。国外已有大量研究表明，上市公司在股权再融资过程中普遍存在盈余管理现象（Rangan, 1998；Ducharme, Malatesta and Sefcik, 2004；Cohen and Zarowin, 2010），盈余阈值处也存在盈余管理现象（Degeoge, Patel and Zeckhauser, 1999）。国内也有大量研究表明，上市公司为了达到证券监管部门对IPO、配股、增发新股的业绩要求以及避免亏损，都在事前进行盈余管理，许多研究已经证实，政策性的盈余指标会直接诱发上市公司盈余管理的动机（李仙等，2006；王良成等，2010；章卫东，2010；吴联生等，2007）。

除了对盈余管理的动机进行分析，大量的国内外研究还对盈余管理的方式进行了探讨。早期的研究对使用应计项目的盈余管理方式进行过深入的探讨（Jones, 1991; Rangan, 1998），而近年来有些学者的研究转向了真实活动的盈余管理，并证实了真实活动盈余管理行为的存在（Roychowdhury, 2006）。但我们必须注意到，无论是使用应计项目还是真实活动进行盈余管理，都有实际的风险与成本。应计项目的盈余管理方式越来越不为管理者所偏好，其主要原因是：（1）监管部门与审计师对于应计项目盈余管理方式已具备较强的识别能力，因此，企业使用应计项目进行盈余管理将面临较大的监管风险；（2）单独使用应计项目进行盈余管理的调整程度有限，一旦在财务报告末期采用应计项目进行盈余管理无法弥补真实盈余与目标盈余之间的差异，那么管理人员就几乎没有其他方式进行盈余管理（Cohen and Zarowin, 2010）。特别是科恩等（Cohen et al., 2008）发现，在安然事件以及萨班斯法案颁布之后，由于对应计项目盈余管理方式的管制与识别大大超越了法案颁布之前，导致了许多管理层开始使用其他的方式进行盈余管理（如实质性的盈余管理）。而在中国已有证据显示，盈余管理的程度越高，审计师出具非标意见的可能性越大，表明审计师能够鉴别上市公司的盈余管理程度，并对使用应计项目进行盈余管理程度高的上市公司出具非标意见（刘继红，2009）。陈小林和林昕（2011）进一步地研究发现，在同样进行了盈余管理的样本中，审计师能够区分不同属性的盈余管理，对高风险的机会主义盈余管理应计额（如为了保牌、增发和配股）出具非标意见的概率大于低风险的决策有用性盈余管理的应计额。

而使用真实活动进行盈余管理，从已有文献发现的一些操纵方式（如：通过加大销售折扣促进销售、通过增加产量降低当年销售产品的生产成本、减少研发和广告等费用支出）来看，尽管会降低引起审计师或者监管部门注意的风险，但会对企业现金流产生直接影响，且会影响到企业未来的真实业绩（Cohen and Zarowin, 2010），因而是一种风险与成本很高的盈余管理方式。李增福等（2011）对国内上市公司的股权再融资前的盈余管理行为进行研究后发现，上市公司会同时使用应计项目和真实活动两种盈余管理方式，二者的影响存在明显差异，相对而言，真实活动盈余管理是上市公司股权再融资之后业绩滑坡的主要原因。

使用会计方法调整应计项目以及真实活动对盈余进行操纵，一般都只是涉及单独的企业主体。国内近年有研究表明，在上市公司无法满足融资管制要求的情况下，为了保住"壳资源"或者为了其他融资目的，控股股东会反向地向上市公司输送利益（李增泉、余谦、王晓坤，2005）。国外也有研究表明，当控股股东需要取信于外部投资者时，用私有资源支持上市公司是非常有效的手段（Friedman et al., 2003）。同业竞争关系比较广泛地存在于我国上市公司与其关联企业之间，控股股东控制着许多与上市公司有相同或者类似业务的公司（杨朝军等，2011），当上市公司需要进行盈余管理时，这种同业务类型公司的自身资源极有可能作为控股股东的私有资源被让渡一部分给上市公司。控股股东既然能使用各种手段"掏空"上市公司的资源（李增泉、孙铮、王志伟，2004；李增泉、余谦、王晓坤，2005），那么，也就有可能向上市公司进行利益输送。控股股东利用同业竞争关系对上市公司进行利益输送或者说私有资源让度，使其通过实现"额外/超常"的销售增长来达到盈余管理目标。

通过以上的分析，我们可以发现：首先，过度依赖应计项目进行盈余管理会提高审计风险，导致审计师出具非标意见从而影响盈余管理的最终目标[1]；其次，在同业竞争关系存在的情况下，控股股东利益输送的盈余操纵方式没有影响企业的正常经营管理，非常好地补充了盈余调整空间。因此，在需要盈余管理的情况下，为了达到盈余目标，具有同业竞争关系的企业会更偏好控股股东利益输送的方式进行盈余管理，通过这种方式进行盈余管理，上市公司可以大大降低监管风险以及未来的实际经营风险。因此，我们推论：当上市公司存在盈余管理动机时，较之于不存在同业竞争关系的上市公司，存在同业竞争关系的上市公司销售收入增长率更高。

存在同业竞争关系的上市公司通过实现"额外/超常"的销售增长来达到盈余管理目标，而不倾向于通过调整会计应计或者真实活动盈余管理方式进行盈余操纵。因此，与不存在同业竞争关系的公司相比，存在同业竞争关系的上

---

① 从《上市公司证券发行管理办法》（证监发〔2006〕30号）第二十九条规定："上市公司存在下列情形之一的，不得非公开发行股票：（六）最近一年及一期财务报表被注册会计师出具保留意见、否定意见或无法表示意见的审计报告。保留意见、否定意见或无法表示意见所涉及事项的重大影响已经消除或者本次发行涉及重大重组的除外"以及关于公开发行股票必须符合第八条规定："上市公司的财务状况良好，符合下列规定：（二）最近三年及一期财务报表未被注册会计师出具保留意见、否定意见或无法表示意见的审计报告；被注册会计师出具带强调事项段的无保留意见审计报告的，所涉及的事项对发行人无重大不利影响或者在发行前重大不利影响已经消除"可以看到，审计师的审计意见会影响盈余管理的结果从而对盈余管理行为产生重大影响。

市公司的操纵性应计应该更低，而销售现金流和主营业务利润等都会增加得更快。因此，我们推论：当上市公司存在盈余管理动机时，存在同业竞争关系的上市公司操纵性应计更低，而销售现金流和主营业务利润等都会增加得更快。

一般文献所指的同业竞争关系是指上市公司所从事的业务与其控股股东（包括绝对控制与相对控制）、实际控制人及其所控制的企业所从事的业务相同或近似，双方构成或可能构成直接或间接的竞争关系。我们定义上市公司是否存在同业竞争关系时，主要是考察控股股东下属除上市公司以外，是否还控制着与上市公司从事相同或类似业务的其他子公司或分公司。判断是否同业的标准，主要是观察对比的公司是否存在相同或类似的产品与服务。上市公司的产品与服务类型数据主要是来自于 CCER 数据库中的上市公司主营业务产品和行业分布数据库。在判断出上市公司产品与服务的基础上，查找上市公司的控股股东的主页或者上市公司年报，查看控股股东控制的其他子公司或分公司是否存在相同或类似的产品或服务。如果有，则认为控股股东与上市公司之间存在同业竞争关系；反之，则认为控股股东与上市公司之间不存在同业竞争关系。

我们使用修正琼斯模型作为衡量上市公司盈余管理程度的指标。德肖、斯隆和斯威尼（Dechow、Sloan and Sweeney, 1995）和夏立军等（2002）发现，在美国市场和中国市场上，基于行业分类的横截面修正 Jones 模型能较好地估计超额应计。据此，我们采用基于行业分类横截面修正的 Jones 模型来估计超额应计。其中，行业分类标准依据为证监会 2001 年发布的上市公司行业分类指引。为了保证回归的统计特性，剔除当年观测值低于 10 个的行业。

我们分别使用三个比率作为销售增长的代理变量：销售收入增长率、销售现金流增长率和主营业务利润增长。

我们以 2007～2010 年的 A 股上市公司作为研究样本。同业竞争数据及其分布的具体情况见前文表 2-1～表 2-4。

我们主要研究存在盈余管理动机的上市公司的盈余管理行为是否会受同业竞争关系的影响，因此需要对存在盈余管理动机的企业进行定义。参考建和王（Jian and Wong, 2010）与科恩和扎罗文（Cohen and Zarowin, 2010）、陆正飞等（2006），我们将 ROE 在 0、2% 以及 6%～8%、当年发生配股增发以及下一年发生配股增发的上市公司认定为存在盈余管理动机的企业。

回归样本当中，我们剔除了金融类公司；在估计操纵性应计时剔除了行业内样本量少于 10 家上市公司的行业；剔除相关变量缺失的样本。为了避免异常值的影响，保证结果的稳健性，对所有的连续变量都进行了（5%，95%）的 winsorized 处理。在剔除不符合条件样本之后，最终总体样本分布如表 2-5 所示。

表 2-5　　　　　　　　　　　　最终总体样本分布

项目	存在盈余管理动机	不存在盈余管理动机	合计
存在同业竞争关系	864	1511	2375
不存在同业竞争关系	643	1180	1823
合计	1507	2691	4198

回归结果表明：（1）盈余管理动机在 1% 的水平下对销售收入增长率具有显著为正的影响；当上市公司存在盈余管理动机时，较之于不存在同业竞争关系的上市公司，存在同业竞争关系的上市公司销售收入增长率更高。（2）存在盈余管理动机时，操纵性应计、销售现金流增长率和主营业务利润增长率都会更高；当上市公司存在盈余管理动机时，存在同业竞争关系的上市公司操纵性应计更低，而销售现金流和主营业务利润增长等都会增加得更快。（3）发现同业竞争关系的存在不会对关联交易和线下项目产生影响。研究结果表明，存在同业竞争关系的上市公司的盈余操纵更多来源于控股股东通过同业竞争关系进行的利益输送。

2.4　同业竞争、掏空与盈余持续性

上市公司的主要代理问题存在于管理者和股东之间以及大股东和中小股东之间，而在股权相对集中的发展中国家大股东和小股东之间的代理问题则更为普遍（La Porta et al., 1999）。而掏空是约翰逊等（Johnson et al., 2000）针对大股东和小股东之间的代理问题提出的一个概念，其主要含义是指能够控制公司的股东为了自身的利益侵害小股东的权益，将公司的财产和利润转移出去的行为。

股权的集中度和法律的保护程度是掏空行为产生的主要原因。约翰逊、拉·波特、洛佩兹和施莱费尔（Johnson、La Porta、Lopez-De-Silanes and Shleifer, 2000）指出，股权的过度集中很容易造成大股东侵害小股东利益的发生。在控制力私有收益的驱使下，大股东会转移上市公司资源对其进行"掏空"（Holderness, 2003）。克莱森斯等（Claessens et al., 2002）指出大股东对企业的

控制力和所有权不一致是大股东损害企业利益而谋取私利的主要原因。而法律对投资者的保护程度也影响着掏空的实施,拉·波特、洛佩兹和施莱费尔(1997、1998、2000)在一系列文章中指出,中小投资者受到大股东侵害的主要原因在于对投资者的法律保护不够。法律对投资者的保护越强,越能遏制大股东侵占中小股东利益的行为,倘若法律对投资者的保护很弱,掏空行为便更加猖獗(La Porta et al., 1998、2000)。

低价出售上市公司的资产给控股股东拥有较高现金收益权的公司或者为控股股东拥有较高现金收益权的企业提供贷款担保、向经理人员(控股股东在其控制的企业中往往同时担任经理)支付较高的薪水、侵占上市公司的发展机会,及至最为直接的偷盗等,都是控股股东掏空上市公司的表现(Johnson et al., 2000)。而关联交易、担保、并购和股利政策等则是国外文献讨论的掏空的主要方式。克莱森斯等(2002)研究发现,在东亚9个国家中,有2/3以上的上市公司存在控股股东,股利政策是控股股东对小股东的掠夺的主要方式。也有研究指出,企业集团的所有者通过并购等途径将资源从具有低现金流权的公司转移到具有高现金流权的公司,从而实现了对上市公司的掏空(Bertrand et al., 2002)。而丹尼斯和麦康奈尔(McConnell, 2003)认为在投资者保护程度低的国家,控制公司的大股东还可以通过关联交易来对公司进行掏空。

掏空行为不仅对中小投资者和上市公司不利,而且影响了整个宏观金融市场的健康发展。约翰逊等(2000)发现,大股东的掏空行为对亚洲金融危机期间的股市崩溃有解释力,是金融危机爆发的重要原因。莫克等(Mork et al.,(2000)和乌格勒(Wurgler, 2000)通过对股票价格信息含量与国民经济发展关系进行研究之后,证明了控股股东的掏空行为确实降低了资本市场的配置效率。从微观层面来看,掏空对企业的会计信息和财务状况也有非常不利的影响。掏空行为降低了整个经济的透明度,歪曲了会计收益数据,恶化了投资者与上市公司之间的信息不对称(Bertrand et al., 2002)。

中国资本市场由于建立时间短,法律法规不完善导致投资者保护程度低,大股东掏空上市公司从而导致上市公司陷入困境的例子屡见不鲜(如猴王股份、三九药业等)。国内的学者已经发现,控股股东可以通过关联交易侵占小股东利益(余明桂和夏新平,2004),李增泉等(2004)和叶康涛等(2007)还考察了控股股东通过资金占用进行掏空的情形,对掏空程度的影响因素也进行了讨论。

同业竞争关系会引发上市公司的控股股东与中小股东的代理问题：控股股东利用其控制力，影响上市公司与其关联企业之间的"竞争"，从而导致上市公司与其关联企业之间的利益转移。与关联交易不同，同业竞争关系引发的利益转移发生在"竞争"过程之中，监管机构难以判定更难以量化，这使得同业竞争关系更可能成为控股股东侵占中小股东利益的手段。为了防止控股股东利用其控制地位影响上市公司的正常发展，损害中小股东的利益，许多西方发达国家的法律和证券法规都要求公司避免同业竞争（汤树梅，2004）。

在掏空动机下，控股股东利用同业竞争关系影响上市公司与其关联企业之间的"竞争"，侵占上市公司的发展机会，从而导致上市公司与其关联企业之间的利益转移。控股股东通过同业竞争关系对上市公司的发展机会进行侵占从而"掏空"上市公司的资源有多种操作方式：人力资源的侵占可以通过调动研发人员、销售人员等途径实现；如果在非竞争市场的情况下，提高原产品或者服务的价格，或者通过控股股东的直接协调，则可以实现客户资源的转移；产品资源的转移可以通过集团对研发出来的新产品进行定向授权生产与销售来实现。这些利益侵占方式可以改变上市公司的产品结构或者直接将客户资源输送给控股股东或者其关联的同行业的其他公司，从而最终把上市公司的发展机会转移给控股股东。市场被侵占导致销售增长下降，盈利能力与销售现金流也受到影响，从而导致固定资产投资增长也放缓。根据以上分析，我们推论：存在同业竞争关系的上市公司被控股股东侵占发展机会，从而导致上市公司销售收入增长率、销售现金流增长率、净利润增长率以及固定资产增长率下降。

已有证据表明，所有权结构对于控股股东对其他股东侵占的能力和动机都会产生影响（Morck et al.，1988）。克莱森斯等（2002）指出，大股东损害企业利益而谋取私利的原因主要在于大股东对企业的控制力和所有权不一致；在法律法规不健全导致投资者保护不足的国家，所有权结构的影响会更加明显（Lins，2003）。而国内也有学者以我国上市的经验数据为基础，从股利政策、资产交易和股票价格信息等多个角度证实了所有权结构影响控股股东掏空行为的经验证据（李增泉等，2004；刘峰和贺建刚，2004）。因此，我们推论：过度掏空动机会加剧控股股东通过同业竞争关系对上市公司的掏空，从而导致上市公司净利润增长率更低。

表2-6

掏空动机下分组对比描述性统计

变量	样本量		平均数		中位数		方差	
	同业竞争关系=1	同业竞争关系=0	同业竞争关系=1	同业竞争关系=0	同业竞争关系=1	同业竞争关系=0	同业竞争关系=1	同业竞争关系=0
销售收入增长率	1479	1161	0.112	0.125	0.000	0.003**	0.217	0.216
销售现金流增长率	1479	1161	0.095	0.122***	0.000	0***	0.227	0.227
固定资产增长率	1479	1161	0.094	0.131***	0.006	0.033***	0.261	0.289***
净利润增长率	1479	1161	0.026	0.097**	0.000	0.000***	0.769	0.722**
过度掏空动机	1479	1161	0.309	0.302	0.000	0.000	0.462	0.459
公司规模	1479	1161	21.850	21.54***	21.730	21.36***	1.146	1.068**
负债比率	1479	1161	0.529	0.480***	0.541	0.478***	0.187	0.190
独立董事比率	1479	1161	0.361	0.361	0.333	0.333	0.039	0.039
审计师类型（是否四大）	1479	1161	0.081	0.083	0.000	0.000	0.273	0.276
成长机会（托宾Q）	1479	1161	2.537	2.751***	2.087	2.287***	1.460	1.538*
总资产收益率	1479	1161	0.041	0.048***	0.039	0.047***	0.053	0.054

注：（1）***、**、* 分别表示在 1%、5%、10% 的水平上显著。均值差异检验使用 t 值检验，中位数差异检验使用 Wilcoxon 检验，方差差异单因素方差分析结果；（2）"同业竞争关系=1" 表示存在同业竞争关系，"同业竞争关系=0" 表示不存在同业竞争关系。

从表2-6可以看到，存在掏空动机的样本中，有同业竞争关系的上市公司的销售收入增长率、销售现金流增长率、固定资产增长率和净利润增长率平均值与中位数都比没有同业竞争关系的上市公司更低，且大部分差异显著。回归结果也验证了前文提出的推论。

2.5 结语

我们使用2007～2010年A股上市公司为样本，研究存在同业竞争关系的上市公司的控股股东对上市公司的"利益输送"和"掏空"行为，以及由此导致的上市公司盈余管理程度的提高和盈余持续性的下降。研究发现，当上市公司存在向上操纵盈余的动机时，较之于不存在同业竞争关系的上市公司，存在同业竞争关系的上市公司的销售收入增长率显著更高；当上市公司存在向上操纵盈余的动机时，较之于不存在同业竞争关系的上市公司，存在同业竞争关系的上市公司的操纵性应计显著更低，而销售现金流增长率和主营业务利润增长率显著更高。研究结果表明，存在同业竞争关系的上市公司的盈余操纵更多来源于控股股东通过同业竞争关系进行的利益输送。同业竞争关系的存在使得上市公司拥有了盈余管理的新的途径和手段，即控股股东利用同业竞争关系，让渡自身的资源，对上市公司进行反向支持和利益输送，增加上市公司的销售、利润和现金流。

研究还发现，当控股股东存在掏空动机时，存在同业竞争关系的上市公司被控股股东侵占发展机会，从而导致上市公司销售收入增长率、销售现金流增长率、净利润增长率以及固定资产增长率下降。过度掏空动机会加剧控股股东通过同业竞争关系对上市公司的掏空，从而导致上市公司净利润增长率更低。也就是说，存在同业竞争关系的上市公司的掏空，主要是控股股东通过同业竞争关系进行的对上市公司发展机会的侵占，控股股东持股比例的变化会影响其掏空的动机和能力从而影响掏空行为。控股股东的掏空显著影响了上市公司盈余的持续性。

我们的研究丰富和发展了盈余管理方面的研究文献，也拓展了"支持"与"掏空"方面的研究，还为监管部门进一步完善对上市公司的治理与监管提供了理论支持和决策参考。

案 例

沙河股份同业竞争困境 ①

沙河实业股份有限公司（以下简称"沙河股份"）于1992年6月2日在深证证券交易所上市，代码000014。2000年沙河集团成为沙河股份控股股东。2009年2月3日，深圳市人民政府同意深圳市国有资产监督管理委员会将其所持有的沙河集团100%股权划转给深业集团有限公司直接持有，于是深业集团有限公司对沙河股份达到间接控制。

随着深圳前海深港合作区建设加速推进，市场认为沙河股份集"深圳前海""拥有大量土地储备""旧城改造"等炙手可热的概念于一身，对沙河股份普遍看好。2012年12月7日沙河股份股价涨停，此后30多个交易日总共上涨70%。但一些分析认为中小投资者可能忽略了最"致命"的一点——沙河股份已经身陷同业竞争13年，其大股东沙河集团及其母公司深业集团一直在对公司仅有的优质资产虎视眈眈。

事实上，沙河股份被深业集团控制后，面临着与母公司及集团内部的同业竞争。图2-3显示了深业集团有限公司的组织结构图。从图中可以看到，深业集团的控股公司深圳控股（港股00604）旗下拥有数家具备房地产开发资质的子公司，比如深业置地有限公司。而且，沙河集团也同样具有房地产开发资质。母公司、子公司以及兄弟孙公司之间的同业竞争对于处于弱势地位沙河股份十分不利。2013年沙河商城项目开发权的争夺就是其中一例。

鹤塘小区—沙河商城城市更新项目位于深圳市著名的豪宅区域华侨城片区。这一片区的二手住宅单价均超过5万元，二手写字楼单价更是超过10万元。根据深圳市国土规划部门批复的城市更新规划，未来这一项目将包含住宅、商业建筑、办公建筑、商务公寓、公共配套设施，共计建筑面积近11万平方米。由于土地成本低廉，沙河股份若能操盘这一项目极有可能获得巨大利润。然而，2013年9月17日和18日沙河股份连续披露的8份文件让沙河股份中小投资者的期望落空。

---

① 参考资料：张昊：《沙河股份"深圳地主梦碎"》，《中国证券报》—中证网，2013年12月5日。

在房地产行业，计算一个项目的权益所有人通常以建筑面积占比为标准。然而公告中的方案却采取了以占地面积占比计算权益所有人的方法，导致大股东沙河集团成为这一城市更新项目的"最大使用权人"。

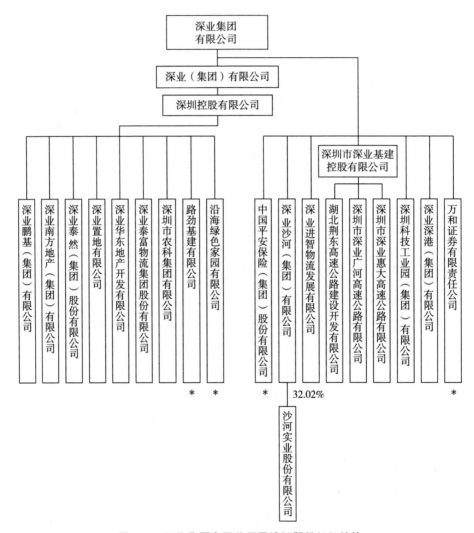

图2-3　深业集团有限公司及沙河股份组织结构

注：资料来源于深业集团有限公司官网（http://www.shumyip.com.hk/Page/Schema）及沙河股份年报，*号标注的为参股公司。

尽管公告明确指出按照建筑面积测算，沙河股份是这一项目的最大建筑面积所有人，"在本项目用地范围内，单个权利人所拥有的建筑物面积前五位分别是：沙河股份 14049.44 平方米，沙河集团 8556.01 平方米，深圳市国税局 1801.25 平方米，广东省汕头市达濠市政深圳公司 1355.86 平方米，南山公安分局 1202.24 平方米，深圳市地税局 486.66 平方米。"但大股东沙河集团再三强调，从占地面积上看，沙河集团才是最大的土地使用权人。公告称"在本项目用地范围内，从历史沿革和现状来看，大股东沙河集团是本项目单一最大土地使用权人。"

这一方案意味着，沙河股份已经失去了对该城市更新项目的开发权，投资者预期中的巨额开发利润不复存在，只能像其他"拆迁户"一样获取象征性的拆迁补偿。公告显示沙河菜市场综合楼（即沙河商城）一至六层为沙河股份名下物业。沙河集团提供了"房屋补偿""货币补偿""房屋补偿与货币补偿相结合"的补偿方式，沙河股份选择了"房屋补偿"方式。根据双方签订的《搬迁补偿安置协议》的房屋补偿标准，项目建成后沙河股份可获得房屋补偿面积约为 15821.06 平方米。也就是说在这一可能为沙河股份带来可观利润的项目中，沙河股份仅能获得 1771.62 平方米的象征性额外补偿。大股东的此番腾挪已经触发关联交易，公告显示"本项目的拆迁补偿属于我公司与关联人之间的关联交易，交易金额将超过我公司最近一期经审计净资产绝对值的 5%"。

2013 年 10 月 16 日，沙河股份采取现场与网络投票结合的方式召开股东大会，审议通过了关于《沙河商城拆迁补偿关联交易》的议案。至此，沙河股份失去沙河商城项目开发权已成为不可更改的事实。尽管市场认为此举存在大股东掏空嫌疑，然而实践中中小股东很难通过法律维护自己的权益。

讨论题：

1. 沙河股份同业竞争是如何形成的？

2. 同业竞争可能给沙河股份带来哪些弊端？

3. 沙河股份、沙河集团以及深业集团应该如何避免同业竞争问题？

参考文献：

[1] 陈小林、林昕：《盈余管理、盈余管理属性与审计意见——基于中国证券市场的经验证据》，载于《会计研究》2011 年第 6 期，第 77~85 页。

［2］李仙、聂丽洁：《我国上市公司IPO中审计质量与盈余管理实证研究》，载于《审计研究》2006年第6期，第67～72页。

［3］李增福、郑友环、连玉君：《股权再融资、盈余管理与上市公司业绩滑坡——基于应计项目操纵与真实活动操纵方式下的研究》，载于《中国管理科学》2004年第2期，第49～56页。

［4］李增泉、孙铮、王志伟：《"掏空"与所有权安排——来自我国上市公司大股东资金占用的经验证据》，载于《会计研究》2004年第12期，第3～14页。

［5］李增泉、余谦、王晓坤：《掏空、支持与并购重组——来自我国上市公司的经验证据》，载于《经济研究》2005年第1期，第95～105页。

［6］刘峰和贺建刚，《股权结构与大股东利益实现方式的选择——中国资本市场利益输送的初步研究》，载于《中国会计评论》2004年第1期，第141～158页。

［7］刘继红：《国有股权、盈余管理与审计意见》，载于《审计研究》2009年第2期，第32～39页。

［8］陆正飞、魏涛：《配股后业绩下降盈余管理后果与真实业绩滑坡》，载于《会计研究》2006年第8期，第52～60页。

［9］汤树梅：《试论上市公司同业竞争与关联交易问题》，载于《河南社会科学》2004年第1期，第106～109页。

［10］王良成、陈汉文、向锐：《我国上市公司配股业绩下降之谜：盈余管理还是掏空》，载于《金融研究》2010年第10期，第172～186页。

［11］吴联生、薄仙慧、王亚平：《避免亏损的盈余管理程度：上市公司与非上市公司的比较》，载于《会计研究》2007年第2期，第44～52页。

［12］夏立军、杨海斌：《注册会计师对上市公司盈余管理的反应》，载于《审计研究》2002年第4期，第28～34页。

［13］杨朝军、廖士光、仲健心、王海涛、沈业基、王博：《中国上市公司同业竞争问题研究》，载于《上海证券报》，2011年。

［14］叶康涛、陆正飞和张志华：《独立董事能否抑制大股东的"掏空"》，载于《经济研究》2007年第4期，第101～111页。

［15］余名桂和夏新平：《控股股东和代理问题与关联交易，对中国上市公

司的实证研究》，载于《南开管理评论》2004 年第 6 期，第 33~38 页。

〔16〕章卫东:《定向增发新股与盈余管理——来自中国证券市场的经验证据》，载于《管理世界》2010 年第 1 期，第 54~64 页。

〔17〕Bertrand M., P. Mehta, and S. Mullainathan, "Ferreting out Tunneling : An Application to Indian Business Groups", Quarterly Journal of Economics, 2002, Vol. 117(1), pp.121-148.

〔18〕Claessens S., S. Djankov, J. P. H. Fan and L. H. P. Lang, "Disentangling the Incentive and Entrenchment Effects of Large Shareholdings", The Journal of Finance, 2002, Vol. 57(6), pp. 2741-2771.

〔19〕Cohen,D., A. Dey and T. Lys ,"Real and Accural Based Earnings Management in the Pre and Post Sarbanes Oxley periods". The Accounting Review 2008,Vol. 83(2),pp.757-787.

〔20〕Cohen,D.A. and P.Zarowin, "Accrual-Based and Real Earnings Management Activities around Seasoned Equity Offerings", Journal of Accounting and Economics, 2010, Vol. 50(1), pp. 2-19.

〔21〕Denis D. K. and J. McConnell, "International Corporate Governance", Journal of Financial and Quantitative Analysis, 2003, Vol. 38(1), pp.1-36.

〔22〕Dechow,P.M., R.G.Sloan and A.P. Sweeney. "Detecting Earnings Management", *The Accounting Review,* 1995, Vol. 70(2), pp.193-225.

〔23〕Degeorge, F.,J.Patel and R. Zeckhauser, "Earnings Management to Exceed Thresholds", *Journal of Business*, 1999, Vol. 72(1), pp.1-33.

〔24〕DuCharme, L.L., P.H.Malatesta and S.E.Sefcik. "Earnings Management, Stock Issues and Shareholder Lawsuits", *Journal of Financial Economics*, 2004, Vol. 71(1), pp.22-44.

〔25〕Friendman,E., S.Johnson and T.Mitton. " Propping and Tunneling". *Journal of Comparative Economics,* 2003, Vol. 31(4), pp.732-750.

〔26〕Healy , P. M. and J . M. Wahlen. "A Review of the Earnings Management Literature and its Implications for Standards Setting". Accounting Horizons, 1999, Vol. 13(4), pp.365-383.

〔27〕Holderness C. G., 2003, "A Survey of Blockholders and Corporate Control", Economic Policy Review, 4, pp.51-64.

［28］JianM. and T. J. Wong. "Propping t0hrough Related Party Transaction". Review of Accounting Study, 2010, Vol. 15(1), pp.70-105.

［29］La Porta R., F. Lopez-De-Silanes and A. Shleifer, "Legal Determinants of External Finance", Journal of Finance, 1997, Vol. 52(3), pp.1131-1150.

［30］La Porta R., F. Lopez-De-Silanes, A. Shleifer and R. W. Vishny, "Law and Finance", Journal of Political Economy, 1998, Vol. 106(6), pp.1113-1155.

［31］La Porta R., F. Lopez-De-Silanes, A. Shleifer and R. W. Vishny, "Corporate Ownership around the World", Journal of Finance, 1999, Vol. 54(2), pp.471-517.

［32］La Porta R., F. Lopez-De-Silanes, A. Shleifer and R. W. Vishny, "Investor Protection and Corporate Governance", Journal of Financial Economics, 2000, Vol. 58(1), pp.3-27.

［33］Johnson S., R. La Porta, F. Lopez-De-Silanes and A. Shleifer, "Tunneling", American Economic Review, 2000, Vol. 90(2), pp.22-27.

［34］Jones,J., "Earnings Management during Import Relief Investigations". *Journal of Accounting Research*, 1991, Vol. 29(2), pp.193-228.

［35］Lins, K. V., "Equity Ownership and Firm Value in Emerging Markets", Journal of Financial and Quantitative Analysis, 2003, Vol. 38(1), pp.159-184.

［36］Leuz , C., D. Nanda and P. D. Wysocki. "Earnings Management and Investor Protection : An International Comparison".Journal of Financial Economics, 2003, Vol. 69(3), pp. 505-527.

［37］Morck R., A. Shleifer and R. W. Vishny, "Management Ownership and Market Valuation: an Empirical Analysis", Journal of Financial Economics, 1988, Vol. 20(1/2), pp.293-315.

［38］Morck R., B. Yeung and W. Yu, "The Information Content of Stock Markets: Why Do Emerging Markets Have Synchronous Stock Price Movements?" Journal of Financial Economics, 2000, Vol. 58(1), pp.215-260.

［39］Rangan,S.. "Earnings Management and the Performance of Seasoned Equity Offerings". Journal of Financial Economics, 1998, Vol. 50(1), pp. 101-122.

［40］Roychowdhury,S., "Earnings Management through Real Activities Ma-nipulation."Journal of Accounting and Economics, 2006, Vol. 42(3), pp.335-370.

［41］Schipper,K., "Commerntary on Earnings Management".Accounting Hori-zon,1989, Vol. 3(4), pp.91-102.

［42］Wurgler J., "Financial Markets and the Allocation of Capital", Journal of Financial Economics, 2000, Vol. 58, pp.187-214.

第2章 同业竞争与盈余信息质量

第 3 章

集团企业的现金分布 [1]

3.1 引言

现金被喻为企业的血液，其重要性不言而喻。相应地，企业内部的资金配置效率也是财务学界关注的重要问题。在考察企业集团内部资本市场的资金配置效率时，历史经验大多只局限于研究上市公司的上级控制链的控股股东对资源的"掏空"，并发现企业集团的内部资本市场部分地被异化为向控股股东利益输送的渠道（Betrand et al., 2002; Fan et al., 2008; Jian and Wong, 2008; 刘峰等，2004; 杨棉之，2006）。相应地，针对该问题，有学者深入考察了如何通过设计合理的组织结构和有效的公司治理，以约束控股股东对中小股东的利益侵占（唐清泉等，2005; 叶康涛等，2007）。然而，鲜有研究关注如何保证上市公司的下级控制链上的资本配置效率。哪些因素作用和影响了资金在上市公司及其子公司之间的分配？哪些力量推动和制约了子公司管理层在资本配置中的寻租行为？我们拟就该问题进行考察。

我们注意到，中国上市公司除面临控股股东的资金侵占，同样面临较为严重的来自子公司对资金的低效或无效占用。这表明，我国上市公司下级控制链上的资本配置效率同样令人堪忧。以大东南（002263）为例：

大东南（002263）是在深圳证券交易所上市的一家浙江省民营企业，控

---

① 本章主要参考了以下论文：陆正飞、张会丽：《所有权安排、寻租空间与现金分布》，载于《管理世界》2012 年第 3 期。

股股东为浙江大东南集团有限公司（持股比例52.8%），下属6家子公司均为非上市企业。2009年2月，按照证监会的相关要求，该公司发布了经立信会计师事务审计后的《关于公司与关联方资金往来情况专项说明》的文件，并披露在中国证监会指定信息披露网站——巨潮资讯网[①]。上述披露文件中的核查结果显示，2008年度，该公司大股东及其附属企业非经营性占用上市公司资金的发生额为2.44亿元，期末占用余额为-0.15亿元，经营性占用资金发生额为0.18亿元，期末余额为0.06亿元；6家下属子公司无一例外地均存在对上市公司资金的非经营性资金占用，总计发生额为1.19亿元，期末余额1.19亿元，占期末所有关联方占用上市公司资金总额的95.2%，明细信息进一步显示，1.19亿元的资金占用全部用于非经营性用途。

而大东南（002263）2008年末的财务报告显示，母公司期末持有现金0.37亿元（资产负债表中的货币资金与交易性金融资产之和），合并报表的现金总量为1.37亿元，亦即意味着子公司整体合计持有现金额约为1亿元（1.37–0.37），约占合并报表现金的73.0%。而子公司整体的资产规模和营业规模却大约只占合并报表的25.3%和37.7%（不考虑母、子公司间的内部交易抵销额的影响）。

可以看出，在大东南（002263）案例中，子公司一方面大量占用上市公司资金用于非经营性目的，另一方面子公司管理层却在内部囤积了大量的现金。事实上，这种现象在我国的资本市场并不少见[②]。如何加强对上市公司下属子

---

① 根据证监会和国资委《关于规范上市公司与关联方资金往来及上市公司对外担保若干问题的通知》（证监发〔2003〕56号文），每家上市公司要披露经事务所审计后的关联方占用上市公司资金情况汇总表，披露包括控股股东及其附属企业、子公司及其附属企业对上市公司资金的占用情况，内容主要涉及占用金额、占用途径（其他应收款、委托贷款、往来款项，等等）、占用性质（经营性占用或非经营性占用）、期初期末余额等。

② 我们随机抽取并翻阅了100家上市公司披露关联方占用上市公司资金的说明文件，发现下属子公司占用上市公司资金的情形非常普遍。例如，2008年末，兖州煤业（600188）关联方占用上市公司资金的期末余额总计4.28亿元，其中4.05亿元由上市公司的子公司及其附属企业通过委托贷款、材料款或代垫款的形式用于非经营性用途。我们还发现一个有趣的现象：很多上市公司的控股股东及其附属企业占用上市公司资金年度发生额很大，但期初、期末余额却很小，甚至为0。也就是说，控股股东通常在财务年度结束前归还占用上市公司的资金，很可能的原因是，监管机构的严格监管以及学术界、资本市场对控股股东的资金占用的密切关注，使得控股股东在财务年度结束时有很强的动机单纯为"避风头"而暂时归还占用资金，待事务所审计后再继续占用。而子公司在财务年度结束前偿还占用资金的情况却不普遍，表明子公司对上市公司资金的占用并未引起过多的关注，上市公司也没有动力或者没有能力在财务年度末督促回收下属子公司占用的资金。

公司的内控治理，也成为当前困扰实务界的难题之一①。

从理论上讲，作为独立的法人实体，子公司管理层拥有相对独立的经营与财务决策权，他们通常比上市公司（母公司）管理层更了解子公司核心能力、商业细节、产品或业务前景、项目潜力以及实际资金需求。日常经营中存在的上述专有知识（specific knowledge），导致上下级管理层之间严重的信息不对称。为了追求私人利益，在企业内部的资源流转与分配中，子公司管理层具有强烈的寻租（rent-seeking）动机，即通过建立一套最便于操作的规章制度，以提高与上级管理层的谈判力，通过实施一系列非生产性活动，耗费额外的成本来包装、虚夸本公司项目的盈利性，以争取更多的内部资源（Scharfstein and Stein, 2000；Wulf, 2005；Brusco and Panunzi, 2005；Ozbas, 2005；Eisfeld and Rampini, 2008；邹薇和钱雪松, 2005；王峰娟和邹存良, 2009）②。实务中，子公司通过各种方式非经营性占用上市公司资金的事实，为子公司管理层的寻租行为提供了最为直接的证据。相应地，对子公司管理层的寻租行为进行有效的制约和监督，就成为提高我国上市公司内部资本市场配置效率的重要环节，也是事关提高上市公司资金使用效率和我国外部资本市场长久发展的重要课题。

现金作为一种稀缺和极易被代理人随意使用的资源（Dittmar and Mahrt-Smith, 2007），自然地成为子公司管理层寻租时的重要目标。现金在上市公司及其子公司之间的分布，可以帮助我们直观、综合地考察子公司管理层的寻租

---

① 近年来，媒体和学术界也在不断呼吁加强对上市公司下属子公司的治理。如南方网在报道《上市公司子公司频频出事子不教父之过》一文中指出我国上市公司对子公司的治理质量太差，呼吁上市公司要对子公司"严加管教"，详见 http://www.southcn.com/finance/zhengquan/gongsinews/200502020713.htm。

② "寻租"这一概念于20世纪70年代被正式提出，并开始被运用于国际贸易与公共选择理论等研究领域。Krueger（1974）将"寻租"定义为人们凭借政府保护而进行的寻求财富转移的活动，其后的研究对"寻租"概念的界定则不断拓展。如 Bhagwati（1974）提出的"直接非生产性寻利活动（Directly unproductive profit, Dup）"便将寻租行为扩大到更大的范围。随着"寻租"这一概念被越来越多的研究领域所采用，"寻租行为"的界定也更加宽泛，某些或某类个体通过非生产性的方式追求经济利益的行为，均可理解为广义上的"寻租"。在我们的研究中，基于上市公司在企业集团中的核心地位，下级子公司管理层具有强烈的通过非生产性活动争取和保持自由现金流的自利动机，因此，我们研究中的"寻租"与其广义概念相一致。

结果①。假若不考虑其他因素的影响，子公司持现比率越高②，表明子公司管理层的寻租行为越为严重。本章将在控制了经营需要、公司总体战略对现金分布的影响后，考察上市公司及其子公司的所有权安排对子公司持现比率的影响，进而考察子公司少数股东、上市公司控股股东、上市公司管理层的持股比例对子公司管理层寻租空间所造成的影响。

3.2 历史经验

随着我国经济改革的日益深化，出于资源整合和降低交易成本的需要，企业的范畴越来越突破单一法人实体的界限，多元化、集团化的金字塔式企业组织形式日益普遍。在存在融资约束的新兴市场国家，尤其我国，企业集团所搭建的内部资本市场和控制链，是该组织形式产生和不断延续的重要生命力。特别地，控制链中通常存在一个或多个可以从外部资本市场吸纳资金的上市公司。这些上市公司以其独有的从资本市场融资的功能，自然地成为企业集团运营中"血液"——现金的枢纽和集团内部资本市场的源头。他们将资金经由内部资本市场向上级控股股东和下级子公司传递，最终实现集团内部的资本配置③。

不同于一般的事业部制企业各部门间的资源配置，企业集团内部各公司间的资金流动在一定程度上要受到法律规范的制约④。作为不同的法人实体，在非全资控股的组织结构中，为了保护少数股东的权益，任意一方随意转移另一方的资源，都是法律所不允许的。如我国证监会联合国资委于 2003 年 8 月发布了《关于规范上市公司与关联方资金往来及上市公司对外担保若干问题的通知》，严禁上市公司通过不同方式将资金直接或间接地提供给控股股东和其他关联方使用，并要求每家上市公司披露经事务所审计后的关联方占用上市

---

① 现金的分布状况不仅仅反映了子公司对上市公司资金的直接的占用，而且也概括和综合地反映了其他所有可能形式（包括子公司为持有现金而以各种托辞拒不向上市公司分红）的"寻租"行为的结果。

② 文中所称"子公司持现比率"，是指子公司持有现金占合并报表现金的比重。

③ 在该过程中，掌握主导权的是控制链的最终控制人。

④ 我们这里的企业集团，不同于西方传统研究中的事业部制的"联合大企业"（M 型组织），而是指通过控股关系形成的、有多个独立法人组成的经济实体（H 型组织）。邵军和刘志远（2006）认为研究单个公司的内部资本市场不能很好地反映内部资本市场的真实特征，而将内部资本市场放在集团的框架下，才更具研究价值。

公司资金情况汇总表。但是，这并不意味着企业集团的内部资本市场就无法运转。事实上，企业集团内部的资金流动可经由资金拆借、委托贷款、代垫款、转移定价、关联交易、现金分红等众多方式来实现，甚至以"其他应收款"的名义直接实现资金的转移[①]。

自然地，集团内部资金配置的效率就成了学术界关注的焦点。约翰逊等（Johnson et al., 2000）将控股股东通过从上市公司转移资产或利润的方式来谋取私利，侵占中小股东利益的行为定义为"掏空"（tunneling）。控股股东的"掏空"行为严重影响了企业集团内部资本市场的资本配置效率。我国的学者也对此展开了多角度的研究。刘峰等（2004）借用五粮液集团的案例，分析并论证了我国资本市场上大股东通过利益输送侵害中小股东利益行为的现象。万良勇和魏明海（2006）、杨棉之（2006）、范等（Fan et al., 2008）等的研究均表明，原本旨在为提高资本配置效率而存在的企业集团内部资本市场，部分地被异化为向控股股东进行利益输送的渠道。邵军和刘志远（2007）运用案例分析法，对鸿仪系内部资本市场的效率进行了深入考察，发现内部资本配置的无效率，他们还发现，在企业集团的内部资本配置过程中，效率的原则服从于最终控制人的"战略"需要。

如何保证企业集团内部的资金配置效率，也是提高外部融资效率、保护上市公司外部中小投资者利益的需要。当司法体系等制度机制无法对投资者权益进行有效保护时，所有权结构的影响就变得尤为重要（Lins, 2003），我国的一系列研究如吕长江和肖成民（2006）、李增泉等（2004）、贺建刚和刘峰（2005）等从不同角度、运用案例或大样本等不同研究方法验证了所有权安排会影响控股股东"掏空"上市公司行为的经验证据。上述研究无一例外地将上市公司作为资源配置的最底层，考察上级控股股东的机会主义动机对资源配置效率的影响。

然而，正如威廉姆森（Wiliamson, 1975）所描绘的那样，资源在内部资本市场配置的过程，是内部多个利益主体竞争博弈的过程。西方的研究文献对下级分部的管理层（子公司）向总部（上级公司）寻租的行为通过构建模型进行

---

① 万良勇和魏明海（2006）对三九集团内部资本市场的运作方式总结为以下九种形式：集团内部的借贷、集团内产品或服务往来、集团内资产或股权转让、集团内担保、集团内委托租赁存款、集团内委托投资或增资、集团内票据贴现融资、集团内部的资产租赁、代垫款项。

了理论上的阐述（Scharfstein and Stein, 2000；Brusco and Panunzi, 2005；Bernardo et al., 2006），却少有实证研究去关注下级控制链中的子公司中存在的代理成本和交易摩擦对企业集团内部资本配置效率的影响。究其原因，主要在于数据获取方面的条件制约。研究者要搜集全面、准确的子公司数据并非易事，尤其在如美国、加拿大等只披露合并财务报表的发达市场国家，获得子公司财务数据的成本更加高昂。西方相关文献在研究"联合大企业"内部资本市场分部经理的寻租行为时，大多仅限于通过理论模型进行论证。如沙尔夫斯泰因和斯泰因（Scharfstein and Stein, 2000）通过构建双层代理模型，全面地刻画了企业内部资本配置的过程，指出企业内部（分部）管理者的寻租行为会迫使企业（总部）CEO 扭曲资本配置，并强调了企业组织设计的重要性。不同于"联合大企业"，在企业集团内部，各成员公司间的资本转移会产生更大的摩擦（邵军和刘志远，2007）[1]，特别地，我国上市公司的下属子公司大多地域分散、不公开上市、信息获取成本高，由此导致的下游代理链上的寻租行为对内部资本市场资本配置效率的影响更是不容忽视。如何通过有效的组织设计或所有权安排，有效制约下属子公司的寻租行为，对于提高企业集团内部资本市场资金配置效率和外部资本市场的持久发展无疑具有重要意义。

沙尔夫斯泰因和斯泰因（2000）在研究企业内部资本市场中分部经理的寻租行为时，建立了股东（外部投资者）、总部 CEO 和分部经理的分析框架[2]，并构造了股东—CEO—分部经理逻辑思路下的双层代理模型。我们在考察企业集团内部子公司经理寻租行为的影响因素时，也拟遵循这一思路。不同的是，考虑到我们所研究问题的特殊性，我们在建立分析框架时，将股东具体为上市公司控股股东，将 CEO 扩展为上市公司高管人员[3]。由于集团内部资本市场中复

---

① 邵军和刘志远（2006）认为研究单个公司的内部资本市场不能很好地反映内部资本市场的真实特征，而将内部资本市场放在集团的框架下，作为实际控制人的大股东，作为总部更能体现内部资本市场的不完善的特征，同时当企业集团对内部各成员企业不是 100% 的控制时，资源在企业集团内部各成员公司间转移就会产生较大的摩擦，企业集团内部资本市场的不完善比较明显。因此，企业集团内部资本市场更值得关注。

② Scharfstein and Stein（2000）重点考察分部经理的寻租行为所导致的各分部之间资本配置的"集体主义"（Socialism），与该文不同的是，我们关注的是子公司向上级上市公司寻租的行为，在研究中，我们将子公司作为一个整体来对待，考察影响现金在母、子公司之间分布的相关因素。

③ 在稳健性检验中，我们考虑了前三大股东、前五大股东的整体影响（持股之和），结论保持不变。

杂的股权结构将导致管理层的利益侵占（entrenchment）（Claessens et al., 2002；La Porta, et al., 2002），因此，我们从所有权安排的角度，考察子公司少数股东、上市公司控股股东、高管所拥有的产权对子公司管理层寻租空间的影响。

3.3 理论分析

子公司管理层的寻租行为受到其所在企业内部寻租空间的直接影响。而子公司内部寻租空间的大小，又直接受到所有权结构尤其是少数股东权益所占比重的影响。原因在于：一方面，在我国，上市公司的子公司绝大多数为非上市企业，该类企业中股权转让的法律监管较严。基于股权自由转让方面的限制，不同于上市公司的中小投资者，非上市企业中的少数股东一般是积极投资者，他们会在内部资本市场的资本配置过程中，即在与上级控股股东和上市公司高管的谈判中发挥较强的作用力，为所在企业的项目争取更多的资本。这样，在争取资金方面，少数股东与子公司管理层的寻租力量作用方向相一致，但是，他们在监控资金的日常使用效率方面，却由于持股比重较小而缺少充分的权力和能力，因而客观上给子公司管理层留下很大的寻租空间。另一方面，相对于全资控股的子公司，少数股东的存在，使得子公司管理层的经营不再100%受制于控股股东，或者说，子公司管理层在大股东和少数股东之间有了更多的周旋余地，从而在经营中拥有更多的专有知识（specific knowledge），也就是说，相对分散的所有权结构使其寻租成本更加低廉。基于上述分析，我们推论：子公司中少数股权占比越高，子公司管理层寻租空间越大，子公司持现比率越高。

詹森（Jensen, 1986）提出的自由现金流理论认为，当管理层掌握了较多的闲置资金时，他们会倾向于以牺牲股东的利益为代价而增加自己的财富。当上市公司的子公司持有较多现金时，子公司管理层就相应地掌握了对现金的控制权，由此可能带来的代理成本，将有损上市公司股东尤其是控股股东的切身经济利益。对上市公司的控股股东而言，控股股东—上市公司管理层—子公司管理层的管理模式所导致的双层代理成本，即代理链的进一步拉长，加大了他们对上市公司子公司现金使用效率的监控难度。相应地，严格控制现金资源在母子公司间的分散程度，亦即加强母公司对现金的直接持有，是实现股东财富最大化目标的需要。因而，当上市公司的控股股东力量越强大时，即便不考虑自身"掏空"便利性的目的，出于降低代理成本的需要，控股股东也会对子公司持现具有越强的抑制动机。基于此，我们推论：上市公司的第一大股东持股比例越高，子公司管理层寻租空间越小，子公司持现比率越低。

从一定意义上讲，上市公司高管人员与子公司管理层也是企业经营中的一种委托—代理关系（Ozbas, 2005）。然而，与普通的委托—代理问题不同的是，上市公司高管作为委托人，一般不享有资源的最终产权，由此导致监控收益与成本的不匹配，这客观上会降低他们对资源配置中下属代理人进行监控的激励。但是，现代公司治理机制中，所有者通过授予经营者一定的股权，将一部分产权转移给经营者，从而将会提高他们监控下级代理人的收益与成本的匹配度。詹森和梅克林（Jenzen and Meckling, 1976）就曾指出，管理层持股可以加强其利益与公司价值的一致性，并督促其努力工作；其他相关文献也表明，对高管人员实施有效的激励能够降低多分部企业资源配置过程中的代理成本，相应提高资源配置效率（Bernado et al., 2004; Eisfeldt and Rampinin, 2008）。基于上述分析，上市公司高管所拥有的股权将激励他们对子公司寻租行为的监控。由此，我们推论：上市公司的高管持股比例越高，子公司管理层的寻租空间越小，子公司持现比率越低。

3.4 经验证据

我们利用我国资本市场上市公司财务信息披露的"双重披露制"这一便利条件，以合并报表与母公司报表之间的差额，来度量子公司整体财务状况①。我们将子公司年度资产负债表中的现金余额占合并报表现金的比例，即子公司持现比率作为现金分布的代理变量。其中，现金以上市公司年度财务报告中的货币资金与短期投资净额之和计算。现金在上市公司母、子公司间的分布，首先受到经营需要或公司总体战略的影响。因此，我们在研究现金分布的影响因素并设定检验模型时，首先对纳入合并报表的全体子公司的资产规模占比、营业规模占比加以控制；考虑到资金来源可能影响集团对资金的控制

---

① 我们后文中的"子公司"是指合并范围内的除上市公司（母公司）外的子公司整体。在设定变量时，我们不考虑合并抵销事项的影响，将合并报表与母公司报表相应财务指标的差额作为反映整体子公司相应财务特征综合水平的代理变量。当然，所有子公司信息的综合，有可能会导致我们的研究对所考察问题真实水平的低估。

力度，我们同时对母子公司总体的资产负债率加以控制；另外，考虑到公司的重大战略决策，如现金分红或配股融资等因素，客观上造成了资金在上市公司（母公司）一方的集中，所以我们在设定所有权安排对现金分布影响的 OLS 回归模型时对上述因素一并加以控制。

我们选取我国证券市场中 1999～2006 年的上市公司为研究样本，并对数据作了常规的统计处理。样本观测的现金分布的年度变化趋势见表 3-1。1999～2006 年，我国上市公司的子公司持现比率的平均水平在逐年增加，从 1999 年的平均占比 27.9% 稳步升至 46.5%，子公司持现比率的中位数也保持了同步的增长趋势。

表 3-1　　　　　　　　　　现金分布的年度特征

年度	观测数	均值	中位数	最小值	最大值	标准偏差
1999	463	0.279	0.196	0.001	0.991	0.257
2000	569	0.312	0.247	0.001	0.978	0.268
2001	572	0.329	0.274	0.002	0.976	0.270
2002	580	0.358	0.319	0.002	0.978	0.277
2003	608	0.379	0.339	0.003	0.988	0.276
2004	644	0.404	0.367	0.004	0.994	0.284
2005	651	0.435	0.401	0.006	0.996	0.294
2006	574	0.465	0.454	0.008	0.999	0.286

注：表中统计的变量为子公司持现比率，等于 1- 母公司报表现金 / 合并报表现金。

表 3-2 报告了子公司持现比率的行业特征。木材家具业（52.9%）、综合类行业（51.0%）、房地产业（49.6%）三个行业的子公司持现比率居前三位，而采掘业（23.3%）、金属非金属（28.2%）、电子（28.3%）三个行业的子公司持现比率最低。

表 3-2　　　　　　　　　　现金分布的行业特征

行业名称	观测数	均值	中位数	最小值	最大值	标准偏差
农、林、牧、渔业（A）	133	0.333	0.225	0.001	0.995	0.298
采掘业（B）	18	0.233	0.148	0.002	0.617	0.208

续表

行业名称	观测数	均值	中位数	最小值	最大值	标准偏差
食品、饮料（C0）	220	0.376	0.347	0.001	0.996	0.275
纺织、服装、皮毛（C1）	211	0.439	0.396	0.001	0.999	0.299
木材、家具（C2）	7	0.529	0.529	0.151	0.996	0.304
造纸、印刷（C3）	89	0.400	0.332	0.002	0.999	0.318
石油、化学、塑胶、塑料（C4）	513	0.315	0.230	0.001	0.999	0.271
电子（C5）	135	0.283	0.224	0.002	0.823	0.228
金属、非金属（C6）	308	0.282	0.196	0.001	0.978	0.247
机械、设备、仪表（C7）	695	0.304	0.222	0.001	0.999	0.270
医药、生物制品（C8）	316	0.359	0.295	0.002	0.997	0.281
其他制造业（C9）	58	0.465	0.455	0.024	0.961	0.297
电力、煤气及水的生产和供应业（D）	199	0.431	0.399	0.002	0.978	0.295
建筑业（E）	80	0.385	0.328	0.004	0.871	0.266
交通运输、仓储业（F）	164	0.317	0.302	0.007	0.973	0.214
信息技术业（G）	278	0.406	0.365	0.002	0.997	0.263
批发和零售贸易（H）	483	0.402	0.351	0.001	0.996	0.271
房地产业（J）	172	0.496	0.515	0.009	0.993	0.305
社会服务业（K）	154	0.430	0.402	0.002	0.970	0.291
传播与文化产业（L）	28	0.405	0.421	0.008	0.773	0.210
综合类（M）	400	0.510	0.515	0.004	0.994	0.290

表3-3报告了研究所涉及的变量的描述性统计。可以看出，子公司持现比率的最小值为0.1%，最大值高达99.9%，均值和中位数分别为37.4%和31.9%；少数股权占比的均值和中位数分别为8.5%和5.5%，总体来看，在我国上市公司的子公司中，少数股权占比还比较低；第一大股东持股比例由8.5%至78.8%不等，平均水平为39.8%；高管持股比重虽然最大值可高达58.9%，但均值为1.2%，中位数不到0.1%，表明在我国高管持股的比重总体还比较小。

表 3-3　　　　　　　　　　相关变量描述性统计

变量	观测数	均值	中位数	最小值	最大值	标准偏差
cashdis	4661	0.374	0.319	0.001	0.999	0.283
assetdis	4661	0.202	0.160	0.001	0.818	0.171
salesdis	4661	0.471	0.430	0.001	1.000	0.338
lev	4661	0.483	0.489	0.086	0.937	0.174
mino	4661	0.085	0.055	0.000	0.593	0.093
oneratio	4661	0.398	0.380	0.085	0.788	0.162
stockratio	4661	0.012	0.000	0.000	0.589	0.065

　　注：*cashdis* 为子公司持现比率，等于 1– 母公司报表现金 / 合并报表现金；*assetdis* 为子公司资产规模占比，等于 1– 母公司报表总资产 / 合并报表总资产；*salesdis* 为子公司营业规模占比，等于 1– 母公司报表主营业务收入 / 合并报表主营业务收入；*lev* 为总体负债率；*mino* 为少数股权占比，计算方式为少数股东权益 / 合并报表所有者权益；*oneratio* 为第一大股东持股比例；*stockratio* 为高管人员持股比例，董事会、监事会、经理持股数占总股数的比例（下同）。

　　表 3-4 报告了研究中涉及的主要变量按中位数进行分组后的高、低两组公司的现金分布对比。可以看出，少数股东权益占比低的公司组的子公司持现比率均值和中位数均明显高于少数股东权益占比高的公司组；相对于第一大股东持股比例低的公司组而言，第一大股东持股比例高的公司组的子公司持现比率均值和中位数均明显较高；高管持股比例高的公司组的子公司持现比率均值和中位数均低于高管持股比例较低的公司组。统计 T 检验的结果显示，上述对比在统计意义上存在显著差异。

表 3-4　　　　　　　　　　主要变量分组后的现金分布对比

特征变量	组别	观测数	均值	中位数	最小值	最大值	标准偏差	T 检验
mino	0	2330	0.261	0.174	0.001	0.999	0.251	（−29.88）***
	1	2331	0.488	0.472	0.001	0.999	0.267	
oneratio	0	2330	0.425	0.398	0.001	0.999	0.290	（−12.5）***
	1	2331	0.323	0.252	0.001	0.999	0.266	

特征变量	组别	观测数	均值	中位数	最小值	最大值	标准偏差	T 检验
stockratio	0	2330	0.396	0.340	0.001	0.999	0.297	（5.36）***
	1	2331	0.352	0.302	0.001	0.997	0.266	

注：*mino* 为少数股权占比，计算方式为少数股东权益 / 合并报表所有者权益；*oneratio* 为第一大股东持股比例；*stockratio* 为高管人员持股比例，董事会、监事会、经理持股数占总股数的比例。以上所有变量均按中位数分组，0 表示低于中位数的组，1 表示高于分位数的组。括号内为 t 值；*** 表示在 1% 水平上显著、** 表示在 5% 水平上显著、* 表示在 10% 水平上显著。

为了更为直观地考察我们所关注的主要变量对子公司持现比率的影响，我们将上述变量按十分位数分组，考察了从最低分位数组至最高分位数组子公司持现比率均值的变化趋势，见图 3-1。

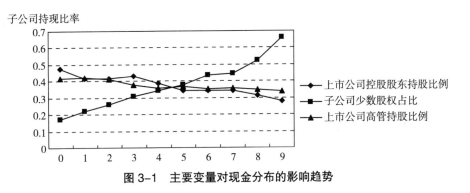

图 3-1　主要变量对现金分布的影响趋势

图 3-1 中的趋势图较为直观地显示，三条线的走势均与我们前文的推论相一致。尤其是，从少数股权占比的最低分位数组至最高分位数组，子公司持现比率的均值由 18% 稳步升至 68%，表明子公司中少数股权的配置对子公司持现比率具有很强的影响力。

多元回归结果表明，在控制了其他因素的影响后，就所有权安排来看，少数股权占比越大，子公司管理层的寻租空间就越大，子公司持现比率越高；控股股东持股比例越高，也即控股股东对上市公司的控制力越强，子公司管理层的寻租空间相应就越小，从而子公司的持现比率就越低。高管所拥有的所有权比例越高，他们对子公司管理层寻租行为的监控激励就越强。

为进一步考察控制权性质的影响，即考察上述结论在国有、民营上市公

第 3 章　集团企业的现金分布

司之间是否有显著差异，我们将全部样本细分为国有和民营子样本分别进行回归。结果表明，在不同控制权性质的样本中，少数股权占比、第一大股东持股比例、上市公司高管持股比例对现金分布的影响并不存在显著差异，进而表明少数股权、控股股东以及持股高管对子公司寻租空间的影响在国有、民营上市公司中具有一致性。

在上文考察所有权安排对现金分布的影响时，我们控制了经营需要和公司整体战略的影响，但是，由于难以观测或找到合适的代理变量控制子公司的潜在、真实的投资需求，所以，上述计量方面的控制处理，仍然不能完全排除子公司持现比率高反而带来高效投资的可能。针对该问题，在此，我们专门通过考察理性的投资者对现金分布的预期反应，即现金分布对现金持有价值的影响，来对子公司持现比率高的公司的现金使用效率加以补充讨论。结果表明，子公司持现比率高公司的现金价值（比持现比率低的公司）存在显著的折价，这意味着子公司高持现更多地源于寻租的结果，而非高效投资的需要。

3.5 结语

我们在控制业务经营需要、公司总体战略对现金分布影响的基础上，考察了上市公司及其子公司所有权安排对子公司持现比率的影响，以揭示子公司少数股东、上市公司控股股东、上市公司管理层的持股比例对子公司管理层寻租空间所造成的影响。研究发现，在所有权安排的增量影响中，子公司持现比率与子公司少数股权占比显著正相关，与上市公司第一大股东持股比例、上市公司高管持股比例显著负相关。这表明，现金在上市公司及其子公司间的分布，实际是子公司管理层与上市公司控股股东、高管等利益主体博弈均衡的结果，子公司中少数股权的力量客观上为子公司管理层创造了更多的寻租空间，而控股大股东和上市公司持股高管成为抑制子公司管理层寻租行为的有效力量。进一步的研究还表明，在不同控制权性质的上市公司中，少数股权、控股股东、持股高管对子公司管理层寻租行为的影响具有一致性。

补充讨论的结果表明，子公司持现比率高的公司组的现金持有价值显著低于子公司持现比率低的公司组的现金持有价值，这意味着，子公司高持现更大程度上还是管理层寻租的结果，理性的投资者在现金定价时对此给予了显著的折价。因此，如何加强对上市公司子公司的内控治理，如何提高上市公司的资金效率，以及如何有效地防范子公司管理层的寻租行为，应该是我国上市公司及其监管部门需要认真考虑并努力改进的一个重要问题。

罗顿发展：失控的子公司 ①

一、公司简介

罗顿发展股份有限公司（股票简称：罗顿发展，股票代码：600209）成立于 1993 年 5 月，并于 1999 年 3 月在上海证券交易所上市。该公司主营业务涵盖宾馆酒店业、酒店管理与咨询、企业管理与咨询、装饰工程设计、咨询及施工、影视多媒体、电子产品、石油产品（凭证经营）销售、饮料食品生产与加工、生产销售网卡、调制解调器、铜轴调制解调器、数字用户环路设备、以太网交换机、路由器、交换路由器、基站、基站控制器、移动通讯终端、接入网及相关设备等行业。主要产品或提供的劳务为提供酒店管理与咨询、装饰工程设计、咨询及施工。

在 2012 年公司的年度财务报告中，实际控制人及产权关系的控制如图 3-2 所示。

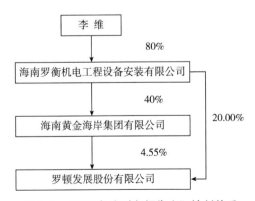

图 3-2 2012 年度财务报告实际控制关系

① 参考资料：吴正懿：《ST 罗顿新议案敦促子公司清欠摘帽关口自曝家丑》，《上海证券报》2012 年 5 月 16 日；王丽新：《罗顿发展控股子公司高管失控欲对簿公堂》，载于《证券日报》2013 年 4 月 8 日；《罗顿发展多份董事会临时公告》；罗顿发展 2011~2015 年度财务报告。

二、媒体报道引轩然大波

2012 年 5 月 16 日，上海证券报刊出了"ST 罗顿新议案敦促子公司清欠摘帽关口自曝家丑"（编者注：时为"ST 罗顿"）为标题的文章，一时间财经舆论哗然。

报道显示，5 月 14 日，ST 罗顿大股东黄金海岸集团向公司董事会提交关于增加 2011 年度股东大会临时提案的函，要求股东大会增加讨论《关于采取必要措施进一步敦促海南金海岸罗顿大酒店有限公司清理债务实现扭亏的议案》。据议案披露，公司控股的海南金海岸罗顿大酒店长期亏损，怠于催收到期债权，尤其是对金狮俱乐部债权。2004~2011 年，罗顿大酒店累计亏损 1.45亿元，长期未能清收金狮俱乐部债权累计 2366 万元。上述情况直接导致公司长年扭亏乏力，并对公司及公司股东影响恶劣。虽经多次致函或采取其他方式催促，罗顿大酒店董事会、管理层一直未能作出积极回应。

上述议案涉及的海南金海岸罗顿大酒店有限公司，是上市公司 ST 罗顿合并范围内的控股子公司。在此期间，酒店公司法人代表和董事长为昂健，除此以外，昂健没有在上市公司担任高管职务，亦未主管上市公司旗下的其他公司。据 ST 罗顿 2011 年年报，罗顿大酒店注册资本 3.8 亿元，主要从事宾馆、酒店及其配套服务设施的经营及管理，报告期末总资产约为 3.16 亿元，营业收入 3975 万元，净利润 -1211 万元，ST 罗顿持有 51% 股权。综合开发公司、黄金海岸集团是除罗顿发展外金海岸酒店的两家股东，分别持股 39.978%、9.021%，罗顿发展董事、总经理余前是综合开发公司董事长，罗顿发展董事李维是黄金海岸集团董事长，上述两公司均为罗顿发展的关联公司。再据资料，罗顿大酒店实为 ST 罗顿 1999 年上市募投项目，当时拟投 1.4 亿元用于罗顿大酒店二期工程，并斥资 5650 万元用于酒店配套工程。最终，上述两个项目累计投入 7231 万元募集资金，其余资金另作他用。

作为 IPO 募投项目，罗顿大酒店连年亏损饱受诟病。由于该酒店资产拖累等因素，ST 罗顿 2008 年、2009 年连续亏损，自 2010 年 4 月 27 日起"披星戴帽"，2010 年 11 月 1 日由 *ST 罗顿变更为 ST 罗顿。2012 年 4 月，公司向上交所申请撤销股票交易其他特别处理，申请股票简称变更为"罗顿发展"。

2012 年 6 月 30 日，罗顿发展发布"关于催收专门小组工作进展的公告"。

公告称，公司于 2012 年 5 月 25 日召开 2011 年年度股东大会，审议通过了《关于采取必要措施进一步敦促海南金海岸罗顿大酒店有限公司（简称"酒店公司"）清理债务实现扭亏的议案》，决议组成专门小组代表公司进一步敦促罗顿大酒店公司尽快解决其扭亏及催收债权问题。专门小组成立后立即与酒店公司进行了多轮沟通并进行了调查。专门小组了解到，金狮俱乐部占用酒店公司三层共计 5000 多平方米房屋，现正常经营，但至少已拖欠酒店公司近 5 年累计人民币 2600 余万元的资产使用费。针对专门小组的有关询问，酒店公司管理层声称对于金狮俱乐部债务毫不知情，且从未向金狮俱乐部催收资产使用费；而酒店公司董事长、法定代表人昂建至今未予任何答复。专门小组由此有理由相信，昂建对此负有不可推卸的严重责任。专门小组将进一步深入调查昂建与金狮俱乐部是否存在利益关系，以及昂建是否损害了本公司和社会公众股东的利益。

三、子公司管理团队交接一波三折

2013 年 2 月 27 日，罗顿发展（编者注：更名后）发布了一则充满浓烈火药味的公告，称由于罗顿酒店催收金狮俱乐部 2600 万元的欠款不力，致使上市公司经营困难，但酒店原董事会一直怠于履行职责，故免去昂健等原董事会一众成员，上市公司的实际控制人李维等人取而代之。公告要求，酒店必须在一周内完成新旧管理团队的交接，原酒店董事长昂健须在 2 月底前拿出可行的债权清收方案，酒店新任代表有权在必要时聘请专业机构对酒店进行审计、法律调查，并有权对调查及工作交接过程中应承担责任的酒店公司人员采取法律行动。然而，昂健等酒店公司前高层拒绝业务交接，带走了酒店公司的公章和营业执照，导致无法办理工商登记等变更手续。

不久，上市公司再次发布关于"废止海南金海岸罗顿大酒店公章及营业执照"的公告，要求"酒店公司管理团队最晚于 2013 年 3 月 4 日上午 10 时交接酒店公司公章及营业执照"。

意外的是，当月 3 月 13 日，罗顿发展接到海口市美兰区法院下达的民事裁定书，裁定为"自本月 11 日起的 6 个月内，停止办理变更酒店公司法定代表人、董事成员昂健的工商登记手续"。裁定书记载昂健已就股东会议决议效力确认纠纷向美兰区人民法院起诉罗顿发展、综合开发公司、集团公司及酒店公司，并申请诉讼保全，请求停止办理金海岸酒店法定代表人、其董事职务的相关变

第 3 章　集团企业的现金分布

更登记。案外人李宏、王萌共计提供两处房产为昂健诉讼保全申请提供担保。

2013 年 3 月 30 日，罗顿发展再次发布公告，公示了《关于海南金海岸罗顿大酒店有限公司临时股东会会议合法性的法律意见书》，称此次会议通过内容具有法律效力。也就是说，酒店公司董事会改组具有法律效力。

2013 年 4 月 11 日，罗顿发展发布"关于法院恢复本公司控股子公司工商变更登记的公告"，公告称自 2013 年 4 月 8 日起恢复办理变更海南金海岸罗顿大酒店有限公司法定代表人、董事成员昂健的工商登记手续。同时解除对案外人李宏、王萌提供担保房屋的查封。

四、罗顿发展盈利状况

表 3-5 给出罗顿发展自 2011～2015 年的盈利状况。可以看出，公司的合并净利润自 2012 年起一直处于亏损状态，公司归属于母公司所有者的净利润除 2013 年出现亏损外，其余年份均处于低盈利状态；而少数股东损益则一直处于亏损状态。

表 3-5　　　　　　　　　罗顿发展 2011～2015 年盈利状况

单位：元

年份	净利润	归属于母公司所有者的净利润	少数股东损益
2011	9100310.19	14062445.47	−4962135.28
2012	−7793483.82	1657164.52	−9450648.34
2013	−37510940.88	−24785224.51	−12725716.37
2014	−1301258.22	9264588.44	−10565846.66
2015	−5933723.36	2516484.68	−8450208.04

讨论题：

1. 结合罗顿发展 2012 年的主要财务报表（见表 3-6～表 3-10），试讨论该上市公司对子公司的管理模式。

2. 讨论金海岸罗顿大酒店拖垮上市公司业绩的原因有哪些？

3. 如果您是该公司的实际控制人，将如何协调各方利益争端？

附表：罗顿发展 2012 年主要财务报表

表3-6

合并报表范围

子公司全称	子公司类型	注册地	持股比例（%）	业务性质	注册资本（元）	经营范围
海南金海岸罗顿大酒店有限公司（以下简称罗顿酒店公司）	控股子公司	海口	51.00	住宿和餐饮业	38246122.00	宾馆、酒店及其配套服务设施、中西餐厅、歌舞娱乐服务；桑拿美容健身；美容美发、打字、复印、传真服务；旅游服务；公路货物运输
海南金海岸装饰工程有限公司（以下简称海南工程公司）	控股子公司	海口	90.00	建筑业	30000000.00	室内外装饰装修、工程设计施工、建筑材料、装饰材料
海南中油罗顿石油有限公司（以下简称海南中油公司）	控股子公司	海口	97.00	能源业	50000000.00	汽油、柴油、石化产品；仓储运输
上海罗顿商务管理服务有限公司（以下简称上海罗顿商务公司）	控股子公司	上海	90.00	服务业	50000000.00	商务管理服务、宾馆、酒店的管理服务、企业形象策划（广告业务除外）及以上相关业务的咨询服务
上海中油罗顿石油有限公司（以下简称上海中油公司）	控股子公司	上海	100.00	能源	50000000.00	石油产品、仓储及运输的筹建
上海罗顿装饰工程有限公司（以下简称上海工程公司）	控股子公司	上海	90.00	建筑业	30000000.00	建筑装饰工程、建筑材料、装潢材料的销售
北京罗顿建设工程有限公司	控股子公司	北京	99.07	建筑业	30000000.00	施工总承包、专业承包、设备安装、技术咨询、工程项目管理
海南金海岸高尔夫服务有限公司	控股子公司的控股子公司	海口	51.00	服务业	10000000.00	高尔夫市场开发、高尔夫运动组织和安排、赛事组织、高尔夫球专业咨询、高尔夫培训；高尔夫球用品
海南罗顿园林景观工程有限公司（以下简称园林景观公司）	控股子公司的控股子公司	海口	70.00	服务业	10000000.00	园林项目咨询、设计、施工、景观艺术品咨询、设计、施工、园林产品的开发、销售
海南罗顿建筑设计有限公司（以下简称建筑设计公司）	控股	海口	70.00	服务业	10000000.00	建筑项目咨询、工程技术咨询、规划设计、建筑设计、景观设计、市内装修设计、道路桥梁设计

表 3-7 　　　　　　　　　合并资产负债表

2012 年 12 月 31 日　　　　　　　　　单位：元

项目	附注	期末余额	年初余额
流动资产：			
货币资金	七（一）	91714230.11	53635188.49
结算备付金			
拆出资金			
交易性金融资产			
应收票据	七（二）	330000.00	0.00
应收账款	七（三）	44969718.55	47353105.18
预付款项	七（五）	33751083.21	40771337.46
应收保费			
应收分保账款			
应收分保合同准备金			
应收利息			
应收股利			
其他应收款	七（四）	9456369.20	10910509.60
买入返售金融资产			
存货	七（六）	108277864.40	57459771.17
一年内到期的非流动资产			
其他流动资产	七（七）		2000000.00
流动资产合计		288499265.47	212129911.90
非流动资产：			
发放委托贷款及垫款			
可供出售金融资产			
持有至到期投资			
长期应收款			
长期股权投资	七（九）	365098704.97	365112596.76
投资性房地产	七（十）	5595659.58	5890168.00
固定资产	七（十一）	271475484.68	292869211.08
在建工程	七（十二）	741972.35	522664.35
工程物资			
固定资产清理			
生产性生物资产			

项目	附注	期末余额	年初余额
油气资产			
无形资产	七（十三）	231714062.57	237410328.09
开发支出			
商誉			
长期待摊费用	七（十四）	3671450.56	3621804.26
递延所得税资产			
其他非流动资产			
非流动资产合计		878297334.71	905426772.54
资产总计		1166796600.18	1117556684.44
流动负债：			
短期借款	七（十六）	5000000.00	78000000.00
向中央银行借款			
吸收存款及同业存放			
拆入资金			
交易性金融负债			
应付票据	七（十七）	50000.00	3727389.22
应付账款	七（十八）	111999796.97	70436709.96
预收款项	七（十九）	52822306.58	39430496.09
卖出回购金融资产款			
应付手续费及佣金			
应付职工薪酬	七（二十）	2226568.75	1667044.97
应交税费	七（二十一）	28212262.80	26545596.38
应付利息			
应付股利			
其他应付款	七（二十二）	153752417.30	77653725.26
应付分保账款			
保险合同准备金			
代理买卖证券款			
代理承销证券款			
一年内到期的非流动负债			
其他流动负债			
流动负债合计		354063352.40	297460961.88

续表

项目	附注	期末余额	年初余额
非流动负债：			
长期借款			
应付债券			
长期应付款	七（二十三）	431009.04	
预计负债			
递延所得税负债			
其他非流动负债			
非流动负债合计		431009.04	
负债合计		354494361.44	297460961.88
所有者权益（或股东权益）：			
实收资本（或股本）	七（二十四）	439011169.00	439011169.00
资本公积	七（二十五）	118386578.49	118386578.49
减：库存股			
专项储备			
盈余公积	七（二十六）	31109296.45	31109296.45
一般风险准备			
未分配利润	七（二十七）	97148302.10	95491137.58
外币报表折算差额			
归属于母公司所有者权益合计		685655346.04	683998181.52
少数股东权益		126646892.70	136097541.04
所有者权益合计		812302238.74	820095722.56
负债和所有者权益总计		1166796600.18	1117556684.44

表 3-8　　　　　　　　　　　母公司资产负债表

2012 年 12 月 31 日　　　　　　　　　　　单位：元

项目	附注	期末余额	年初余额
流动资产：			
货币资金		13763373.12	10216088.61
交易性金融资产			
应收票据			
应收账款	十四（一）	689300.00	342000.00

续表

项目	附注	期末余额	年初余额
预付款项		400000.00	400000.00
应收利息			
应收股利			
其他应收款	十四（二）	341535.93	1976726.24
存货		1424923.38	2238558.19
一年内到期的非流动资产			
其他流动资产			
流动资产合计		16619132.43	15173373.04
非流动资产：			
可供出售金融资产			
持有至到期投资			
长期应收款			
长期股权投资	十四（三）	745787276.78	745801168.57
投资性房地产			
固定资产		1103090.02	1146442.81
在建工程			
工程物资			
固定资产清理			
生产性生物资产			
油气资产			
无形资产		219856117.67	225348538.43
开发支出			
商誉			
长期待摊费用			
递延所得税资产			
其他非流动资产			
非流动资产合计		966746484.47	972296149.81
资产总计		983365616.90	987469522.85
流动负债：			
短期借款			78000000.00

续表

项目	附注	期末余额	年初余额
交易性金融负债			
应付票据			
应付账款		499754.55	116654.55
预收款项		726267.86	941558.96
应付职工薪酬			
应交税费		-60785.91	-185593.24
应付利息			
应付股利			
其他应付款		459545724.40	387171922.91
一年内到期的非流动负债			
其他流动负债			
流动负债合计		460710960.90	466044543.18
非流动负债：			
长期借款			
应付债券			
长期应付款			
专项应付款			
预计负债			
递延所得税负债			
其他非流动负债			
非流动负债合计			
负债合计		460710960.90	466044543.18
所有者权益（或股东权益）：			
实收资本（或股本）		439011169.00	439011169.00
资本公积		113841010.13	113841010.13
减：库存股			
专项储备			
盈余公积		31109296.45	31109296.45
一般风险准备			
未分配利润		-61306819.58	-62536495.91
所有者权益（或股东权益）合计		522654656.00	521424979.67

续表

项目	附注	期末余额	年初余额
负债和所有者权益（或股东权益）总计		983365616.90	987469522.85

表 3-9　　　　　　　　　　合并利润表

2012 年 1~12 月　　　　　　　　　　单位：元

项目	附注	期末余额	年初余额
一、营业总收入		333484296.02	243376764.43
其中：营业收入	七（二十八）	333484296.02	243376764.43
利息收入			
已赚保费			
手续费及佣金收入			
二、营业总成本		355079350.47	254136175.31
其中：营业成本	七（二十八）	281497241.42	191482763.32
利息支出			
手续费及佣金支出			
退保金			
赔付支出净额			
提取保险合同准备金净额			
保单红利支出			
分保费用			
营业税金及附加	七（二十九）	12276457.46	9000663.78
销售费用	七（三十）	15222.18	141319.99
管理费用	七（三十一）	49696972.82	50198628.01
财务费用	七（三十二）	7899226.44	8329354.67
资产减值损失	七（三十四）	3694230.15	−5016554.46
加：公允价值变动收益（损失以"−"号填列）			
投资收益（损失以"−"号填列）	七（三十三）	20896979.44	20963697.07
其中：对联营企业和合营企业的投资收益		−13891.79	−43820.74
汇兑收益（损失以"−"号填列）			
三、营业利润（亏损以"−"号填列）		−698075.01	10204286.19

续表

项目	附注	期末余额	年初余额
加：营业外收入	七（三十五）	303355.80	610481.64
减：营业外支出	七（三十六）	698476.75	171282.98
其中：非流动资产处置损失		32476.46	27225.72
四、利润总额（亏损总额以"—"号填列）		−1093195.96	10643484.85
减：所得税费用	七（三十七）	6700287.86	1543174.66
五、净利润（净亏损以"—"号填列）		−7793483.82	9100310.19
归属于母公司所有者的净利润		1657164.52	14062445.47
少数股东损益		−9450648.34	−4962135.28
六、每股收益：			
（一）基本每股收益	七（三十八）	0.0038	0.032
（二）稀释每股收益	七（三十八）	0.0038	0.032
七、其他综合收益			
八、综合收益总额		−7793483.82	9100310.19
归属于母公司所有者的综合收益总额		1657164.52	14062445.47
归属于少数股东的综合收益总额		−9450648.34	−4962135.28

表 3-10　　　　　　　　　　　母公司利润表

2012 年 1～12 月　　　　　　　　　　　单位：元

项目	附注	期末余额	年初余额
、营业收入	十四（四）	5267814.36	3578892.38
减：营业成本	十四（四）	4581676.36	2571410.18
营业税金及附加		27806.20	156909.66
销售费用		15222.18	141319.99
管理费用		12282421.59	12827623.34
财务费用		7474202.96	7426805.51
资产减值损失		440905.87	−8679200.83
加：公允价值变动收益（损失以"—"号填列）			
投资收益（损失以"—"号填列）	十四（五）	20806108.21	20956179.26
其中：对联营企业和合营企业的投资收益		−13891.79	−43820.74

集团企业财务解读：理论分析与经验证据

续表

项目	附注	期末余额	年初余额
二、营业利润（亏损以"—"号填列）		1251687.41	10090203.79
加：营业外收入		3448.98	236110.19
减：营业外支出		25460.06	30001.12
其中：非流动资产处置损失			
三、利润总额（亏损总额以"—"号填列）		1229676.33	10296312.86
减：所得税费用			
四、净利润（净亏损以"—"号填列）		1229676.33	10296312.86
五、每股收益：			
（一）基本每股收益			
（二）稀释每股收益			
六、其他综合收益			
七、综合收益总额		1229676.33	10296312.86

参考文献：

［1］贺建刚、刘峰：《大股东控制、利益输送与投资者保护——基于上市公司资产收购关联交易的实证研究》，载于《中国会计与财务研究》2005年第7卷第3期。

［2］李增泉、孙铮、王志伟：《"掏空"与所有权安排——来自我国上市公司大股东资金占用的经验证据》，载于《会计研究》2004年第12期。

［3］刘峰、贺建刚、魏明海：《控制权、业绩与利益输送———基于五粮液的案例研究》，载于《管理世界》2004年第8期。

［4］吕长江、肖成民：《民营上市公司所有权安排与掏空行为——基于阳光集团的案例研究》，载于《管理世界》2006年第10期。

［5］邵军、刘志远：《企业集团内部资本市场与融资约束》，载于《经济与管理研究》2006年第9期。

［6］邵军、刘志远：《"系族企业"内部资本市场有效率吗？》，载于《管理世界》2007年第6期。

[7] 唐清泉、罗党论、王莉:《大股东的隧道力量与制衡力量——来自我国上市公司大股东资金占用的经验证据》,载于《中国会计评论》2005年第1期。

[8] 万良勇、魏明海:《我国企业集团内部资本市场的困境与功能实现问题——以三九集团和三九医药为例》,载于《当代财经》2006年第2期。

[9] 王峰娟、邹存良:《多元化程度与内部资本市场效率》,载于《管理世界》2009年第4期。

[10] 杨棉之:《内部资本市场、公司绩效与控制权私有收益——以华通天香集团为例分析》,载于《会计研究》,2006年第12期。

[11] 叶康涛、陆正飞、张志华:《独立董事能否抑制大股东的"掏空"?》,载于《经济研究》2007年第4期。

[12] 邹薇、钱雪松:《融资成本、寻租行为和企业内部资本配置》,载于《经济研究》2005年第5期。

[13] Bertrand,M., P.Mehta and S.Mullainathan, "Perreting Out Tunneling: An Application to Indian Business Groups", *The Quarterly Journal of Economics*, 2002,Vol.117, pp.121-148.

[14] Bernardo, A.E.,H. Cai and J. Luo, "Capital Budgeting in Multidivision Firms: Information, Agency, and Incentives", *Review and Financial Studies*, 2004,Vol.17, pp.739-767.

[15] Bernardo, A. E., J. Luo and J. J. D. Wang, "A theory of socialistic internal capital markets", *Journal of Financial Economics*, 2006,Vol.80, pp.485-509.

[16] Brusco,S. and F. Panunzi, "Reallocation of Corporate Resources and Managerial Incentives in Internal Capital Markets", *European Economic Review*, 2005, Vol.49, pp.659-681.

[17] Bhagwati, J.N., "Directly Unproductive, Profit-Seeking（DUP）Activities", *Journal of political Economy*, 1974,Vol.90, pp.988-1002.

[18] Claessens, S., S.Djankov, J.P.H.Fan and L. H. P. Lang, "Disentangling the Incentive and Entrenchment Effects of Large Shareholding", *The Journal of Finance*, 2002,Vol.57, pp. 2741-2771.

[19] Dittmar, A. and J.Marhrt-Smith, "Corporate Governance and the Value of Cash Holdings", *Journal of Financial Economics*, 2007, Vol.83, pp. 599-634.

[20] Eisfeld, A.L. and A. A.Rampini, "Managerial Incentives, Capital Reallocation, and the Business Cycle", *Journal of Financial Economics*, 2008,Vol.87, pp. 177-199.

[21] Fan, J.P.H., L. Jin and G. Zheng, "Internal Capital Market in Emerging Market: Expropriation and Mitigating Financing Constraints", 2008, Working paper, ChineseUniversity of Hong Kong.

[22] Jensen,M.C., "Agency Cost of Free Cash Flow, Corporate Finance, and Takeovers", American Economic Review, 1986, Vol.76, pp.323-329.

[23] Jensen, M.C. and W.H. Meckling, "Theory of the firm, managerial behavior, agency costs and ownership structure", *Journal of FinancialEconomics*, 1976,Vol.3, pp.305-360.

[24] Jian, M. and T.J. Wong, "Propping through Related Party Transactions", *Review of Accoungting Studies*, 2008, Vol.46, pp.112-134.

[25] Johnson,S., R.La Porta, F. Lopez-de-Silanes and A.Shleifer, "Tunneling", *American Economic Review*, 2000,Vol.90, pp.22-27.

[26] Krueger, A.O., "The Political Economy of the Rent-Seeking Society", *American Economic Review*, Vol.64, pp.291-303.

[27] La Porta,R., F. Lopez-de-Silanes, A. Shleifer and R. Vishny, "Investor Protection and Corporate Valuation", *The Journal of Finance*, 2002,Vol.57, pp.1147-1170.

[28] Lins, K.V., "Equity Ownership and Firm Value in Emerging Markets", *Journal of Financial and Quantitative Analysis*, 2003,Vol.38, pp. 159-184.

[29] Scharfstein, D.S. and J.C. Stein, "The Dark Side of Internal Capital Market: Divisional Rent-seeking and Inefficient Investment", *The Journal of Finance*, 2000,Vol.55, pp. 2537-2564.

[30] Ozbas,O., "Integration, Organizational Processes, and Allocation of Resources", *Journal of Financial Economics*, 2005,Vol.75, pp. 201-242.

[31] Williamson, O.E., "Markets and hierarchies: Analysis and antitrust amplicaitons", New York:Free Press, 1975.

[32] Wulf,J., "Influence and Inefficiency in the Internal Capital Market", 2005,Working paper, University of Pennsylvanis.

第 4 章

集团企业的过度投资 ①

4.1 引言

集团企业的投资效率问题是影响我国经济总体发展态势的重要课题。其中，过度投资是当前最值得关注的问题。国际货币基金组织（IMF）驻华首席代表在 2013 年 4 月 15 日发布研究报告称，若以投资占 GDP 的比重来看，中国的过度投资水平已超出均衡水平 12～20 个百分点。值得注意的是，近年来，世界各国的企业现金持有水平均在不断提高（Dittmar and Mahrt-Smith, 2007; Bates et al., 2009）。贝茨（Bates et al., 2009）指出，美国 2006 年的企业持现水平已接近公司权益市值的 1/10，现金占账面资产的比重也高达 23.2%，这一数字比 20 世纪 80 年代翻了一番。据笔者统计，近些年来，就中国 A 股上市公司而言，现金占账面总资产的比重总体均值也约在 20% 上下，这意味着在我国企业中，约 1/5 的账面资产以现金形式存在。更值得注意的是，我国当今资本市场的上市公司多数还拥有上级集团母公司，且上市公司自身绝大部分非单体企业存在，控制着下级数十甚至上百子公司。高达 95.3% 的上市公司以企业集团形式运营的制度背景下（张会丽和陆正飞，2010），上市公司平均有 44.7% 的现金并非由母公司直接调度和持有，而是由其下级子公司分散持有。

---

① 本章主要参考了下述论文：张会丽、陆正飞：《现金分布、公司治理与过度投资》，载于《管理世界》2012 年第 3 期；窦欢、张会丽、陆正飞：《企业集团、大股东监督与过度投资》，载于《管理世界》2014 年第 7 期；胡诗阳、陆正飞：《非执行董事对过度投资的抑制作用研究》，载于《会计研究》2015 年第 11 期。

基于此，对于我国上市公司过度投资问题的考察，有必要考虑其集团企业成员身份和自身控制若干子公司的集团制（非单体）企业身份。

统计结果表明，截至 2012 年年末，我国资本市场上隶属于企业集团[①]的上市公司比例达到 70.4%，从而表明企业集团在我国资本市场和国民经济发展中扮演的举足轻重的角色。集团总部通过内部资本市场运作将内部资金在成员企业间进行统一调配，从而有效缓解来自外部资本市场的融资约束，是企业集团在新兴市场国家盛行的重要原因之一。然而，集团内部资金的调配机制能否确保成员企业对资金的使用效率？上市公司的集团企业成员身份对其过度投资水平有无影响？这将是本章考察的问题之一。

同时，企业内部的代理成本是影响企业自由现金流投资效率的重要根源。[②]根据传统的自由现金流代理成本假说，经理人为构建自己的企业帝国常常具有强烈的投资扩张冲动，进而导致企业的投资超出最优水平，并严重损害了股东利益（Jensen, 1986）。相应地，企业内部自由现金流的投资效率或现金持有效率成为世界各国学术界关注的焦点问题之一（Richardson, 2006; Pinkowitz et al., 2006; Dittmar and Mahrt-Smith, 2007; Biddle et al., 2009; Fresard and Salva, 2010; 王彦超，2009; 俞红海等，2010）。受财务报告披露条件的限制，现有文献在实证研究中通常以母子公司的汇总财务数字——合并报表现金余额，来考察集团内部所有法人主体的现金持有总量对总体投资效率的影响。其隐含的假定是，现金在企业控制链上下游的分布状况对总体使用效率的影响无显著差异，亦即假定在母子公司制的企业集团中，现金由母公司或子公司持有对总体投资效率具有同质影响。然而，在现实世界里，上述假定是否成立？现金在集团制上市公司母公司和下级子公司间的分布状况如何影响企业总体的投资效率？这将是本章考察的另一话题。

另外，企业投资效率的提高，离不开有效的公司治理。相应地，本章同样关注企业整体的治理水平和企业内部的董事类型如非执行董事对于上市公司过度投资的监督作用。

---

① 我们将企业集团成员定义为，如果上市公司的上级母公司拥有除该上市公司之外的其他实体企业，则视为上市公司隶属于企业集团。

② 已有研究回答了影响企业持现的以下几种动机假说：（1）谨慎性假说；（2）代理成本；（3）其他企业内部特征如税收、工会力量、多元化等；（4）宏观环境影响假说。

4.2　集团成员企业与过度投资

4.2.1　历史经验

已有研究企业集团的相关文献发现，在外部市场不完备的条件下，集团公司内部市场可以替代缺失的外部市场，从而提高企业价值（Leff, 1978; Khanna and Palepu, 2000）。辛和帕克（Shin and Park, 1999）还发现，由于企业集团成员之间的相互担保和支持，可以降低银行贷款的风险，因而隶属企业集团的公司会更易获得贷款。我国学者潘红波和余明桂（2010）对 1999～2005 年独立公司变为集团成员企业这一事件进行研究，发现集团化确实提高了公司获得银行贷款的额度和期限。上述历史经验证据均表明，企业集团确实能为企业带来更多的资金支持。但是集团内部的资金使用效率究竟如何呢？我们拟从企业是否为集团成员企业视角加以考察。

在有效的资本市场上，拥有净现金流为正的投资项目的公司应该能够成功从外部市场上筹集到资金。然而，历史研究指出，公司与资金提供者之间的信息不对称问题导致资本市场存在摩擦，外部资金与内部资金相比往往成本更高，从而导致公司的融资约束问题（Stiglitz and Weiss, 1981; Myers and Majluf; 1984; Greenwald, Stiglitz and Weiss, 1984）。如果此时存在企业集团，即在各个子公司之间存在内部资本市场，则可借助企业集团内部的资金调配，从而无须向外界筹资，相应融资约束的情况就能得到缓解。因此，内部资本市场是否有效成为了理论界和实务界共同关注的问题。

其中，以威廉（William, 1975）为代表的学者认为，资金紧缺的公司可以通过构建内部资本市场将紧缺的资源在公司内部进行分配。由于公司总经理拥有关于下属成员公司更多的信息，他可以作出正确的决策，即把资金分配给投资机会很好的项目。盖特纳（Gertner et al., 1994）试图通过构建模型来识别在哪种情况下，公司能通过内部资本市场进行更有效的投资决策。斯泰因（Stein, 1997）认为在企业集团内部，集团总经理会通过"挑选赢家"的方式将资金分配给投资机会好的子公司，而存在融资约束的独立公司则不能获得资金去进行投资。以上文献均认为内部资本市场可以减轻外部投资者与公司之间的信息不对称问题，选择集团内部有价值的项目进行投资，增强投资效率。尤其当公司从外部资本市场获取资金的成本越高时，内部资本市场存在的价值就越大。因此，关于内部资本市场的研究需要基于公司获取外部资金的成本，即外部资本市场的发达程度。福韦（Fauver et al., 1999）对35个国家的公司进行调查，发现处于不发达市场的公司，多元化折价更小。康纳和帕利普（Khanna and Palepu, 1999a, b）也发现不发达资本市场上的公司多元化价值更大，因为完善的外部资本市场会削弱内部资本市场解决市场摩擦的功能。拉·普达等（La porta et al., 1998）指出在新兴经济国家，由于投资者保护力度不足，金融中介机构的缺乏，往往导致企业不能从银行获得贷款，或是从资本市场上进行权益融资，企业因此面临严重的融资约束问题。在这种情况下，构建企业集团以形成有效的内部资本市场对集团的成员企业是十分有利的。

然而，近来更多的经验证据表明内部资本市场是无效率的。詹森（Jensen, 1986、1989)的研究中指出，由于内部资金支持的项目不受外部市场的监管，可能因为内部管理层的代理问题导致低利润或高风险。沙尔夫斯泰因（Scharfstein, 1998）对165个多元化公司的调查发现，相比独立公司，多元化企业在投资机会不好（Q值小）的行业进行更多的投资，而在投资机会好（Q值大）的行业投资不足。进一步研究发现，当高层管理人员持有的股权越小时，集团的内部资本市场无效的可能性越大。这与沙尔夫斯泰因和斯泰因（2000）的研究一致。沙尔夫斯泰因和斯泰因（2000）构建的双层代理模型全面地刻画了企业内部资本配置的过程，指出企业内部（分部）管理者的寻租行为会迫使企业（总部）CEO扭曲资本配置，导致企业集团的内部资本市场无效。同时，他们的研究还发现了企业集团内部的补贴行为。如辛和史图斯（Shin and Stulz, 1998）的研究指出企业集团的各分公司之间存在无效的相互补贴现象，即现金流从投资机会好的分公司流到投资机会不好的分公司。拉詹瑟韦斯和津加莱斯（Rajan, Servaes and Zingales, 2000）也提供了类似的证据。辛和帕克（1999）则认为韩国财团的内部资本市场实际上是效率低下的（为缺少投资机会的集团企业提供了过多的资金）。高普兰等（Gopalan et al., 2007）检验了印度的企业集团，发现企业集团通过内部的资金转移，支持业绩差的成员公司，以避免违约问题出现。但是，达钦和索休拉（Duchin and Sosyura, 2013）发现子公司经理与高层管理者的社会联系可帮助子公司获得更多的资金，内部资本市场的资金配置效率则依赖于公司间的信息环境和公司治理水平。

4.2.2　理论分析

基于詹森（1986）提出的自由现金流理论，当管理层掌握了较多的闲置资金时，他们会倾向于以牺牲股东的利益为代价增加自身利益，如使用自由现金流量来进行符合其自身最大利益的负 NPV 项目，从控制更多资产中获得私人利益等。奥普莱等（Opler et al., 1999）也指出，尽管面临较差的投资项目，拥有超额现金的公司还是倾向于进行更多投资，进行更多并购。理查德森（Richardson, 2006）对自由现金流的研究发现，拥有正的自由现金流的公司往往容易出现过度投资。而且，自由现金流主要以金融资产的形式留存于公司，并没有证据表明公司将这些资金向外部的债权人和股东进行分配。因此，这部分资金的投资效率直接影响到股东价值。在企业集团中，由于集团总部 CEO 无法观测到成员企业的真实经营状况，可能会导致集团内部的代理问题，这种代理问题的存在可能会加剧子公司的过度投资行为。辛和史图斯（1998），辛和帕克（1999）的研究均指出企业集团中存在成员企业之间无效的相互补贴现象，导致现金流从好企业流向差企业，最终为缺乏好投资机会的公司提供更多的资金，导致过度投资。因而我们认为隶属于企业集团的下属上市公司能够通过在集团内部的寻租行为获得更为充裕的自由现金流，相对于独立公司而言过度投资程度会更加严重。因此，我们推论：相比独立公司，隶属于企业集团的上市公司的过度投资程度会更加严重。

4.2.3　经验证据

在研究中，我们将企业集团成员定义为与辛清泉等（2007）的定义一致，如果上市公司的母公司拥有除子公司之外的其他经济业务实体，则定义为企业集团（*Group*=1）；如果第一大股东为各级国资委、国有资产经营公司、财政局或者其他政府机构，或者其他自身不从事任何实业经营、只从事投资控股业务的公司或个人，则认为上市公司是独立企业，赋值为 0（*Group*=0）。在衡量自由现金流时，我们参考理查德森（2006）、辛清泉等（2007）的定义，将经营活动现金流净值减去估计得到的正常投资水平后除以总资产定义为自由现金流（*Fcf*）。为了检验企业集团的存在对其下属上市公司中自由现金流过度投资的影响，我们借鉴研究过度投资的同类文献（Richardson, 2006；杨华军和胡奕明，2007）设定研究模型，多元回归因变量 $Overinv_{i,t}$ 表示公司 i 第 t 年的过度投资 [1]；自变量为集团成员哑变量（ $Group$ ），自由现金流（ Fcf ），及两者的交互项（ $Group*Fcf$ ）。参考辛清泉等（2007），张会丽和陆正飞（2012），我们还加入了公司回报率（ Roa ）、管理费用率（ Exp ）、大股东占款比例（ $Tunnel$ ）、高管薪酬（ $Salary$ ）以及少数股东权益（ $Mino$ ）等控制变量。为检验企业集团内部治理的作用，我们进一步考察在企业集团背景下，大股东监督力强弱对上市公司过度投资问题的影响。

表 4–1 的描述性统计结果显示，我国存在显著的过度投资问题（指标 $Overinv$ 的均值为 0.051，中位数为 0.036）。指标 $Group$ 的结果显示，我国上市公司中隶属于企业集团的样本占总样本的 70.5%，这说明我国的资本市场上隶属于企业集团的上市公司比例非常高，进一步体现了本研究的必要性。其余控制变量的描述性统计结果与以往的研究基本一致。

表 4–1 主要变量描述性统计

变量名	N	均值	中位数	标准偏差	最小值	最大值
$Overinv$	5120	0.051	0.036	0.048	0.000	0.258
$Group$	5120	0.705	1.000	0.456	0.000	1.000
Fcf	5120	0.009	0.006	0.073	−0.265	0.297
Roa	5120	0.043	0.038	0.050	−0.202	0.226
Exp	5120	0.087	0.070	0.071	0.004	0.680
$Tunnel$	5120	0.023	0.010	0.038	0.000	0.435
$Salary$	5120	13.640	13.670	0.831	10.780	16.000
$Mino$	5120	0.082	0.045	0.099	−0.006	0.544

注：$Overinv_{i,t}$ 表示公司 i 第 t 年的过度投资；主要用到的研究变量为集团成员哑变量（ $Group$ ）、自由现金流（ Fcf ），及两者的交互项（ $Group*Fcf$ ）；研究涉及的控制变量包括公司资产回报率（ Roa ）、管理费用率（ Exp ）、大股东占款比例（ $Tunnel$ ）、高管薪酬（ $Salary$ ，计算方式为经行业中位数调整后的前三位高管人员薪酬的自然对数）以及少数股东权益占比（ $Mino$ ）等。

---

[1] 将公司的正常投资水平表示为公司规模、杠杆、成长性、市场业绩、公司年龄、现金持有水平以及上一期投资水平的函数，实际投资水平与估计值之间的差额即公司的过度投资水平。

多元回归结果表明，集团企业成员的身份与公司的过度投资水平显著正相关，从而表明企业集团的存在为上市公司提供了更多的自由现金流，加重了上市公司的过度投资程度。而且，回归结果还表明当上市公司可能面临外部融资约束时，[1]隶属于企业集团的上市公司比独立公司的过度投资程度更为严重。可能的原因在于集团内部的资金调配和担保放松了成员企业的融资约束可能性，隶属于企业集团的上市公司能比独立公司获得更多的资金，过度投资程度更为严重。进一步的结果显示，控股股东对下属上市公司的监督能力越强，其对下属上市公司的过度投资行为的抑制作用越强[2]。

4.3 现金分布、公司治理与过度投资

4.3.1 历史经验

根据詹森（1986）的代理理论，管理层作为外部股东的代理人，为了获取更多的私人利益，他们宁愿将企业内部的自由现金流投向净现值为负的项目，也不愿通过分红将现金返还给股东，从而损害了股东财富最大化目标的实现。由于企业内部自由现金流的使用效率与股东财富最大化目标密切相关，相应地，自由现金流的投资效率问题也成为财务学界所探讨的核心问题之一（Jensen and Meckling, 1976; Blanchard et al., 1994; Harford, 1999; Richardson, 2006; Dittmar and Mahrt-Smith, 2007）。

一类研究文献以企业内部自由现金流为考察对象，研究自由现金流的代理成本以及可能的影响因素。如 Richardson（2006）发现，1988~2002 年，美国的非金融类上市公司平均有 20% 的自由现金流被用于过度投资；企业内部的自由现金流越高，则企业越可能发生过度投资，或者过度投资水平越高；而

---

① 外部融资约束指标的定义：我们参考 Hadlock 和 Pierce（2010）的文献计算得到上市公司可能面临的外部融资约束指标，然而按照该指标的中位数进行分组，大于中位数的组别定义为可能面临外部融资约束组，否则定义无融资约束组。

② 大股东监督力指标的定义：我们将上市公司中在控股股东公司兼职并领薪的董事、监事、高管视为控股股东派遣到上市公司的人员。原因在于以上人员在上市公司担任要职，并且由于薪酬来自控股股东公司，与上市公司之间的利益关系较小，能够更加客观地对上市公司进行有效监督。因此我们首先计算在控股股东公司兼职并领薪的董事、监事、高管人数占上市公司董事、监事、高管总数的比例，然后在企业集团子样本中按照中位数进行分组，大于中位数的组别定义为大股东监督力强组，否则定义为大股东监督力弱组。

公司治理机制的完善，如机构投资者的引入则可以有效缓解企业过度投资行为。后续文献还针对可能的影响因素对此展开了多角度的研究，如比德尔等（Biddle et al., 2009）、尼克尔斯和施图本（McNichols and Stubben, 2008）等的研究表明盈余质量是影响企业自由现金流的投资效率的重要因素之一。

另一类相关研究则以企业所持现金为考察对象，考察了企业持现的动机和经济后果。现有研究文献表明，预防性动机、税收考虑、代理成本等均被认为是企业内部的自由现金不断攀升的重要原因，企业总体的持现水平与企业的融资、税务、劳工报酬等方面的战略安排密切相关（Han and Qiu, 2007；Foley et al., 2007；Klasa et al., 2009；Harford, Mansi and Maxwell, 2008；Masulis, Wang and Xie, 2009；Bates et al., 2009；Subramaniam et al., 2011）。企业所持现金的市场价值因公司治理水平、财务约束程度等方面的不同而存在显著差异（Pinkowitz andWilliamson, 2004；Pinkowitz et al., 2006；Dittmar and Mahrt-Smith, 2007）。其中，平克维茨等（Pinkowitz et al., 2006）研究发现，在投资保护较弱或公司治理程度较差的国家，随着企业现金持有量的增加，每增加 1 元现金的边际价值小于 1 元，从而揭示了自由现金流中代理成本与效率损失的存在。卡切娃和林斯（Kalcheva and Lins, 2007）研究发现在外部股东保护程度较弱的国家，管理层发放股利比持有现金更有利于提升企业价值。

在我国，已有文献研究表明企业的自由现金流越高，企业内部的投资效率越低，过度投资越为严重。杨华军、胡奕明（2007）的研究表明我国上市公司存在显著的自由现金流的过度投资行为，地方政府控制和干预行为显著加剧了自由现金流的过度投资，他们同时发现金融发展水平有助于降低自由现金流的过度投资。钟海燕等（2010）考察了国有控股类别和金字塔层级对自由现金流过度投资的影响，研究发现国有企业受政府行政干预越强，则其整体过度投资水平越低。俞红海等（2010）发现，股权集中、控股股东的存在会导致公司过度投资，控股股东控制权与现金流权的分离进一步加剧了这一行为，同时自由现金流水平也对过度投资有正向影响；而现金流权水平的提高、公司外部治理环境的完善，则可以有效抑制过度投资。杨兴全、张照南（2008）等的研究表明我国的现金持有价值只有 0.3～0.4 元，表明企业内部存在严重的效率损失。陆正飞和张会丽（2010）的研究结果表明，企业所持有的现金存在显著折价，且集团内部子公司持现比重越高，企业整体的现金持有价值越低，从而推测得出子公司内部代理成本的存在。上述国内相关研究的结论与平克维茨等（Pinkowitz et al.，2006）的跨国研究相一致，我国企业的现金持有价值远远低于其账面价值，从而表明我国公司治理水平的低下以及现金投资效率损失的普遍存在。

　　总结以上历史经验，代理成本是企业内部自由现金流或现金持有效率损失的重要根源。在新兴市场国家，如我国，代理成本甚至更为严重。受财务报告披露制度的限制，尤其在美英等发达市场国家，学术界惯常采用合并报表数据，仅限于从总体上考察现金状况对投资效率的影响，这其实隐含假定母子公司所持现金具有相同的投资效率。然而，企业集团在新兴市场国家的普遍存在（陈文婷，2010），使母子公司制的集团企业成为经济发展的支柱力量。经济实体内部多个法人主体的存在为企业运营带来更多的交易摩擦，加强企业内部的资源配置与管理控制也由此显得尤为重要。李艳荣（2008）指出，在我国，子公司为了自身利益与集团总部不协作的现象普遍存在，使许多企业集团陷入集而不团的境地。潘红波和余明桂（2010）的研究发现，集团化会导致公司的过度投资行为。陆正飞和张会丽（2010）也在研究中指出，子公司持现显著降低了上市公司的现金持有价值。基于此，加强对现金的监管与控制就成了企业所面临的重要课题。其中，探索效率损失的具体环节，从而找出监控重点就成为解决问题的关键所在。

　　综上，我们研究现金在非单体上市公司内部母子公司间的分布状况对投资效率的影响，丰富和发展了有关自由现金流与投资效率之间关系的历史经验，并为上市公司中的子公司过度持现的效率损失提供了较为直接的证据，同时也将对我国上市公司的内部管理以及投资者的相关决策具有一定的启示性意义。

4.3.2　理论分析

　　作为一种稀缺和极易被代理人随意使用的资源（Myers and Rajan, 1998; Dittmar and Mahrt-Smith, 2007; Fresard and Salva, 2010），现金成为企业集团内部资源配置中各级代理方的重要寻租目标。钟海燕等（2010）指出，当企业集团的金字塔层级越长时，由内部人控制而引发的代理问题越严重。这意味着，在控股形式的集团企业中，下级企业可能存在更高的代理成本。陆正飞和张会丽（2010）的研究指出，在我国的制度背景下，上市公司内部存在着子公司对母公司资金较为严重的非经营性占用，且发现子公司持现比例越高，外部股东给予现金价值的折价也越高。上述研究均表明，资源在母公司控制链中的位置越靠近末端，则现金资源配置的效率损失也可能越严重。

如上所述，多个独立法人主体和内部上下级企业间多层委托—代理关系的存在，使得集团型企业往往面临更高的代理成本。就集团型企业投资决策而言，无论母公司实施集权抑或分权的投资战略，作为次级代理人，子公司管理层难免通过各种方式追求扩张自己的"商业帝国"，以尽可能谋求自身利益最大化。比如，当子公司产生现金流能力较强或拥有较多闲置资金时，即便不存在净现值为正的投资项目，他们也有动机利用各种借口或游说活动向母公司管理层夸大投资需求，进而从中谋取显性或隐性福利。

基于上述分析，我们推论，当企业内部的现金在母子公司间越为分散时，企业内部的过度投资行为将越为严重，亦即：企业内部的现金越分散在下级子公司，则集团整体的投资水平越可能过度。

公司内部的治理机制是督促、制约和监督代理人行动与股东财富最大化目标相一致的一系列机制。公司治理的主要目的，是在维持公司所有参与主体利益基本平衡或不失衡的前提下，追求股东利益最大化。通过在委托—代理方之间建立一系列激励兼容的制度安排，良好的公司治理机制可以有效监督公司的运营效率，并激励利益相关者为公司的整体利益而一致努力（陈伟，2010）。而健全的公司治理机制，不仅是管理层与外部股东利益一致性的保证，而且也是企业内部监管与控制的保证。广义的公司治理机制，不仅在于制约代理人自身的谋取私人利益，同时也应具备减少企业内部各个级别代理链上效率损失的能力。因此，当公司治理的机制越好时，企业内部的现金分散程度对企业投资效率损失的影响将越低。具体而言，当公司治理机制较为完善时，管理层与外部股东之间以及集团内部上下级企业间存在良好的激励相容机制，这将一方面促使母公司管理层对集团的整体运作效率实施更加严格的监控和管理，进而确保集团内部资本市场资源配置效率和投资效率的提高；另一方面使各级管理层有足够动力去努力工作、注重受托责任的真实达成情况和长远业绩的提高，从而客观上降低现金在下级企业中的分布对投资效率的负向影响。由此我们推论：公司治理机制的完善能够显著降低子公司高持现对企业整体过度投资的不利影响。

4.3.3 经验证据

我们选取我国证券市场中 2001～2009 年的上市公司为研究样本，并对数据作了常规的统计处理。表 4-2 给出了本章计算用到的主要变量的描述性统计结果。其中，总体来看，我国上市公司的子公司持现比率由 0～1 不等，平均而言，约 44.7% 的现金分布在子公司。上述结果表明，在我国上市公司的持有现金其中接近一半比重的现金由下级子公司分散持有，学术界以合并报表现金作为企业持有现金水平的度量，可能忽略了现金结构的影响，这进一步凸显了我们对现金在母子公司间分布状况的经济后果予以关注的重要意义。

表 4-2 描述性统计结果

变量	均值	中位数	最小值	1/4 分位数	3/4 分位数	最大值	标准偏差
Inv	0.054	0.037	−0.365	0.012	0.078	0.297	0.059
Cashdis	0.447	0.403	0.000	0.154	0.715	1.000	0.324
Adcash	−0.541	−0.414	−3.000	−0.723	−0.210	0.314	0.511
Fcf	0.054	0.052	−0.543	0.011	0.096	1.019	0.083
Salary	13.164	13.218	9.952	12.582	13.775	15.575	0.878
Otac	0.049	0.020	0.000	0.007	0.055	0.547	0.076
Exp	0.107	0.074	−0.024	0.044	0.118	1.421	0.132
Mino	0.085	0.049	−0.008	0.009	0.121	0.593	0.104

注：*Inv* 为总体投资水平，计算方式为 *Inv*=（构建固定资产、无形资产和其他长期资产支付的现金 – 处置固定资产、无形资产和其他长期资产收回的现金净额）/ 总资产；*Adcash* 为超额现金持有水平，经当期经营性现金支出调整后的现金持有水平；*cashdis* 子公司持现比率，衡量方式为（合并报表现金 – 母公司报表现金）/ 合并报表现金；*Salary* 表示高管薪酬，计算方式为经行业中位数调整后的前三位高管人员薪酬的自然对数；*Otac* 为大股东占款比例；*Exp* 为管理费用率；*Mino* 为少数股权权益占比。

表 4-3 给出了我们所要考察的主要变量之间的相关系数表。我们所要考察的变量过度投资水平（*Overinv*）与子公司持现比率（*Cashdis*）之间在统计意义上呈现显著正相关的关系，初步验证了我们的理论，即子公司对现金的过度持有与企业的过度投资水平之间呈现显著的正相关关系。过度投资水平与

自由现金流之间显著正相关，与传统的自由现金流的代理成本假说相一致。另外，*Salary*、*Otac*、*Exp*、*Mino* 等变量与过度投资水平之间的相关系数均十分显著，表明我们在研究中控制上述因素影响的必要性。

表 4–3   主要变量相关系数表

	Overinv1	Inv	Cashdis1	Adcash	Salary	Fcf	Otac	Exp	Mino
Overinv1	1								
Inv	0.801***	1							
Cashdis1	0.061***	0.069***	1						
Adcash	0.021*	0.073***	−0.015	1					
Salary	0.037***	0.095***	0.000	−0.168***	1				
Fcf	0.132***	−0.035***	−0.007	−0.105***	0.084***	1			
Otac	−0.095***	−0.241***	−0.005	0.062***	−0.238***	−0.081***	1		
Exp	0.037***	0.095***	0.001	−0.168***	1.000***	0.084***	−0.239***	1	
Mino	0.045***	0.020*	0.035***	−0.058***	0.099***	0.024**	0.055***	0.099***	1

　　注：*Overinv1* 以使用 *Richardson*（2006）模型估计得到的残差值直接衡量企业过度投资水平的高低；*Inv* 为总体投资水平，计算方式为 Inv=（构建固定资产、无形资产和其他长期资产支付的现金 – 处置固定资产、无形资产和其他长期资产收回的现金净额）/ 总资产；*Adcash* 为超额现金持有水平，经当期经营性现金支出调整后的现金持有水平；*cashdis1* 为调整后的子公司持现比率，衡量方式为计算子公司实际持现占比与其经营性现金需求比例的差额用以衡量子公司超额持现比率的高低。*Salary* 表示高管薪酬，计算方式为经行业中位数调整后的前三位高管人员薪酬的自然对数；*Otac* 为大股东占款比例；*Exp* 为管理费用率；*Mino* 为少数股权权益占比。* 表示在 0.1 水平上显著，** 表示在 0.05 水平上显著，*** 表示在 0.01 水平上显著。

　　我们使用了不同衡量过度投资水平的相关指标，使用多元回归模型考察了现金分布对过度投资的影响。结果表明，子公司持现比率（水平）越高，集团型上市公司整体越可能过度投资，从而验证了上文我们的理论推论。从公司治理角度看，公司治理好的公司组的子公司超额持现对企业整体过度投资水平的影响大大降低。亦即表明公司治理机制的改善能够显著降低子公司高持现对企业投资效率的负向影响。

4.4 企业（集团）投资效率：来自独立非执董的治理作用

4.4.1 历史经验

根据委托代理理论（Jensen, 1987；Stulz, 1990），管理层出于自身利益的考虑，具有过度投资的倾向。大量文献表明，管理层或出于建立商业王国（empire-building）的目的，或出于提高薪酬和在职消费的目的，或出于盲目自信，都具有过度投资的倾向，而这一行为最终会损害股东利益（Malmendier and Tate, 2008；姜付秀等，2009）。为此，需要建立适当的治理机制对管理层进行监督，避免股东利益受到损害。

西方国家股权分散，独立董事为股东在董事会的主要代表，独立董事的比例和独立性成为衡量公司治理机制有效性的重要指标（Mishra and Nielsen, 2000）。但是，也有学者认为由于独立董事主要受聘于管理层，独立董事的监督作用十分有限（Defond and Hung, 2004）。叶康涛等（2011）发现，绝大多数情况下，独立董事并不会公开质疑管理层。祝继高等（2015）也发现，独立董事的监督行为表现出很强的风险规避倾向。

除独立董事以外，我国上市公司还具有相当比例的其他非执行董事（以下简称"非执行董事"）。这些非执行董事直接代表背后股东的利益，不受制于管理层，因此在处理股东和管理层利益冲突时，更能发挥监管作用（陆正飞、胡诗阳，2015）。如果进一步将非执行董事区分为由第一大股东委派董事（以下简称"控股股东董事"）和其他股东委派董事（以下简称"非控股股东董事"），我们可以比较控股股东董事和非控股股东董事对管理层监督中发挥的作用。哈特（1995）发现大股东对管理层的监督能够使所有股东受益。另外，也有学者发现中小股东在公司治理当中发挥了重要作用（黎文靖等，2012；Chen et al., 2013）。那么，除独立董事以外，非执行董事是否能对管理层起到监督作用？控股股东董事与非控股股东董事谁对管理层的监督效果更好？目前看来，这些问题仍然值得进一步探讨。

出于自身利益的考虑，管理者会违背股东利益最大化的原则，选择净现值为负的投资（Jensen and Meckling, 1976），特别在公司拥有充足自由现金流的情况下，管理者通常会过度投资（Richardson, 2006；张会丽和陆正飞，2012）。管理者谋取私人利益最直接的方法就是扩大公司规模，因为公司规模与管理者的薪酬及在职消费等息息相关（Stulz, 1990; Hart, 1995）。马尔门迪尔和泰特（Malmendier and Tate，2008）发现过度自信的管理层具有更强的过度投资动机。姜付秀等（2009）发现过度投资与管理层特征相关。综上所述，管理层具有过度投资的倾向，而管理层的过度投资行为会损害股东利益。因此，股东需要通过完善的公司治理机制加强对管理层的监督。

公司治理理论当中（Yermack, 1996; Ryan and Wiggins, 2004），通常把独立董事视为独立于股东和管理层的第三方，独立董事比例高的公司，被认为公司治理机制更完善。然而，实证研究的证据表明独立董事的作用并没有理论预测的那样完备，主要是两方面的原因。其一，因为独立董事受聘于管理层，独立董事独立性受到制约（Hwang and Kim, 2009; Stevenson and Radin, 2009）。叶康涛等（2011）通过对董事会投票环节进行统计，发现绝大多数情况下独立董事并不会公开质疑管理层。其二，独立董事作为独立的第三方，既独立于管理层也独立于股东，出于自身利益的考虑，其监管多为规避自身风险（祝继高等，2015）。

事实上，除独立董事以外，非执行董事也会监督管理层。相比分散的小股东而言，大股东对公司具有更强的控制力，因而对管理层的监督更有效（Hart, 1995）。丹尼斯和麦康奈尔（Denis and McConnell, 2003）总结了世界范围内公司治理情况，发现在股权集中的公司，大股东能够起到监督管理层的作用。陈德萍和陈永圣（2011）也发现我国股权集中度较高的现象使得大股东和具有重要影响股东起到了监督管理层的作用。蒋和金（Jiang and Kim, 2015）认为中国公司治理需要依赖能够产生重要影响的股东。陆正飞和胡诗阳（2015）进一步提到，大股东和非控股股东向董事会委派董事是对管理层进行监督的重要手段之一。总结上述历史经验，对管理层的监督，除独立董事以外控股股东和非控股股东也能发挥作用。然而，控股股东和非控股股东监督管理层的具体路径尚不够明确，少有历史研究直接考察控股股东董事和非控股股东董事对管理层的监督。这就为我们提供了新的研究机会。

4.4.2　理论分析

上市公司董事，可以分为执行董事、非执行董事和独立董事[①]。历年来独

[①] 独立董事又称为独立非执行董事。根据陆正飞和胡诗阳（2015）的研究，我们研究中的非执行董事指除独立董事之外的其他所有非执行董事。

立董事比例较为稳定，维持在 1/3 左右。非执行董事是指除独立董事以外，不在上市公司担任具体职务的董事，一般由大股东、上级单位和其他具有重要影响的股东委派①。陆正飞和胡诗阳（2015）提到，由于非执行董事直接由股东单位委派，非执行董事更独立于管理层，更有动机对管理层进行监督。

根据《中华人民共和国公司法》第一百一十条规定："董事会会议应有过半数的董事出席方可举行。董事会作出决议，必须经全体董事的过半数通过。董事会决议的表决，实行一人一票。"因此，公司重大决策需要在董事会上进行投票表决，并获得过半数同意方能通过。如果管理层在董事会上提出有可能损害股东利益的投资议案，非执行董事和独立董事可通过投票表决的方式予以反对。在不触及行政问责和声誉的情况下，已有研究发现独立董事的董事会投票具从众心理和羊群效应（Gillette et al., 2003；Gonzalez et al., 2006），因此代表控股股东和重要影响股东利益的非执行董事的态度就显得更为重要了。祝继高等（2015）的研究发现，在董事会议案的表决过程当中，非控股股东董事比独立董事更为活跃。事实上，非执行董事和独立董事对管理层的监督不一定体现为投票表决，在正常情况下管理层对于议案是否能够通过存在基本心理预期，如果非执行董事人数占优，由于管理层事先预判议案的决议结果，并不会提出明显损害股东利益的议案。因此，非执行董事比例在管理层侵害股东利益方面起着重要作用。同时，非执行董事由控股股东和非控股股东直接委派，在股东单位担任过职务，对上市公司业务比较熟悉，部分非执行董事还是全职董事（陆正飞和胡诗阳，2015），有较多的精力和时间收集信息，了解公司内部情况。

综上所述，我国股权集中度较高，非执行董事在董事会平均占比达到了 1/3，是董事会当中不可忽视的力量。相较于独立董事，非执行董事更独立于管理层，在管理层监督上具有更强的动机；非执行董事的股东单位背景和全职工作背景使非执行董事对上市公司情况更为了解。因此，我们推论，针对过度投资这种管理层自利行为，非执行董事能够发挥积极的监督作用。

---

① 根据陆正飞和胡诗阳（2015），非执行董事是指除独立董事以外的，不在公司担任任何具体职务，也不负责公司日常经营管理的董事。通过上市公司年报当中董事个人简历和董事股东单位任职情况，我们能够判断董事是否属于非执行董事，以及董事由哪家股东单位委派。

4.4.3 经验证据

我们选取我国证券市场中 2006~2011 年的上市公司为研究样本，并对数据作了常规的统计处理。表 4-4 统计了各类董事在样本期间内的分布情况。非执行董事比例维持在 1/3 左右，控股股东董事比例接近 30%，非控股股东比例在 5% 左右。

表 4-4　　　　　　　　　　公司各类董事比例分年度对比

年份	观测数	独立董事比例	非执行董事比例	控股股东董事比例	非控股股东董事比例
2006	1063	0.3500	0.3448	0.2676	0.0772
2007	1112	0.3559	0.3418	0.2735	0.0683
2008	1205	0.3659	0.3301	0.2642	0.0659
2009	1193	0.3647	0.3290	0.2659	0.0631
2010	1248	0.3657	0.3189	0.2749	0.0440
2011	1361	0.3685	0.3182	0.2719	0.0463

表 4-5 中，我们根据各类董事比例的高低，将过度投资的情况简单分为两组。从分组情况来看，非执行董事比例较高的公司组与较低公司组相比，其过度投资水平明显降低（并在统计意义上显著）。控股股东董事比例高的组比低的组过度投资程度有所降低。非控股股东董事比例高的组比低的组过度投资

表 4-5　　　　　不同类型公司组的过度投资（*OVERINV*）水平对比

项目	比例高的公司组	比例低的公司组	Diff（统计检验）
非执行董事	−0.0023	0.0005	−0.0028***
控股股东董事	−0.0020	−0.0004	−0.0016*
非控股股东董事	−0.0025	−0.0006	−0.0019*

注：分组变量为 *NE* 和 *LARGE* 时按照中位数进行分组，大于中位数则为 1，否则为 0；为 MINORITY 时按是否大于 0 进行分组，大于 0 则为 1，否则为 0；* 表示在 0.1 水平上显著，** 表示在 0.05 水平上显著，*** 表示在 0.01 水平上显著。

程度亦相对较低。从初步的分组统计结果来看，非执行董事、控股股东董事和非控股股东董事均对过度投资具有一定的抑制作用。

多元回归结果表明，在控制了其他可能因素的影响后，非执行董事比例越高的公司，过度投资的程度越低；我们进一步将非执行董事细分为控股股东董事和非控股股东董事，总体来看，控股股东董事和非控股股东董事对过度投资都具有抑制作用，其中非控股股东董事对过度投资抑制作用更为稳定。进一步的分析发现，非执行董事，主要是控股股东董事的监督职能受到董事长总经理两职合一与终极控制人现金流权与控制权分离两种情况的限制；而非控股股东董事的监督职能不受这两种情况的限制。

4.5 结语

集团型企业的投资效率问题是影响我国经济总体发展态势的重要课题。鉴于我国特定的制度背景，对我国上市公司过度投资问题的考察，有必要考虑其集团企业成员身份和自身控制若干子公司的集团制（非单体）企业身份。

首先，我们的研究考察了隶属于企业集团的上市公司与独立公司之间过度投资程度的差异。研究结论表明，相比独立的上市公司，隶属于企业集团的上市公司过度投资程度更加严重。可能的原因在于，由于企业集团的存在，隶属于企业集团的上市公司得到了更多的自由现金流，管理者对自由现金流的滥用导致了过度投资的现象。

其次，我们还以上市公司与其所控制的整体子公司为例，考察上市公司层面集团总体的投资效率。发现集团内部上市公司的现金越分散，公司内部自由现金流的代理问题越严重、过度投资水平越高。这意味着，企业投资的代理成本不仅与整体自由现金流水平密切相关，而且还受现金在母子公司间分布的显著影响。这表明当今母子公司制的集团组织结构，虽然节约了企业的交易费用和契约成本，但也加重了企业内部的效率损失和代理成本。

另外，股东监督和完善的公司治理机制可以在一定程度上降低子公司由于代理问题所导致的效率损失，是提高集团企业投资效率的重要保障。除了构建完善的公司治理机制，大股东和非控股股东向董事会委派董事（非执行董事）是对管理层进行监督的重要手段之一。

大唐集团：来自审计署的审计公告①

一、公司简介

中国大唐集团公司是 2002 年 12 月 29 日在原国家电力公司部分企事业单位基础上组建而成的特大型发电企业集团，是中央直接管理的国有独资公司，是国务院批准的国家授权投资的机构和国家控股公司试点。

中国大唐集团公司注册资本金为人民币 153.9 亿元。主要经营范围为：经营集团公司及有关企业中由国家投资形成并由集团公司拥有的全部国有资产；从事电力能源的开发、投资、建设、经营和管理；组织电力（热力）生产和销售；电力设备制造、设备检修与调试；电力技术开发、咨询；电力工程、电力环保工程承包与咨询；新能源开发；与电力有关的煤炭资源开发生产；自营和代理各类商品及技术的进出口；承包境外工程和境内国际招标工程；上述境外工程所需的设备、材料出口；对外派遣实施上述境外工程所需的劳务人员。自 2010 年至今，中国大唐集团公司已连续六年入选世界 500 强企业，位居第 392 位。

二、来自审计署的审计公告

2014 年 6 月 20 日，审计署发布了 11 家国企 2012 年度财务收支审计结果公告，其中在《2014 年第 16 号公告：中国大唐集团公司 2012 年度财务收支审计结果》中，大唐集团被公开点名。违规资金高达近千亿元。公告主要内容如下：

（一）基本情况及审计评价意见

大唐集团成立于 2002 年 12 月，注册资本 180 亿元，拥有二级全资和控股子公司、分公司 29 家，主要从事电力能源的开发、投资、建设、经营和管理，组织电力（热力）生产和销售及新能源开发等。

据大唐集团合并财务报表反映，其 2012 年底资产总额 6559.36 亿元、负债总额 5729.28 亿元、所有者权益总额 830.08 亿元；当年实现营业收入 1917.98 亿元，净利润 37.02 亿元，资产负债率 87.35%，净资产收益率 4.83%。

---

① 参考资料：审计署：《2014 年第 16 号公告：中国大唐集团公司 2012 年度财务收支审计结果》；大唐集团：《关于 2012 年度财务收支审计结果整改情况的公告（2014 年 6 月 20 日）》。

天职国际会计师事务所审计了该集团 2012 年度合并财务报表，并出具了标准无保留意见的审计报告。

　　审计署审计结果表明，大唐集团能够认真贯彻执行国家宏观经济政策和决策部署，积极推进节能减排，加强内部管理，2012 年度财务报表总体上比较真实反映了企业财务状况和经营成果。审计也发现，大唐集团会计核算、经营决策、内部管理等方面还存在一些不规范问题。

　　（二）审计发现的主要问题

　　1. 会计核算和财务管理存在的问题。

　　（1）2012 年，大唐集团所属中国大唐集团科技工程有限公司等 5 家单位存在将应计入递延收益的财政补贴资金一次性计入营业外收入、未及时对已投产的固定资产计提折旧等问题，合计多计收入 0.75 亿元，少计成本费用 1.15 亿元，导致多计利润 1.9 亿元。

　　（2）2012 年，大唐集团合并会计报表编制不规范，多计收入 25.98 亿元、多计成本 26.04 亿元，导致少计利润 0.06 亿元。

　　（3）2011～2012 年，所属大唐湘潭发电有限责任公司等 3 家单位存在工程建设剩余物资未及时入账，合并会计报表编制不规范等问题，多计资产 0.34 亿元，多计负债 0.48 亿元。

　　（4）2011～2012 年，所属大唐同舟科技有限公司和大唐国际燃料公司通过虚列派遣劳务人员费用套取 211.40 万元现金设立"小金库"，全部用于向领导班子成员及中层管理人员发放奖金。

　　（5）2012 年，大唐集团及所属中国大唐集团科技工程有限公司在工资总额之外，为职工发放通信费和交通费补贴 788.62 万元。

　　2. 执行国家经济政策和企业重大经济决策中存在的问题。

　　（1）2011 年 6 月至 2012 年 7 月，所属四川川汇水电投资有限责任公司违规向高耗能企业低价供电，使其获得电费优惠 3016.18 万元。

　　（2）至 2012 年底，大唐集团 7 个煤化工等非主业投资项目未上报国资委审核批准，累计完成投资 304.04 亿元。

　　（3）2011 年 12 月以来，所属大唐国际违规扩大非主业商业性房地产投资项目，至 2013 年 7 月未有实质进展。

　　（4）2010 年，所属大唐国际计划总投资 14.23 亿元的河北丰宁万胜永风电场在发展改革委核准前即开工建设，2011年7月才获准。

（5）2012年，所属大唐国际先以信托方式为民营企业购买煤矿提供资金20亿元，2013年又与民营企业合作发行40亿元矿产投资基金拟高价回购其所购煤矿。对此事项，大唐国际未按规定向大唐集团报告。

（6）2010年，所属大唐国际在收购内蒙古宝利煤炭有限公司过程中，未认真审核中介机构提供的评估报告等资料，多支付1.3亿元。

（7）2012年，所属大唐国际擅自改变52.5亿元债权投资资金用途，存在资金被提前收回及承担违约金等风险。

（8）2012～2013年，所属大唐国际燃料公司通过签发无真实贸易背景的银行承兑汇票套取信贷资金7.85亿元。

（9）至2012年底，所属大唐吉林发电有限责任公司长山热电厂1号机组建成后才获核准，且由于未配套建设发电送出工程造成资产闲置，增加财务费用约4.79亿元。

（10）2012年，所属顺兴煤矿实际生产煤炭165.24万吨，超主管部门核准产能105.24万吨。

3. 内部管理存在的问题。

（1）至2012年底，所属四川分公司未报经大唐集团同意，超出合同约定，增加收购12个小水电项目投资3.86亿元；收购的15个水电项目实际投资额超设计概算9.99亿元，已投产的14个项目中仅3个实现盈利。

（2）至2012年底，所属大唐国际的铝硅钛示范项目一期工程、大唐煤业公司的刘园子煤矿和大唐四川分公司的干溪坡水电站3个项目，已完成投资额合计超概算9亿元，未按规定报发展改革部门备案或核准。

（3）至2012年底，所属大唐国际投资的多伦煤化工项目实际投资额超概算61.79亿元，未按规定报发展改革部门备案和大唐集团审批，项目延期投产后未达预期指标；该项目火炬因设计缺陷不能满足生产要求且存在安全隐患，重新设计建造增加投资1899.86万元；该项目所占3962.7亩土地未取得建设用地审批手续，其中耕地1736.4亩。该项目2012年有81份合同未按规定进行公开招标，涉及合同金额4.32亿元。

（4）至2013年7月，所属大唐国际为多伦煤化工项目采购的2735.22万元催化剂一直未用，已超过保质期两年；内蒙古大唐国际锡林郭勒盟煤化工项目筹备处为该项目采购的 1.7 亿元催化剂闲置 3 年多，增加资金成本 2903.03 万元。

（5）2012 年 1 月至 2013 年 6 月，所属大唐国际违规让职工持股企业参股同业优质发电资产，使其获利 1.6 亿元。

（6）2012 年，所属中国大唐集团财务有限公司和大唐国际燃料公司 5 辆公务用车超出大唐集团规定标准。

（7）大唐集团在信息化建设和运行方面缺乏统一规划和管控机制，信息系统建设分散，部分建成后即闲置。其中中国水利电力物资有限公司 5 个信息系统由于建成后不能有效发挥作用，使用不满 3 年即关停。

（8）大唐集团纳入合并范围的子公司有 641 户，管理层级达六级；所属各发电公司、上市公司和专业公司之间区域划分、功能定位和专业分工不够清晰合理，部分业务交叉重复。

三、来自大唐集团的整改公告

大唐集团当日快速作出回应，并发布《关于 2012 年度财务收支审计结果整改情况的公告（2014 年 6 月 20 日）》。主要内容如下：

2013 年审计署派出审计组对中国大唐集团公司（以下简称大唐集团）2012 年度财务收支情况进行了审计，并对审计范围内涉及的重大事项进行了必要的延伸和追溯。大唐集团已正式收到审计署送达的《审计报告》和下达的《审计决定》。

《审计报告》充分肯定了大唐集团 3 年来在加快结构调整、推进转型升级、提高公司发展质量；完善规章制度、推进管理提升，夯实发展基础；开源节流、降本增效，降低资产负债率等方面取得的主要成果。审计表明，大唐集团财务报表基本真实地反映了企业的财务状况、经营成果和现金流量，3 年来主要经济指标有一定增长、经济效益有一定提高。但也站在国家治理和推动央企科学发展的高度，指出了大唐集团在经营管理中存在的一些问题，并提出了许多准确、中肯、宝贵的意见及建议。通过审计，进一步增强了大唐集团系统上下认真贯彻落实党和国家方针政策，依法治企、合规经营的意识，对我们加强管控、提高经营管理水平和质量有着重要的指导作用。

大唐集团高度重视本次审计及审计整改工作，领导班子多次召开会议研究整改事项，明确要求系统各单位认真彻底整改、规范管理。按照"边审边改、立审立改"的原则，在审计过程中，针对具体问题及时整改，2013 年 1

月初专门召开全系统所有单位参加的审计整改工作会议，对系统各单位审计整改工作进行全面部署，制定了详细的整改措施和处理意见、明确了整改责任及整改时限，要求在全面彻底整改的基础上，进一步剖析原因、举一反三，健全管控体系和制度标准，规范管理流程，构建依法规范运作的长效机制。经过系统各有关单位和部门的积极努力，大唐集团已基本完成了审计整改任务，整改情况已按要求报告审计署并得到了审计署的充分肯定。现将整改结果公告如下：

（一）会计核算和财务管理存在的问题

1. 关于多计利润的问题。

相关单位已按规定调整相关会计账目。

2. 关于合并会计报表编制不规范的问题。

大唐集团已在2013年对合并会计报表期初数进行了调整。

3. 关于部分所属单位多计资产及负债的问题。

相关单位已按规定调整相关会计账目。

4. 关于虚列劳务费的问题。

相关人员已将资金原渠道退还，大唐集团对有关责任人员进行了党纪政纪处分和经济处罚。

5. 关于所属公司在工资总额外发放补贴的问题。

相关单位已停止发放补贴，大唐集团将严格执行工资总额管理的相关规定并规范费用支出行为。

（二）执行国家经济政策和企业重大经济决策中存在的问题

1. 关于川汇水电公司向高耗能企业低价供电的问题。

川汇水电公司在送出主网恢复后，已终止低价供电。

2. 关于煤化工等7个非主业投资项目未报国资委审核批准的问题。

对2008～2010年列入投资计划的煤化工、煤干燥等7个非主业投资项目中处于前期阶段的项目尽快报国资委审批，已开工或投产的项目拟采取资产重组、停止推进等方式进行处置。

3. 关于大唐国际发电股份有限公司（以下简称"大唐国际"）违规扩大非主业商业性房地产投资项目，至2013年7月未有实质进展的问题。

该项目为远景规划，尚未签署正式协议，也未支付前期费用；大唐国际已全部退出房地产开发业务。

4. 关于大唐国际河北丰宁万胜永风电场核准前即开工的问题。

万胜永风电项目核准文件已取得，大唐集团将不断加强相关制度文件的执行力度，坚决杜绝类似问题再次发生。

5. 关于大唐国际设立信托基金购买煤矿的问题。

大唐国际已于2013年4月提前终止了20亿元信托计划，并收回全部资金及相应收益；并于2013年9月底提前终止了40亿元矿产投资基金及其回购承诺。大唐集团责成大唐国际对此问题作出深刻检查，在集团全系统予以通报批评。

6. 关于大唐国际在收购宝利公司过程中，未认真审核中介机构提供的评估报告等资料多支付资金的问题。

多付资金已由原股东以煤炭抵偿。大唐集团给予有关责任人党纪政纪处分和经济处罚。

7. 关于大唐国际擅自改变债权投资资金用途，资金存在被提前收回及承担违约金等风险的问题。

有关资金用途的安排已向债权人报告，取得债权人理解，不会对大唐国际造成实质性的资金风险或损失。

8. 关于大唐国际燃料公司签发无真实贸易背景的银行承兑汇票套取信贷资金的问题。

大唐国际已对相关责任人进行了组织处理，并安排专人进行清理，防控资金风险。

9. 关于大唐吉林发电公司长山热电厂1号机组建成后才获核准且由于未配套建设发电送出工程造成资产闲置，增加财务费用的问题。

长山热电厂1号机组已取得国家核批，机组已并网发电。

10. 关于顺兴煤矿超核准产能生产的问题。

已经严格按照核准产能组织生产，确保安全。

（三）内部管理存在的问题

1. 关于所属四川分公司未报经大唐集团同意，超出合同约定增加收购水电站项目投资；收购的15个水电项目实际投资额超设计概算，已投产的14个项目仅3个实现盈利的问题。

责成四川分公司严格执行大唐集团相关制度，规范决策和审批程序；目前，

14个项目已完成概算调整并取得审批机关的批复，1个项目正在开展概算调整工作，大唐集团将通过优化运行，加强管理，不断降低成本，尽快实现盈利。

2. 关于部分所属公司3个项目投资额超概算，未按规定报发展改革部门备案或核准的问题。

已补办相关手续。目前，1个项目的概算调整已完成，另外2个项目的概算调整正在审批过程中。

3. 关于多伦煤化工项目投资额超概算未按规定报发展改革部门备案和大唐集团审批，延期投产后未达到预期指标；该项目火炬因设计缺陷不能满足生产要求且存在安全隐患，重新设计建造增加投资；该项目所占3962.7亩土地未取得建设用地审批手续；该项目2012年有81份合同未按规定进行公开招标的问题。

多伦公司正在完善工艺系统，概算调整正在补办相关手续；已联系原制造厂家和其他用户，设法将换下的设备进行利用或回收，减少经济损失；正在向地方政府土地管理部门履行用地审批手续；大唐集团已责成大唐国际严格执行招投标法，完善相关制度，加强执行监督。

4. 关于多伦项目采购的2735.22万元催化剂已超过保质期；采购的1.7亿元催化剂闲置3年多，增加资金成本的问题。

多伦公司已联系催化剂生产厂商，确认了催化剂存货的有效性，且部分已被使用，大唐国际已下发相关制度规范催化剂管理，提高资金使用效率。

5. 关于大唐国际违规让职工持股企业参股同业优质发电资产使其获利的问题。

大唐国际参与股权投资的职工已全部退出投资持股，大唐集团已责成大唐国际党组作出深刻检查，并在集团全系统进行通报批评。

6. 关于所属2家公司5辆公务用车超出大唐集团规定标准的问题。

相关单位已将该5辆公务用车上交大唐集团，大唐集团将按照相关规定和要求整改。

7. 关于大唐集团信息系统建设和运行的问题。

大唐集团积极采取措施加强信息系统建设和运行管理。制定了信息化总体规划和实施行动方案，加强了信息化顶层设计；正按照规划进行信息系统的建设；加强了信息化管控体系建设，规范信息化项目管理。

8.关于大唐集团管理层级达六级；二级单位区域划分、功能定位和专业分工不够清晰合理，部分业务交叉重复的问题。

大唐集团已采取积极措施，进一步规范和加强组织机构管理，进一步优化产业和区域布局，尽量压缩管理层级。

大唐集团将深入贯彻落实党的十八大和十八届三中全会精神，以本次审计整改为契机，进一步提高经营决策风险意识，不断加强内部控制体系建设，推动管理水平和管控能力提升，自觉接受社会监督，确保大唐集团依法合规运作，更好地履行中央企业的经济责任和社会责任。

讨论题：

1.请评价大唐集团的组织结构。

2.您如何看待大唐集团子公司投资失控的现象？

3.试讨论集团企业控制子公司的有效途径。

参考文献：

［1］陈德萍、陈永圣：《股权集中度，股权制衡度与公司绩效关系研究——2007～2009 年中小企业板块的实证检验》，载于《会计研究》2011 年第1 期。

［2］陈伟：《资本运营与公司治理需两翼齐飞》，载于《董事会》2010 年第8 期。

［3］陈文婷：《新兴市场的企业集团：是典范还是寄生虫？（上）》（译文），载于《管理世界》2010 年第 5 期。

［4］姜付秀、伊志宏、苏飞、黄磊：《管理者背景特征与企业过度投资》，载于《管理世界》2009 年第 1 期。

［5］黎文靖、孔东明、刘莎莎、刑精平：《中小股东仅能"搭便车"么？》，载于《金融研究》2012 年第 3 期。

［6］李艳荣：《基于内部资本市场视角的企业集团内部治理研究》，经济科学出版社 2008 年版。

［7］陆正飞、胡诗阳：《股东—经理代理冲突与非执行董事的治理作用》，载于《管理世界》2015 年第 1 期。

［8］陆正飞、张会丽：《所有权安排、寻租空间与现金分布——来自中国A股市场的经验证据》，载于《管理世界》2010年第5期。

［9］潘红波、余明桂：《集团化、银行贷款与资金配置效率》，载于《金融研究》2010年第10期。

［10］王彦超：《融资约束、现金持有与过度投资》，载于《金融研究》2009年第7期。

［11］辛清泉、林斌、王彦超：《政府控制、经理薪酬与资本投资》，载于《经济研究》2007年第8期。

［12］辛清泉、郑国坚、杨德明：《企业集团、政府控制与投资效率》，载于《金融研究》2007年第10期。

［13］杨华军、胡奕明：《制度环境与自由现金流的过度投资》，载于《管理世界》2007年第9期。

［14］杨兴全、张照南：《制度背景、股权性质与公司持有现金价值》，载于《经济研究》2008年第12期。

［15］叶康涛、祝继高、陆正飞：《独立董事的独立性：基于董事会投票的证据》，载于《经济研究》2011年第1期。

［16］俞红海、徐龙炳、陈百助：《终极控股股东控制权与自由现金流过度投资》，载于《经济研究》2010年第8期。

［17］张会丽、陆正飞：《控制水平、负债主体与资本结构适度性》，北京大学工作论文，2010年。

［18］张会丽、陆正飞：《现金分布、公司治理与过度投资——基于我国上市公司及其子公司的现金持有状况的考察》，载于《管理世界》2012年第3期。

［19］钟海燕、冉茂盛、文守逊：《政府干预、内部人控制与公司投资》，载于《管理世界》2010年第7期。

［20］祝继高、叶康涛、陆正飞：《谁是更积极的监督者：非控股股东董事还是独立董事？》，载于《经济研究》2015年第9期。

［21］Bates, T.W., Kahle, K.M., and R.M.Stulz, "Why Do U.S. Firms Hold So Much More Cash Than They Used to？", Journal of Finance, 2009,Vol. 64, pp.1985-2021.

［22］Biddle, G. C., G. Hilary, and R. S. Verdi, "How does Financial Reporting Quality Relate to Investment Efficiency？", Journal of Accounting and Economics,

2009, Vol. 48, pp. 112-131.

［23］Blanchard, O.J., F. Lopez-de-Silanes, and A. Shleifer, "What Do Firms Do With Cash Windfalls?", Journal of Financial Economics, 1994,Vol. 36, pp.337-360.

［24］Chen, Z., B. Ke, and Z. Yang, "Non-controlling Shareholders' Control Rights and the Quality of Corporate Decisions in Weak Investor Protection Countries: A Natural Experiment from China". The Accounting Review. 2013,Vol.88, pp. 211-1238.

［25］Denis, D K., and J J. McConnell, "International Corporate Governance. Journal of Financial and Quantitative Analysis", 2003,Vol.38, pp.1-36.

［26］Defond, M L., and M. Hung, "Investor Protection and Corporate Governance: Evidence from Worldwide CEO Turnover", Journal of Accounting Research, 2004,Vol.42, pp. 269-312.

［27］Dittmar, A. and J. Marhrt-Smith, "Corporate Governance and the Value of Cash Holdings", Journal of Financial Economics, 2007, Vol. 83, pp.599-634.

［28］Duchin, R., and D. Sosyura, "Divisional Managers and Internal Capital Markets", The Journal of Finance, 2013, Vol. 68, pp. 387-429.

［29］Foley, C. F., J. C. Hartzell, S.Titman and G.Twite, "Why Do Firms Hold So Much Cash? A Tax-Based Explanation", Journal of Financial Economics, 2007,Vol. 86, pp.579-607.

［30］Fresard, L. and C. Salva, "The Value of Excess Cash and Corporate Governance: Evidence from US Cross-Listing", Journal of Financial Economics, 2010,Vol. 98, pp.359-384.

［31］Gertner, R. H., D. S. Scharfstein, and J. C. Stein, "Internal Versus External Capital Markets", The Quarterly Journal of Economics, 1994,Vol. 109, pp. 1211-1230.

［32］Gillette, A. B., T. H. Noe, and M. J. Rebello, "Corporate Board Composition, Protocols, and Voting Behavior", Journal of Finance, 2003,Vol.58,pp. 1997-2031.

［33］Gonzalez, M., R. Modernell, and E. Paris, "Herding Behavior inside the Board: An Experimental Approach", Corporate Governance, 2006,Vol.14, pp.388-405.

［34］ Gopalan, R., V. Nanda, and A. Seru, "Affiliated Firms and Financial Support: Evidence from Indian Business Groups", Journal of Financial Economics, 2007,Vol. 86, pp. 759-795.

［35］ Hadlock, C. J., and J. R. Pierce, "New Evidence on Measuring FinancialConstraints: Moving Beyond the KZ Index", The Review of Financial Studies, 2010,Vol. 23, pp. 1909-1940.

［36］ Han,S. and J. Qiu, "Corporate Precautionary Cash Holdings", Journal of Corporate Finance , 2007, Vol.13, pp.43-57.

［37］ Harford, J., S. A. Mansi, W. F.Maxwell, "Corporate Governance and Firm Cash Holdings in the US", Journal of Financial Economics, 2008,Vol. 87, pp535-555.

［38］ Hart O, "Corporate governance: some theory and implications", The Economic Journal, 1995, pp. 678-689.

［39］ Hwang B H, Kim S, "It pays to have friends", Journal of Financial Economics, 2009, Vol.93, pp. 138-158.

［40］ Jensen, M.C. and W.H. Meckling, "Theory of the Firm, Managerial Behavior, Agency Costs and Ownership Structure", Journal of Financial Economics, 1976,Vol.3, pp.305-360.

［41］ Jensen, M.C., "Agency Cost of Free Cash Flow, Corporate Finance, and Takeovers", American Economic Review, 1986, Vol.76, pp.323-329.

［42］ Jiang, F., and K A. Kim, "Corporate Governance in China: A Modern Perspective". Journal of Corporate Finance, 2015, Vol.32, PP.196-216.

［43］ Kalcheva, I. and K.V.Lins, "International Evidence on Cash Holdings and Expected Managerial Agency Problems", Review of Financial studies, 2007, Vol. 20, pp.1087-1112.

［44］ Khanna, T., and P. Palepu, "Is Group Membership Profitable in Emerging Markets? An Analysis of Diversified Indian Business Groups", Journal of Finance, 2000,Vol. 55, pp. 867-891.

［45］ Klasa, S., W. F. Maxwell and H. Ortiz-Molina, "The Strategic Use of Corporate Cash Holdings in Collective Bargaining with Labor Unions", Journal of

Financial Economics, 2009,Vol. 92, pp.421-442.

［46］La Porta, R., F. Lopez-de-Silanes, A. Shleifer, and R. Vishny, "Law and Finance", Journal of Political Economy, 1998,Vol. 106, pp. 1113-1155.

［47］Leff, N., "Industrial Organization and Entrepreneurship in the Developing Countries: The Economic Groups", Economic Development and Cultural Change, 1978, Vol. 26, pp. 661-675.

［48］Malmendier, U., and G. Tate, "Who Makes Acquisitions? CEO Overconfidence and the Market's Reaction", Journal of Financial Economics, 2008, Vol.9, pp.20-43.

［49］Masulis, R. W., C. Wang, and F. E. I. Xie, "Agency Problems at Dual-Class Companies", Journal of Finance, 2009, Vol.64, pp.1697-1727.

［50］McNichols, M.F. and S.R. Stubben, "Does Earnings Management Affect Firms' Investment Decisions? ", The Accounting Review, 2008,Vol. 83, pp.1571-1603.

［51］Mishra, Chandra S., and James F. Nielsen, "Board independence and compensation policies in large bank holding companies", Financial Management, 2000, pp. 51-69.

［52］Myers, S. C. and Majluf, N. S., "Corporate Financing and Investment Decisions When Firms Have Information the Investors do not Have", Journal of Financial Economics, 1984, Vol. 13, pp. 81-102.

［53］Myers, S.C. and R. Rajan, "The Paradox of Liquidity", Quarterly Journal of Economics, 1998,Vol.113, pp.733-771.

［54］Opler, T., and S. Titman, "Financial Distress and Corporate Performance", Journal of Finance, 1994,Vol. 49, pp. 1015-1040.

［55］Pinkowitz, L., R. Stulz and R. Williamson, "Does the Contribution of Corporate Cash Holdings and Dividends to Firm Value Depend on Governance? A Cross-country Analysis", Journal of Finance, 2006, Vol.61, pp.2725-2751.

［56］Pinkowitz, L.F. and R. Williamson, "What is a Dollar Worth? The Market Value of Cash Holdings", Working paper, Georgetown University, 2004.

［57］Rajan, R., H. Servaes, and L. Zingales, "The Cost of Diversity: The Diversification Discount and Inefficient Investment", Journal of Finance, 2000, Vol. 55, pp. 35-80.

[58] Ryan, H E., and R A. Wiggins, "Who is in Whose Pocket? Director Compensation, Board Independence, and Barriers to Effective Monitoring", Journal of Financial Economics, 2004,Vol.73, pp. 497-524.

[59] Richardson, S., "Over-investment of Free-cash Flow", Review of Accounting Studies, 2006,Vol. 11, pp. 159-189.

[60] Scharfstein, David S., "The Dark Side of Internal Capital Markets II: Evidence from Diversified Conglomerates", NBER Working Paper, 1998.

[61] Scharfstein, David S., and Jeremy C. Stein, "The Dark Side of Internal Capital Markets: Divisional Rent-Seeking and Inefficient Investment", Journal of Finance, 2000, Vol. 55, pp. 2537-2564.

[62] Shin, H., and R. Stulz, "Is the Internal Capital Market Efficient?", Quarterly Journal of Economics, 1998,Vol. 108, pp. 531-552.

[63] Shin, H., and Y. Park, "Financial Constraints and Internal Capital Markets: Evidence from Korean Chaebols", Journal of Corporate Finance, 1999, Vol. 5, pp. 169-191.

[64] Shleifer A, Vishny R W, "A survey of corporate governance", The journal of finance, 1997,Vol.52, pp. 737-783.

[65] Stein, J. C., "Internal Capital Markets and the Competition for Corporate Resources", Journal of Finance, 1997,Vol. 52, pp. 111-133.

[66] Stevenson W B, Radin R F, "Social capital and social influence on the board of directors", Journal of Management Studies, 2009,Vol.46, pp. 16-44.

[67] Stulz, R M.. "Managerial Discretion and Optimal Financing Policies". Journal of Financial Economics, 1990, Vol.26, pp.3-27.

[68] Subramaniam, V., T. T., Tang, H. Yue, and X. Zhou, "Firm Structure and Corporate Cash Holdings", Journal of Corporate finance, 2011,Vol.17, pp.759-773.

[69] Williamson, Oliver E., "Markets and Hierarchies: Analysis and Antitrust Implications", Free Press, New York, 1975.

[70] Yermack, D., "Higher Market Valuation of Companies with a Small Board of Directors", Journal of Financial Economics, 1996,Vol.40, pp.185-211.

第 5 章

集团企业的负债主体选择 [①]

5.1 引言

　　出于契约内部化及降低交易成本的需要，经由权益控股形成的母子公司制的集团制企业日益盛行（Myron and Sushka, 1997; Almeida and Wolfenzon, 2006; Belenzon and Berkovitz, 2010），且在新兴市场（如中国、巴西、智利、印度、韩国等）和少数发达市场国家（如，意大利和瑞典）中甚为普遍（Khanna and Yafeh, 2007; 陈文婷, 2010）。集团内部母、子公司等多个法人主体的存在，使得现代企业组织边界在不断拓展，相应为企业财务理论带来新的研究机会和视角。具体而言，在母子公司的组织结构下，子公司的独立法人资格将使得集团整体融资决策的统筹不仅需要考虑负债结构与数量，还要权衡负债主体的安排。那么，集团内部的负债主体安排，亦即子公司独立承担外部债务的多少可能受内部什么因素影响？ [②] 又将可能对企业的资本结构带来怎样的经济后果？我们拟对上述问题进行专门考察。在传统公司财务的研究范式下，有关企业融资及资本结构理论的研究大多在单一企业主体的框架下进行，且相关的经验研究往往使用母子公司的合并报表数据对企业总体财务决策进行考察。我们

---

　　① 本章主要参考论文：张会丽、陆正飞：《控股水平、负债主体与资本结构适度性》，载于《南开管理评论》，2013 年第 5 期；何捷、张会丽、陆正飞：《货币政策、负债模式与投资效率》工作论文，2016 年。
　　② 在我们的研究中，若子公司独立承担的外部债务占合并报表负债的比重越大，我们称之为"负债主体越为分散"，即一定程度上反映出集团对债务的集中管理程度越低。

则试图打开集团内部融资决策的"黑箱"，以丰富和拓展有关集团财务及资本结构理论的研究。

同时，就实务角度来看，据笔者统计，我国上市公司平均拥有 12 家子公司（中位数 7 家），超过 95% 的上市公司至少拥有一家子公司。[①] 这也意味着，在我国资本市场上，同一上市公司内部多个法人主体的存在将使得企业的相关财务决策变得更为复杂。在我国资本市场不够充分发达、企业面临的融资约束较为严重的制度背景下，提高资源配置效率对于企业发展以及社会进步都将具有重要意义。相应地，如何加强对子公司的债务管理也越来越引起实务界的重视（如贡华章，2009）。基于此，我们所要研究的问题，还同时能够加深我们对企业集团负债的认识和理解，并对我国母子公司制企业的负债治理提供借鉴意义。

已有历史经验认为，集团企业应在由母公司集中负债所带来的收益与成本间权衡，进而选择最优负债模式。其中，集中负债的优势包括"共同保险效应"带来的融资便利性（Myers, 1977; Flannery et al., 1993）、节税优势（Flannery et al., 1993）、母公司监督优势以及资源配置的便利性（Gertner et al., 1994; Stein, 1997; Fier et al., 2013）；集中负债带来的成本主要包括"资产替代效应"（Jensen, 1986; Flannery et al., 1993; Kahn and Winton, 2004）、"公司社会主义问题"和"掏空问题"（Rajan et al., 2000; Scharfstein and Stein, 2000; Kolasinski, 2009）以及子公司资本结构偏离等问题（Myers, 1977; John and John, 1991）。综合而言，不仅上述提到的企业内部因素会影响子公司独立承担外部债务的多少，同时宏观经济政策也会影响集团企业集中负债收益和成本对比的差异，进而影响集团企业负债模式的选择。基于此，我们还将从宏观视角研究货币政策对集团企业负债模式选择的影响，并进而考察不同负债模式对集团企业及母公司投资效率的影响。

5.2 控股水平、负债主体与资本结构适度性

5.2.1 历史经验

（1）企业集团与债务融资

在母、子公司组织结构的集团制企业中，每个子公司都是独立的法人主

---

① 根据我们手工搜集得到的我国非金融类上市公司子公司信息统计得出。

体，这将给企业内部的财务决策带来重要的战略意义。部分历史经验表明，出于对企业整体价值最大化的考虑，母公司有动机对子公司的负债进行战略管控。比如，赫伊津哈等（Huizinga et al., 2008）在考虑国际税收的框架下，建立了跨国公司的最优负债政策模型，并认为跨国企业不同公司间将很可能存在债务转移，他们以 1994～2003 年的欧洲跨国公司为样本，实证研究发现，在存在多个海外子公司的跨国企业中，企业整体的负债主体安排与各国的税率高低有很大关系，公司倾向于将债务向高税率国家集中。科斯斯基（Kolasinski, 2009）以 1985～2003 年间美国多元化企业中公开发行债券的子公司为研究对象，考察了母公司安排子公司负债的一系列动机及其影响。其研究发现，当企业内部不同子公司间整体经营风险差别越大时，母公司越可能安排子公司承担外部负债，以避免资产置换问题；当子公司现金流充足而成长机会较少时，母公司越可能安排子公司承担无担保的外部负债，以降低自由现金流的代理问题；另外，当子公司的投资机会好于集团内的其他子公司时，母公司将安排其承担一定的由母公司担保的外部负债。该研究充分表明，在母子公司结构的公司企业中，母子公司的债务主体选择已经成为一种整体公司层面的融资战略安排。方伟廉（2008）以 2000～2006 年的我国台湾上柜交易的公司为研究样本，以合并报表和母公司报表负债的差额衡量子公司负债，研究发现子公司借款与母公司财务风险显著正相关，并由此推断子公司负债成为母公司的一种战略安排。

上述研究表明，在母子公司结构的企业集团中，母公司可能会对集团的负债主体进行战略统筹与安排。不过据我们所掌握的资料，我国企业集团的负债集中管理模式还不够普及，尤其对于上市集团而言更是如此。国内少数几篇文献从集团的整体特征等角度研究了企业集团对企业整体融资能力的影响。如李焰等（2007）以复星集团为例，从融资约束角度考察了集团化运作对企业经营发展的影响。研究表明，在我国既定制度背景下，集团化运作在短期内可以有效放大企业融资能力，而融资能力提升的深层次原因在于集团化扩展过程中以控制现金流为主的产业布局以及基于集团化平台而实施的内部资本市场运作。李增泉等（2008）以我国证券市场公开发行股票的 88 家民营企业集团为样本，从融资约束的角度分析了金字塔结构的成因。该研究表明，企业集团控制的金字塔层级越多，该企业的资产负债率会越高，而且母公司所在地区的融资约束越强，整个企业集团的金字塔结构层级会越多。

上述历史经验反映了母子公司集团化运作的平台能够提升企业的总体融资能力。他们研究的途径是直接考察集团化运作或考察企业代理链长度对企业整体融资规模的影响，旨在反映企业集团在扩大企业融资能力方面的作用。然而，企业集团内部的负债政策可能受哪些因素影响？以及集团化运作影响企业资本结构的具体作用机制有哪些？上述研究仅讨论了相关的可能性，但没有提供具体的证据。我们将在母子公司的组织结构框架下，考察集团内部负债主体安排的影响因素及其对企业融资效率亦即资本结构适度性的影响。

（2）资本结构理论相关研究

在一系列严格的假定条件之下，莫迪利亚尼和米勒（Modigliani and Miller, 1958）提出了资本结构与企业价值无关的理论。之后，随着代理成本、税收以及破产成本等因素不断被引入资本结构理论的相关研究（如 Scott, 1976; Myers, 1977; Jensen and Meckling, 1976; Grossman and Hart, 1982; Myers and Majluf, 1984），上述假定约束被不断放宽。尤其在近些年来，资本结构理论研究在向行为金融（如 Baker and Wugler, 2002）、人力资本（如 Berk et al., 2010）、企业战略（如 Belenzon and Berkovitz, 2010）、宏观经济（如 Korajczyk and Levy, 2003; Lim et al., 2009）以及产业组织（如 Lyandres, 2002; Jong et al., 2007）等多领域不断拓展。比如，贝克和乌格勒（Baker and Wugler, 2002）正式将企业股票的市场表现纳入资本结构理论的研究框架，企业发行股票的时机受到股票市场投资者情绪的影响，当公司股票价格被高估时，管理层更倾向于通过发行股票融资，即"市场择时理论"。基申（Kisgen, 2009）考察了管理层的资本结构决策受目标债务评级水平的影响，并发现当出现债务评级降级时，公司随后的杠杆水平将下降，而当公司的债务评级升级时，公司随后的资本结构活动能力并未受到影响。罗伯茨和苏非（Roberts and Sufi, 2009）着眼于管理层与债权人之间的利益冲突，发现公司与债权人之间的利益冲突对公司的债务政策具有重要影响，进而发现，债务违约对公司的资本结构造成明显的影响。另外，玛查（Matsa, 2010）的研究发现，企业内部工会的谈判力也是影响企业负债水平的重要因素，具体而言，当工会的力量越为强大时，企业将越倾向于降低公司的流动性、提高负债水平。

同时，学术界对资本结构的静态决定因素的关注也在不断向资本结构的动态调整研究拓展。格雷厄姆和哈维（Graham and Harvey, 2001）的问卷调查显示，约80%的CFO承认目标负债区间或严格负债率的存在性。也就是说，一般企业均存在对企业价值最优化的目标资本结构，企业在经营中根据不同情形在不断地进行动态调整。贝克和乌格勒（2002）的"市场择时"理论对企业最优资本结构存在性的挑战，导致一系列后续研究对目标资本结构存在性以及动态调整性的研究（Leary and Roberts, 2005；Tucker and Stoja, 2007；Titman and Tsyplakov, 2007；Byoun, 2008；Cook and Tang, 2010）。目前已为大多数历史经验达成共识的是，企业存在目标资本结构，并在不断努力向目标资本结构调整靠近。如伯估（Byoun, 2008）研究得出当企业存在资金盈余并且杠杆率高于目标资本结构时，管理层对资本结构的调整速度最快；库克和唐（Cook and Tang, 2010）的研究表明，在宏观经济形势好时，公司的资本结构向目标资本结构水平的调整速度更快。

在我国，有关资本结构的研究也在向各个领域拓展。比如，沈艺峰等（2009）在公司层面上探讨投资者保护执行情况对上市公司资本结构的影响，并发现投资者保护执行指数与公司负债比率和负债/权益之间呈现显著的负相关关系。苏冬蔚和曾海舰（2009）研究发现，我国上市公司的资本结构呈现显著的反经济周期变化，宏观经济上行时，公司的资产负债率下降，从而表明宏观经济状况是影响公司资本结构的重要因素。王跃堂等（2010）的研究则表明制度环境是资本结构理论的重要影响因素。同时，目标资本结构的存在性也得到了大多数研究的支持。陆正飞和高强（2003）针对深市上市公司的问卷调查显示，89%的样本公司认为应该设定一个"合理"的目标资本结构，44%的公司目前的负债率未达到自己的"合理"的资本结构区间。后续一系列相关研究文献也支持了我国企业目标资本结构的存在性（如，肖作平，2004；王皓和赵俊，2004；丁培嵘和郭鹏飞，2005；王正位等，2007；姜付秀等，2008；王志强和洪艺珣，2009），但整体上来看，我国企业资本结构的调整速度还比较慢（屈耀辉，2006）。

综合以上历史经验，影响企业资本结构决策以及企业资本结构偏离目标水平的内外部因素有很多。但正如莱蒙等（Lemmon et al., 2008）指出，尽管企业在不断向目标资本结构调整，但在横截面上高负债企业的负债水平始终在高位运行，并指出企业的资本结构在横截面上具有一定的稳定性，并至少可以维持 20 年。因此，从这个意义上而言，探究横截面上影响公司资本结构适度性的可能因素，考察哪些因素可能影响公司长期负债过度或负债不足，对于提高新兴市场国家的信贷资源配置效率显得尤为重要。目前，也有少数学者在该方向作出了尝试，比如，俞红海等（2010）发现在利率管制的中国市场上，投资者法律保护不足及控股股东的存在导致公司过度债务融资，政府干预进一步加剧了这一行为，而控股股东的现金流权则可以有效抑制过度债务融资。然而较少有研究深入企业集团内部，考察集团负债主体的安排对资本结构带来的可能影响。在我国企业普遍存在融资约束的制度背景下，我们的研究视角将对我国企业的债务治理和调控以及提高社会资源配置效率提供一定的启示性意义。

5.2.2　理论分析

在我国，企业集团负债主体的确定可以归纳为以下两种情形：一是母公司对债务统筹管理。企业出于战略管理的需要，对集团实施"统借统还"的融资战略，母公司成为集团唯一的负债主体，子公司向母公司申请资金使用[①]。该情形也称"集中负债"模式。[②] 在该模式下，母公司[③] 代表集团与银行签订债务合同，并作为唯一法人承担债务责任，子公司向母公司申请有息或无息借用资金。二是母公司将融资权分散化，又称"分散负债"模式。在该模式下，当母公司对集团控制力较强时，母公司可能对子公司施加严格的外部负债权限限制或者提供强大的担保支持；而若母公司对集团控制力较弱时，则母公司可能只能在一定程度上加以适度控制或提供担保，甚至完全不干预子公司独立承担外部债务。

在上述企业集团的负债模式中，母公司是否选择集中负债，要取决于集中负债带来的风险与收益的权衡。集中负债带来的可能收益包括：降低融资成本、优化融资结构以及提高集团融资效率等（贡华章，2009）；而该模式下伴

---

① 当子公司向母公司申请资金使用时，或无偿使用或低息使用，一般计入子公司"其他应付款"。

② 则在该情形下，子公司负债比例与企业内部母子公司之间的业务力量高度相关。对于公司业务较为集中的企业而言，由于子公司业务较少、力量较弱，则负债主体自然集中在母公司，或者企业实施分权的管理政策，子公司有自主负债权，则子公司业务规模越大，子公司负债越高。

③ 或集团财务公司。

随的可能风险来自：作为集团唯一承担所有外部债务的独立法人，母公司面临的财务风险加大，集团子公司少数股东的财务风险变相转嫁给母公司。因此，从母公司自身的动机来看，母公司对子公司的整体控股水平越低，则母公司对集团债务实施"统借统还"的激励也越低。

基于以上分析，我们推论：在其他条件既定时，母公司对子公司控股水平越低，则集团负债主体越分散，子公司负债占比越高。

在集团制企业中，假定内外部的资本市场均足够完善，即不存在来自子公司经理层的代理成本或外部市场的融资约束，在负债主体分散化的情形下，子公司的负债治理效应抑或银行的监督功能可能使得企业整体负债水平更加适度，从而使得企业的整体负债水平更加符合实际外部资金需求。然而，在现实世界的不完美情形下，在集团企业中，子公司负债对资本结构的影响更可能表现为以下两种情形：其一，子公司内部的代理成本导致企业整体负债过度。子公司经理作为母公司管理层的代理人，为扩充自己的私人权力或经营范围，它们具有强烈的构建个人商业帝国的利己主义动机。若对其负债主体资格不加以任何限制或调控，则企业的负债水平比较容易失控，导致企业整体负债超过最优负债水平，亦即造成企业过度负债，从而影响企业的经营效率。如贡华章（2009）在论及中石油公司的债务集中管理模式时提出，对于大型企业集团而言，成员企业的融资自主权、债务管理分散，容易导致债务规模膨胀和债务风险过高。其二，子公司与银行的谈判力弱小导致集团整体负债不足。在负债契约的签订过程中，银行更可能关注母、子公司单独的财务报表，而由于下级子公司一般规模较小且为有限责任形式的非公开上市公司，因而与商业银行尤其大型商业银行相比谈判力较为低下，若母公司不加以战略统筹与安排，则很可能使得集团整体负债能力下降，相应导致企业负债低于目标水平。因此，在集团内部治理和外部信贷市场并非完善的情况下，由于上述代理成本或融资约束的存在，负债主体越为分散，则集团资本结构偏离目标资本结构的程度越大，亦即集团资本结构适度性越差。基于此，我们推论：在其他条件既定时，集团内部的负债主体越为分散，企业整体资本结构偏离目标资本结构的程度越大。

5.2.3 经验证据

我们选取我国证券市场中 2001~2009 年的上市公司为研究样本，并对数据作了常规的统计处理。表 5-1 提供了我们主要研究变量的描述性统计结果。其中，子公司负债占集团总负债的比重（*Levdis*）最小值为 0，最大值为 1，说明在我国的上市公司中，负债主体安排的相关政策差异较大，甚至有些企业的母公司将所有的债务全部由其子公司作为债务主体。从总体来看，子公司负债比重均值为 38.1%（0.381），低于营业规模比重的均值 52.1%（0.521）。上述描述性统计结果从一定程度反映出，我国上市公司对子公司的融资权可能施加了一定的影响和控制。上市公司对下属子公司的控股比例（*Subcontrol*）的最小值为 49%（0.490），最大值为 100%（1），均值为 82.2%（0.822），表明我国上市公司整体上对其子公司的持股比例处于相当高的水平。另外，由于上市公司的下级子公司大多为非公开上市、规模较小的有限责任公司，这意味着在我们的研究框架下，如何加强对下级子公司的战略统筹，将是影响上市公司整体运营效率和股东财富最大化的重要因素。

表 5-1 研究变量描述性统计

变量名	均值	中位数	最小值	1/4 分位数	3/4 分位数	最大值	标准偏差
Lev	0.255	0.245	0.002	0.140	0.359	0.676	0.149
Levdis	0.381	0.308	0.000	0.089	0.621	1.000	0.329
Subsales	0.521	0.514	0.000	0.213	0.849	1.000	0.337
Sgrowth	2.056	0.037	−1.000	−0.075	0.401	173.682	12.307
Subno	2.049	2.079	0.000	1.386	2.639	5.724	0.903
Subcontrol	0.822	0.836	0.490	0.750	0.907	1.000	0.115
Asset	21.621	21.510	19.251	20.857	22.253	25.652	1.067
Mb	2.305	1.568	0.270	0.856	2.897	16.793	2.273
Growth	0.215	0.131	−0.698	−0.021	0.305	5.510	0.572
Oi	0.035	0.034	−0.254	0.010	0.065	0.233	0.063
Dep	0.026	0.023	0.001	0.014	0.035	0.084	0.017
Fix	0.290	0.266	0.002	0.149	0.414	0.804	0.183
Taxrate	0.222	0.250	0.000	0.150	0.330	0.330	0.081
Div	0.010	0.003	0.000	0.000	0.014	0.084	0.015

续表

变量名	均值	中位数	最小值	1/4 分位数	3/4 分位数	最大值	标准偏差
Altman	1.040	0.997	−1.457	0.551	1.466	3.482	0.776
Roa	0.030	0.030	−0.288	0.010	0.056	0.214	0.057
State	0.631	1.000	0.000	0.000	1.000	1.000	0.483

注：*Levdis* 为衡量负债主体的变量，表示为子公司负债占比，等于子公司负债/合并报表负债（有息负债）；*Subcontrol* 表示对子公司控股水平，为上市公司对下属所有子公司控股比例的平均值；*Subsales* 表示子公司营业规模占比，等于子公司销售收入/合并报表销售收入；*Sgrowth* 表示子公司成长性，为子公司固定资产增长率；*Subno* 表示子公司个数，公司合并报表合并范围中的子公司个数取自然对数；*Asset* 为公司规模，合并报表总资产的自然对数；*Lev* 为企业总体资本结构，等于有息债务/总资产；*Growth* 表示公司整体成长性，为销售收入增长率；*Taxrate* 为公司所得税税率；*Oi* 为营业收入水平，主营业务收入除以总资产；*Mb* 为市值账面比，等于公司的权益市值/权益账面价值；*Dep* 为折旧摊销率，等于（固定资产折旧+长期待摊费用摊销额）/总资产；*FA* 为固定资产比重，等于固定资产/总资产；*Div* 为红利率，等于普通股股利/总资产；*AZ* 为财务风险，使用 MacKie-Mason（1990）改进后的 Altman Z 值；*ROA* 为资产收益率，等于合并净利润/总资产；*State* 为控制权性质哑变量，国有控股取 1，否则取 0。

多元回归结果表明，在控制其他因素不变的前提下，母公司对集团的整体控制力（上市公司对下属子公司的平均控股比例越高）越强，则子公司负债占比越低，即负债主体越为集中；反之，则子公司负债占比越高，即负债主体越为分散。研究同时表明，企业负债越为分散，则集团整体的资本结构偏离目标资本结构的程度越大，即资本结构的适度性越差[1]。进一步的研究显示，母公司对集团的整体控制力越高，则负债分散度对资本结构适度性的负向影响越小。

---

[1] 参考 Byoun（2008）的方法，我们估算出每家公司的目标资本结构，计算公司实际负债率（Lev_{it}）与估计的目标负债率（Lev_{it}^{*}）之间的差，并取绝对值。即 $Mod\_lev1_{i,t} = |Lev_{it} - Lev_{it}^{*}|$。我们将公司的目标资本结构表示为一系列影响负债水平的公司特征变量（如行业负债水平、公司所得税税率（*Taxrate*）、公司的营业收入水平（*OI*）、公司成长机会（*Mb*）、公司资产规模（*Asset*）、公司折旧及摊销额（*Dep*）、固定资产规模（*FA*）、现金分红（*Div*）、财务风险（*AZ*）以及行业效应和年度效应）的函数，利用估计得出的目标资本结构表示企业的最优资本结构。

5.3 货币政策、负债主体与投资效率

5.3.1 历史经验

（1）集团企业负债模式

已有研究通过分析式或大样本研究对集中负债模式的优缺点及集团企业的最优负债模式进行了探讨。这些研究表明集中负债的优点主要在于四个方面：第一，集中负债可以产生"共同保险效应"，即业绩差的子公司可以由业绩好的子公司中和，现金流风险的降低使得集中负债更容易获取外部融资（Myers, 1977; Flannery et al., 1993）。第二，集中负债具有节税的优势（Flannery et al., 1993）。弗兰纳里等（Flannery et al., 1993）模型分析表明当公司所得税率较高时，集中负债比分散负债更优。第三，由于母公司享有子公司的剩余索取权，集中负债时母公司对子公司的监督力度会强于分散负债时银行对子公司的监督力度，因此集中负债有利于母公司对子公司资金使用状况的监督（Gertner et al.. 1994）；第四，集中负债方式有利于母公司在子公司之间资源的重新配置。格特纳（Gertner et al., 1994）、斯坦（Stein, 1997）、菲尔（Fier et al., 2013）认为集中负债时，母公司可以监管各子公司的资金运营状况并及时调整负债资源的配置，因此在重新配置资源方面比分散负债更为灵活方便。

集中负债的缺点主要有以下三个方面：第一，集中负债可能带来"资产替代效应"。詹森（1986）指出当企业濒临财务危机时，股东有动机采用高风险资产替换现有资产，即使该高风险资产的净现值为负。卡恩和温顿（Kahn and Winton, 2004）认为当多元化企业的部门间经营风险差异较大时，资产替代问题会更加严重。如果风险较高的子公司所遇到的问题危及到了整个集团企业，那么集中负债模式可能增加低风险部门的风险。因此，卡恩和温顿（2004）认为当各子公司经营风险差异较大时，集团企业更可能采用子公司分散负债模式。弗兰纳里等（1993）模型得到了类似结论。第二，集团企业进行集中负债并在子公司之间分配时，可能导致投资机会少的子公司获得过多资本，而投资机会多的子公司获得过少资本，引发"公司社会主义问题"（corporate socialism problem）和"掏空问题"（poaching problem）（Rajan et al., 2000; Scharfstein and Stein, 2000; Kolasinski, 2009）。科斯斯基（2009）实证研究发现分散负债可以解决这两个问题，这是由于分散负债时，银行与子公司的

债务契约通常规定该子公司的资产和收益不可以转移至其他子公司，并且会要求子公司披露资产及收益等状况，因此来自银行的监管可以防止母子公司以及子公司之间的平均主义或掏空问题。第三，如果不同子公司的成长机会不同，不同子公司的最优资本结构也会不一致，而集中负债使得不同子公司采用相同的负债结构，可能导致各子公司的资本结构不合理（Myers，1977）。约翰和约翰（John and John, 1991）借鉴迈尔斯（Myers, 1977）分析认为如果子公司间的投资机会不同而现金流高度相关，分散负债是更优的选择，利兰（Leland, 2007）模型也得到了类似结论，但科斯斯基（2009）通过大样本研究并未发现相关证据。

此外，彻曼和约翰（Chemmanur and John, 1996）模型发现管理层能力、管理层控制权收益以及因并购或破产而失去控制权的可能性会影响集团企业负债模式的选择。诺埃（Noe, 1998）模型认为跨国公司会采用分散负债模式以充分利用不同国家制度的优势；南达（Nanda, 1991）认为分散负债可以减少信息不对称成本，斯罗文和苏什卡（Slovin and Sushka, 1997）发现了一些支持该结论的证据，但是维基（Vijh, 2006）的研究结论相反。

从上述研究来看，集团型企业到底该选择集中负债还是分散负债是集团型企业的重要战略选择，这一话题很早就引起国外学者注意，但是由于无法取得母公司和子公司负债的具体数据，国外主要通过分析式研究来探讨集团型企业负债模式的优缺点或影响因素（比如 Myers, 1977；Flannery et al., 1993；Gertner et al., 1994；Stein, 1997；Kahn and Winton, 2004），实证研究较少。科斯斯基（2009）利用美国债券数据匹配出母公司和子公司的债券发行数据，探讨了子公司特征如何影响企业在"集中负债"、"子公司负债且母公司提供担保"和"子公司负债但母公司不提供担保"三种模式间的选择。此外，方伟廉（2008）研究发现子公司借款与母公司财务风险显著正相关；张会丽和陆正飞（2013）发现母公司对集团整体控制力越强，子公司负债占比越低，且子公司负债占比越高，企业资本结构的适度性越差。虽然这三篇文章都提供了经验证据，对已有分析式研究的结论起到了一定的数据支持，但都是从企业特征（微观）层面探讨集团型企业负债模式或负债主体的选择，我们从货币政策（宏观）角度出发探讨其对集团型企业负债模式的选择，既丰富了已有的历史经验研究，也可以对已有分析式研究中集中负债模式融资优势理论进行数据检验。

（2）货币政策与企业融资

历史经验表明货币政策会影响企业的微观行为。金鹏辉等（2014）发现货币政策宽松时银行会放松贷款审批条件，因而可能影响企业的融资难易程度。但是企业个体差异可能导致货币政策对企业融资难易程度影响的不同，比如段云和国瑶（2012）发现具有政治关系的公司即使在紧缩的货币政策环境下也具有更强的融资能力；曹廷求和朱博文（2013）发现第一大股东性质和上市特征对贷款规模和货币政策敏感度产生显著影响，股东与股东大会、高管层以及监事会三方面的治理水平差异是导致不同银行贷款行为对货币政策反应不同的主要原因。

相应地，货币政策紧缩带来的融资困难可能影响到企业的投资效率。靳庆鲁等（2012）研究发现宽松货币政策减少了民营企业的融资约束，但对投资效率的影响呈现非线性关系。黄志忠和谢军（2013）研究发现宽松的货币政策促进了企业扩张投资，通过降低企业投资内部现金流敏感性缓解了企业融资约束；区域金融市场的发展强化了宏观货币政策对企业融资约束的缓解效应，优化了宏观货币政策的传导机制。

面对货币政策紧缩，企业可能采取一系列措施缓解货币政策紧缩带来的负面影响。祝继高和陆正飞（2009）发现企业的现金持有水平会随着货币政策紧缩程度的变化而变化，当货币政策紧缩时，外部融资约束增强，企业会提高现金持有水平。饶品贵和姜国华（2011）发现当货币政策进入紧缩期时，为了更容易获取银行贷款，企业会计政策会更加稳健。

以上历史经验表明，货币政策会影响企业的融资难易程度以及投资效率，企业为了缓解货币紧缩带来的融资难问题会采取相应的对策。但这些研究都是从企业整体角度出发，对于集团型企业而言，货币政策紧缩时子公司和母公司所受融资约束程度不同，可能影响集团型企业内部负债主体的战略选择。因此，我们探讨货币政策、负债模式与投资效率问题，有利于将已有货币政策研究从企业整体研究角度拓展到企业内部资本市场战略决策角度，对已有的货币政策研究具有一定的补充和拓展作用。

5.3.2 理论分析

是否采用集中负债模式是集团企业的重要决策之一，集团企业需要在集中负债模式带来的收益和成本间进行权衡，选择最优负债模式（Flannery et al., 1993）。母子公司个体特征以及管理层特征等可能影响集中负债模式收益与成本间的力量对比，进而影响集团企业负债模式的选择。而事实上货币政策这一宏观环境的变化也可能影响企业对集中负债模式收益的需求变化，进而影响集团企业负债模式的选择。

货币政策紧缩时，银行贷款审批条件更为严苛（金鹏辉等，2014），企业获得银行贷款的难度加大（祝继高和陆正飞，2009；饶品贵和姜国华，2011；江曙霞和陈玉婵，2012；饶品贵和姜国华，2013）。此时企业面临的首要问题是获取资金，资金获取后的资源配置问题成为其次的问题。尽管集中负债模式在资金获取后的资源配置方面有利有弊，在资金获取方面，集中负债因为"共同保险效应"而更有优势，能够更好地解决融资困难这一"当务之急"。一方面，子公司的评级通常不会高于母公司（Kolasinski, 2009），子公司对外融资的难度相较于母公司会更大，货币政策紧缩时子公司独立对外融资可能难以满足自身需求，而母公司集中融资获得资金的可能性更大。并且集团企业采用集中负债方式时，子公司间的盈利差异可以相互中和，现金流风险的降低将会提高集团企业整体对外融资的可能性（"共同保险效应"）。为了有效获取银行贷款，货币政策紧缩时集团企业更可能采取集中负债模式以提高自身的外部融资能力，而不会因为集中负债可能带来的风险而放弃可能的融资机会。此外，尽管集中负债模式可能带来"资产替代效应"等资源配置问题，企业也可以利用集中负债的其他优势减轻资源配置问题，比如利用集中负债模式下母公司的监督优势加强对子公司资金使用状况的监督，利用母公司资源配置的便利性将资金配置到更为需要的子公司（Gertner et al., 1994; Stein, 1997; Fier et al., 2013）。综上，货币政策会改变融资问题和资源配置问题对于企业的迫切性和重要性。货币政策紧缩时，资金可获得性成为企业首先需要考虑的问题，此时企业更可能优先选择集中负债模式。鉴于此，我们推论：货币政策越紧缩，集团企业越可能实施集中负债。

集中负债模式的优点可能有利于集团企业整体投资效率的提高。原因在于：(1)母公司通过集中负债并在子公司间进行资金配置时，形成了集团企业内部资本市场。相比于分散负债，母公司利用内部资本市场能够更加灵活地调整负债资源的配置（Gertner et al., 1994; Stein, 1997; Fier et al., 2013），有利于根据母公司及各子公司盈利能力、成长性及风险等合理分配债务资源，将资金配置到最需要、最有价值的地方。而分散负债时，母公司对子公司如何利用债务资源的控制性降低，无法在不同的子公司间进行有效资源配置，难以降低子公司管理层盲目扩张带来的过度投资问题。（2）相比于银行等外部债权人，母公司作为债权人对子公司的监督动机和监督能力会更强。这是因为集中负债时母公司承担着对外还款责任和压力，更有动机监督子公司的投资行为，以确保资金的使用效率和减少债务风险。同时，作为股东，母公司对子公司的信息不对称程度更低，信息获取的速度和准确性更高，有利于母公司及时和有效地监督和抑制子公司的过度投资行为。综上两点，集中负债为母公司带来的资源配置灵活性和监督优势使得母公司更有动机和能力抑制子公司的过度投资行为，可能有利于集团企业整体过度投资水平的降低。因此，我们推论：集中负债模式有利于降低集团企业的整体过度投资水平。

5.3.3　经验证据

我们选取我国证券市场中 2003～2013 年的上市公司为研究样本，并对数据作了常规的统计处理。表 5-2 列示了各变量的描述性统计。其中，采用集中负债模式的样本比例为 13.9%。我们还设置变量 CONKEEP，当集团企业负债模式与上期相同时取 1，否则为 0。从 CONKEEP 的统计结果来看，90% 的样本企业 t 期负债模式与 t-1 期相同，10% 的样本企业 t 期负债模式会发生变化。M2 增长率平均为 17.4%。样本中 50% 的上市公司（母公司）为国有企业性质，上市年限平均达到 8 年，第一大股东股份占比平均为 36.13%，独立董事比例平均为 36.3%，董事长与总经理两职合一的比例达到 17.8%，每家上市公司平均拥有 12 家子公司，上市公司对子公司的控股比例平均为 77.81%。就财务数据而言，合并报表与母公司报表 ROA 平均数均为 0.032，但二者分布有所不同；合并报表中资产负债率平均为 49.6%，母公司报表中资产负债率平均为 42.5%；合并报表总资产增长率为 17%，母公司总资产增长率为 14.3%。

表5-2			描述性统计			
变量名称	观测数	均值	中位数	标准差	最小值	最大值
CONLEVERAGE	15083	0.139	0.000	0.346	0.000	1.000
CONKEEP	12839	0.900	1.000	0.300	0.000	1.000
MONETARY	15083	0.174	0.173	0.037	0.136	0.276
SOE	15083	0.500	0.000	0.500	0.000	1.000
ASSET	15083	4.540e+09	2.020e+09	7.850e+09	1.590e+08	5.450e+10
SIZE	15083	21.524	21.428	1.117	18.885	24.722
ROA	15083	0.032	0.032	0.068	−0.312	0.211
ROE	15083	0.060	0.067	0.190	−1.105	0.822
LEVB	15083	0.496	0.494	0.250	0.051	1.691
GROWTH	15083	0.170	0.099	0.374	−0.409	2.742
SUBSUM	15083	12.521	8.000	13.202	1.000	78.000
SUBNUM	15083	2.092	2.079	0.960	0.000	4.357
SUBCONTROL	15083	77.813	79.451	14.966	30.000	100.000
LISTAGE	15083	8.417	8.000	4.973	1.000	19.000
LNLISTAGE	15083	1.870	2.079	0.822	0.000	2.944
CF	15083	0.044	0.045	0.081	−0.218	0.272
DIVIDEND	15083	0.975	1.000	0.158	0.000	1.000
INVEFF	11077	0.000	−0.010	0.068	−0.286	0.459
OVERINV	4359	0.056	0.031	0.069	0.000	0.459
UNDERINV	6718	0.036	0.028	0.033	0.000	0.286
INEW	11077	0.037	0.015	0.080	−0.133	0.393
CASH_1	11077	0.201	0.155	0.166	0.004	0.922
FIRSTSHR	11077	36.133	33.820	15.382	9.028	75.000
MANAOWN	11077	0.054	0.000	0.142	0.000	0.662
IND	11077	0.363	0.333	0.050	0.222	0.556
DUAL	11077	0.178	0.000	0.382	0.000	1.000
FCF	11077	0.009	0.010	0.086	−0.403	0.326
INVEFF M	10715	0.000	−0.007	0.057	−0.270	0.382
OVERINV_M	4095	0.046	0.023	0.060	0.000	0.382
UNDERIV_M	6620	0.028	0.019	0.030	0.000	0.270
INEW_M	10715	0.020	0.002	0.064	−0.152	0.310
ASSET_M	10715	3.350e+09	1.720e+09	4.860e+09	1.270e+08	3.060e+10

续表

变量名称	观测数	均值	中位数	标准差	最小值	最大值
SIZE_M	10715	21.329	21.265	1.059	18.656	24.144
LEVB_M	10715	0.425	0.412	0.259	0.007	1.796
ROA_M	10715	0.032	0.030	0.075	−0.357	0.280
GROWTH_M	10715	0.143	0.077	0.316	−0.411	2.112
CASH_M_1	10715	0.124	0.090	0.117	0.000	0.603
FCF_M	10715	0.012	0.010	0.087	−0.392	0.349

注：我们将表示负债模式的研究变量 CONLEVERAGE 设置为当母公司有息负债大于或等于合并报表有息负债、且母公司其他应收款大于合并报表其他应收款时取 1，表明子公司未对外进行负债，集团企业采用集中负债模式，否则取 0，表示分散负债[1]；我们用 MONETARY 表示货币政策，为当年度 M2 增长率，该指标越大，表明货币政策越宽松；INVEFF 为整体过度投资水平，借鉴 Richardson（2006）模型，利用上市公司合并报表数据计算出残差得；INVEFF_M，为母公司的过度投资水平；我们在研究中用到的控制变量包括公司产权性质（SOE）、母公司规模（SIZE_M）、母公司负债率（LEVB_M）、母公司资产负债率（ROA_M）、第一大股东持股比例（FIRSTSHR）、管理层持股比例（MANAOWN）、独立董事比例（IND）、董事长与总经理两职合一（DUAL）、母公司自由现金流（FCF_M）、公司规模（SIZE）、公司负债率（LEVB）、公司资产负债率（ROA）、第一大股东持股比例（FIRSTSHR）、管理层持股比例（MANAOWN）、独立董事比例（IND）、董事长与总经理两职合一（DUAL）、自由现金流（FCF）、公司成长性（GROWTH）、子公司数量的对数（SUBNUM）、上市公司对子公司平均控股比例（SUBCONTROL）、上市时间的对数（LNLISTAGE）、公司现金流（CF）、是否发放现金股利（DIVIDEND）以及年度和行业虚拟变量。

表 5-3 列示了各变量的相关系数。从表中可见，货币政策宽松度 MONETARY 与集中负债模式 CONLEVERAGE 显著负相关；集中负债模式 CONLEVERAGE 与集团企业整体过度投资水平 INVEFF 显著负相关，但与母公司过度投资 INVEFF_M 无显著相关关系。

---

[1]　由于 Kolasinski（2009）只能取得美国子公司债券发行数据而无子公司贷款数据，他们利用美国债券数据将集团负债模式分为三类：子公司未对外负债、子公司对外负债且母公司未提供担保、子公司对外负债且母公司提供担保，并采用多重 logit 回归分析负债模式的影响因素。我们根据中国数据情况，借鉴其方法将负债模式分为子公司未对外负债（集中负债）和子公司对外负债（分散负债）两种模式，未考虑母公司担保问题。此外，我们考虑母公司其他应收款大于合并报表其他应收款是为了尽可能保证母公司获取外部负债后将资金分配给子公司。因为当母公司报表其他应收款大于合并报表其他应收款时，表明母公司报表其他应收款中有来自子公司的资金占用（在编制合并报表时被合并抵销），从而表明母公司向子公司进行了资金分配。

表 5-3 相关系数表

变量名	INVEFF	INVEFF_M	CONLEVERAE	MONETARY
INVEFF	1.000			
INVEFF_M	0.589***	1.000		
CONLEVERAGE	−0.047***	−0.006	1.000	
MONETARY	0.000	0.000	−0.019**	1.000
SOE	0.004	0.008	−0.069***	0.074***
SIZE	0.073***	0.037***	−0.164***	−0.044***
ROA	0.054***	0.058***	0.075***	−0.007
RET	0.040***	0.023**	−0.006	0.290***
LEVB	0.047***	0.011	−0.210***	0.082***
GROWTH	0.291***	0.166***	−0.056***	0.035***
SUBNUM	0.016*	−0.016*	−0.095***	−0.035***
SUBCONTROL	0.007	−0.004	0.101***	−0.014*
LNLISTAGE	0.000	0.001	−0.122***	0.069***
CF	0.052***	0.065***	0.038***	0.066***
DIVIDEND	0.018**	0.003	−0.128***	−0.019**
INEW	0.846***	0.513***	−0.006	−0.030***
CASH_1	0.000	0.060***	0.138***	−0.002
FIRSTSHR	0.003	0.006	−0.028***	−0.001
MANAOWN	−0.007	−0.002	0.133***	−0.130***
IND	−0.006	−0.007	0.012	−0.032***
DUAL	0.000	0.011	0.057***	−0.057***
FCF	0.049***	0.047***	0.033***	0.090***
INEW_M	0.516***	0.887***	0.029***	−0.031***
SIZE_M	0.059***	0.047***	−0.098***	−0.063***
LEVB_M	0.026***	0.036***	−0.111***	0.072***
ROA_M	0.037***	0.037***	0.060***	−0.010
GROWTH _M	0.239***	0.206***	−0.026***	0.028***
CASH_M_1	−0.118***	0.000	0.170***	−0.028***
FCF_M	0.035***	0.113***	0.012	0.076***

注：*、**、*** 分别表示 0.1、0.05、0.01 水平上显著。

多元回归结果表明，在控制了其他可能因素的影响后，货币政策宽松度显著降低了企业采用集中负债模式的可能性，亦即货币政策越紧缩，集团企业越可能采取集中负债模式。集中负债模式与集团企业整体过度投资水平显著负相关，说明相比于分散负债模式，集中负债模式下集团企业整体的过度投资水平显著更低；这也意味着分散负债更可能导致集团更高的过度投资水平。进一步的实证结果表明，集中负债对集团企业过度投资的抑制仅发生在货币政策宽松时，而无论货币政策紧缩抑或宽松，集中负债对母公司过度投资无显著影响。这说明集中负债对子公司过度投资的抑制作用主要发生在货币政策宽松的情况下，集中负债是母公司抑制子公司过度投资的一种主动战略行为。

5.4　结语

上文的分析表明，集团型企业的负债主体选择受到组织内部的母公司控制力以及外部宏观货币政策的影响——母公司对集团的整体控制力越强，则子公司负债占比越低，即负债主体越为集中；货币政策越紧缩（宽松），集团企业选择集中负债模式的可能性越大（小）。大样本的经验证据表明，分散负债主体容易导致集团的融资背离企业的最优资本结构水平以及导致更高的过度投资水平。

我们的研究凸显了母公司在集团中的控制力对提高财务决策效率的重要性，以及集团型企业在综合衡量内外部因素后对负债进行统筹化管理的必要性。上述研究不仅丰富和发展了有关集团融资、资本结构理论和投资效率的研究文献，同时也将对我国上市公司日后如何探索有效的集团治理机制以确保财务决策效率以及如何提高我国企业集团信贷资源配置效率具有一定的启示意义。

案　例

"祸起萧墙"的皖江物流 [1]

一、公司简介

安徽皖江物流（集团）股份有限公司是一家集煤炭物流、大宗生产资料电商物流和集装箱物流于一体的综合物流企业。皖江物流地处我国东部沿海经

---

[1]　参考资料：皖江物流（股票代码：600575）董事会临时公告、年度财务报告。

济发达地区和西部内陆地区的结合部，是长江能源输出第一大港和安徽省最大的货运、外贸、集装箱主枢纽港，国家一类对外开放口岸，安徽省内规模最大的现代综合物流企业之一。公司是由原芜湖港改制而成，2003 年 3 月正式上市（代码 600575）。2010 年 12 月，淮南矿业集团战略重组芜湖港，淮南矿业集团成为公司控股股东。2011 年，皖江物流被国家发改委列为第一批国家煤炭应急储备点。在 2012 年中国《财富》国内上市公司 500 强排行榜中，皖江物流排名第 151 位，在港口行业里，位居第一。

二、祸起萧墙：子公司财务问题暴露

皖江物流于 2014 年 9 月 9 日晚间发布公告，公司全资子公司淮矿物流因无足额资金支付到期债务，作为第一被告被民生银行上海分行起诉，至 2014 年 9 月 5 日，其在银行等金融机构的账户已被全部冻结。皖江物流回应，公司此前在对原董事、常务副总经理、淮矿物流公司原董事长汪晓秀的离任审计过程中，发现了该公司的应收账款存在重大坏账风险，并已经及时向安徽省证监局和省国资委做了情况报告。

2014 年 9 月 24 日，皖江物流发布"关于全资子公司淮矿现代物流有限责任公司重大信用风险事项进展情况及股票继续停牌的公告"，主要内容如下（节选）：

（一）初步查证、核实的主要情况

以 2014 年 9 月 12 日为基准日，公司内部查证、核实的初步结果如下：

1. 债权情况

淮矿物流债权总额 161.57 亿元（按债权净额反映），其中已到期债权 109.7 亿元，未到期债权 51.87 亿元。部分债权设定了担保，担保种类主要有一般保证、股权质押、生产设备抵押、个人家庭财产担保等。由于担保物的实际价值存在不确定性，法律认定上有无瑕疵也需进一步查证，故暂不能确定上述担保物是否能够实现对上述已设定担保债权的全覆盖。

2. 债务情况

淮矿物流债务总额 167.49 亿元，其中已到期债务 20.69 亿元，未到期债务 146.8 亿元。根据债权人性质将债务划分为金融类债务和非金融类债务，金融类债务总额 127.18 亿元，涉及 19 家银行，其中已到期债务 9.98 亿元，未到期债务 117.2 亿元。非金融类债务 40.31 亿元，其中已到期债务 10.71 亿元，未到期债务 29.6 亿元。

（二）公司董事会的分析及反思

淮矿物流发生重大信用风险事项，公司董事会对此表示道歉。经公司董事会分析，淮矿物流本次发生重大信用风险事项，原因有以下几个方面：

1. 外部原因

主要有三方面原因：

一是，行业下滑因素。淮矿物流经营的贸易品种单一，主要是经营钢材产品，2013 年约 332 亿元营业收入中有 90% 以上源自于钢材销售。2012 年以来，国内钢铁、钢贸行业由于产能过剩，整体持续下滑，特别是 2014 年 4 月以来，与淮矿物流合作的钢铁、钢贸客户单位资金周转出现严重困难，淮矿物流资金回笼缓慢，导致淮矿物流资金周转困难。

二是，银行过度授信。在淮矿物流资本金只有 10 亿元的条件下，银行给予的授信额度却高达 130 亿元，授信时未尽必要的审查义务。依据淮矿物流章程，淮矿物流重大筹资活动应由出资人（股东）决定，但部分银行仅凭淮矿物流董事会决议就向其提供巨额授信支持。在业务开展过程中，银行以金融创新名义，向企业推介所谓"商贸银"业务，但由于其操作流程不规范，导致风险积聚、加大、放大。据初步统计，参与淮矿物流"商贸银"业务的银行共 14 家，淮矿物流所负担的金融类债务中，绝大多数是由"商贸银"业务形成。

三是，资金市场的变化。银行等金融机构对钢贸、钢铁行业信誉失去信心，将其列入风险警示范围，并全面收缩钢铁、钢贸行业的授信贷款。淮矿物流被银行列入钢贸企业后，授信额度不断被收缩，导致淮矿物流授信额度使用率达 100%，现金流难以为继，出现到期债务违约。

2. 内部原因

在淮矿物流层面，主要包括：一是，开展业务过于冒进，在选择战略合作伙伴时，没有进行认真、细致的资信调查，没有对主要合作伙伴的运营情况进行日常监控；二是，没有采取有效的担保、抵押、质押等措施，对应收款项进行风险全覆盖；三是，由于淮矿物流原董事长汪晓秀滥用职权，致使淮矿物流内部控制体系整体失效，而且通过有意、恶意、系统隐瞒，全面切断了与母公司的信息渠道，在对淮矿物流各类内外部检查、审计时，系统性地串通舞弊，导致其所存在的问题一直没有被发现。

尽管淮矿物流的问题是通过本次对汪晓秀的离任审计时公司主动发现的，尽管淮矿物流有系统隐瞒、串通舞弊的行为，但是问题长期未被发现，仍然暴露出母公司对子公司在法人治理、内部控制、日常监管等方面存在缺陷和盲区，对此，公司董事会将认真反思，查缺补漏。

三、后续进展

在 2014 年度的财务报告中，皖江物流关于合并范围的说明文字如下（节选）：

由于原全资子公司淮矿现代物流有限责任公司（以下简称淮矿物流公司）2014 年 9 月发生债务危机，已进行重整，本公司从 2014 年 9 月末起不再将淮矿物流公司及其下属子公司淮矿现代物流（上海）有限公司（以下简称淮矿上海公司）、淮矿华东物流市场有限公司（以下简称淮矿华东物流公司）、淮矿现代物流江苏有限公司（以下简称淮矿江苏公司）、上海斯迪尔电子交易市场经营管理有限公司（以下简称斯迪尔电子公司）、上海斯迪尔钢铁有限公司（以下简称斯迪尔钢铁公司）、淮矿现代国际贸易有限公司（以下简称淮矿现代国贸公司）、淮矿现代物流信息技术有限公司（以下简称淮矿物流信息公司）8 家公司纳入合并范围。

2015 年 6 月 18 日，皖江物流发布"关于收到中国证监会《行政处罚决定书》的公告"，其中涵盖的主要事项如下：

（1）皖江物流 2012 年虚增收入 4550546404.97 元，占 2012 年年报收入的 14.05%，虚增利润 255853505.71 元，占 2012 年年报利润总额的 51.36%；2013 年虚增收入 4603540216.10 元，占 2013 年年报收入的 13.48%，虚增利润 233966308.60 元，占 2013 年年报利润总额的 64.64%。

（2）皖江物流未在 2011 年年报披露淮矿物流为华中有色、上海中望、中西部钢铁、溧阳建新制铁有限公司、溧阳昌兴炉料有限公司等公司提供 16 亿元的动产差额回购担保业务。

（3）2014 年淮矿物流向中西部钢铁等公司提供共计 2.2 亿元的最高额担保，2013～2014 年淮矿物流为江苏匡克等 8 家公司承担最高额为 13.05 亿余元的动产差额回购担保。皖江物流未按规定披露上述事项，其中 1.56 亿元动产差额回购担保事项也未在 2013 年年报中披露。

（4）2013 年皖江物流未按规定披露淮矿物流与福鹏系公司 30 亿元债务转

移情况。

2015 年 9 月 15 日，皖江物流集中公布了 2011～2014 四年的修订后的财务报告。

讨论题：

1. 对比附表皖江物流 2014 年和 2013 年的合并与母公司的资产负债表和利润表（见表 5-4 至表 5-7），可以看出公司发生哪些主要变化？

2. 对于如何有效加强对子公司的债务管理，您有何看法？

表 5-4 　　　　　　　　　　合并资产负债表（修订后）

2014 年 12 月 31 日　　　　　　　　　　单位：元

项目	附注	2014 年 12 月 31 日	2013 年 12 月 31 日
流动资产：			
货币资金	1	808453475.20	5147475512.18
结算备付金			
拆出资金			
以公允价值计量且其变动计入当期损益的金融资产			
衍生金融资产			
应收票据	2	958523666.29	4550713415.46
应收账款	3	434060176.05	4829775390.88
预付款项	4	40474491.53	6009601395.80
应收保费			
应收分保账款			
应收分保合同准备金			
应收利息	5	6873641.52	128333.33
应收股利	6		
其他应收款	7	34958377.14	37285335.52
买入返售金融资产			
存货	8	502019444.72	597001515.74
划分为持有待售的资产			
一年内到期的非流动资产	9	792059.52	792044.64
其他流动资产	10	257051436.47	57982986.29
流动资产合计		3043206768.44	21230755929.84

续表

项目	附注	2014 年 12 月 31 日	2013 年 12 月 31 日
非流动资产：			
发放贷款及垫款			
可供出售金融资产	11	200000.00	200000.00
持有至到期投资			
长期应收款			
长期股权投资	12	149919241.74	156214755.54
投资性房地产	13		2529782.46
固定资产	14	2458706922.61	2594325793.27
在建工程	15	326058617.32	240335094.58
工程物资			
固定资产清理			
生产性生物资产			
油气资产			
无形资产	16	773465080.35	839482996.14
开发支出			
商誉	17	85980524.18	125202513.38
长期待摊费用	18	8479608.33	10109488.56
递延所得税资产	19	5271893.78	62016999.13
其他非流动资产	20	470344372.14	186277003.02
非流动资产合计		4278426260.45	4216694426.08
资产总计		7321633028.89	25447450355.92
流动负债：			
短期借款	21		5062000010.45
向中央银行借款			
吸收存款及同业存放			
拆入资金			
以公允价值计量且其变动计入当期损益的金融负债			
衍生金融负债			
应付票据	22	1277568041.82	10971451717.54
应付账款	23	445012287.85	1697772571.53
预收款项	24	74637044.43	678525157.57

续表

项目	附注	2014年12月31日	2013年12月31日
卖出回购金融资产款			
应付手续费及佣金			
应付职工薪酬	25	44888210.81	58969026.85
应交税费	26	38967055.00	34307127.59
应付利息	27	59880000.02	72721060.28
应付股利			
其他应付款	28	256834893.77	48423589.61
应付分保账款			
保险合同准备金			
代理买卖证券款			
代理承销证券款			
划分为持有待售的负债			
一年内到期的非流动负债	29		259231213.29
其他流动负债			
流动负债合计		2197787533.70	18883401474.71
非流动负债:			
长期借款			
应付债券	30	1495360438.32	1493920438.34
其中: 优先股			
永续债			
长期应付款	31		66591168.35
长期应付职工薪酬			
专项应付款			
预计负债			
递延收益	32	85677529.28	85829907.24
递延所得税负债			
其他非流动负债			
非流动负债合计		1581037967.60	1646341513.93
负债合计		3778825501.30	20529742988.64
所有者权益			
股本		2884013936.00	2435295988.00
其他权益工具	33		

续表

项目	附注	2014 年 12 月 31 日	2013 年 12 月 31 日
其中：优先股			
永续债			
资本公积	34	2517815883.11	2021481201.63
减：库存股			
其他综合收益			
专项储备	35	4894820.74	4677985.06
盈余公积	36	118443174.50	118443174.50
一般风险准备			
未分配利润	37	−2109181008.38	263766490.74
归属于母公司所有者权益合计		3415986805.97	4843664839.93
少数股东权益		126820721.62	74042527.35
所有者权益合计		3542807527.59	4917707367.28
负债和所有者权益总计		7321633028.89	25447450355.92

表 5–5　　　　　　　　　　　母公司资产负债表（修订后）

2014 年 12 月 31 日　　　　　　　　　　　　单位：元

项目	附注	期末余额	期初余额
流动资产：			
货币资金		478923009.45	385215637.03
以公允价值计量且其变动计入当期损益的金融资产			
衍生金融资产			
应收票据		96029719.87	78531251.72
应收账款	1	167772478.81	154242528.45
预付款项		336913.47	492454.48
应收利息		6178510.27	
应收股利			
其他应收款	2	54630156.27	14763771.00
存货		1267943.82	2411262.32
划分为持有待售的资产			
一年内到期的非流动资产		14.88	792044.64

续表

项目	附注	期末余额	期初余额
其他流动资产		218011297.96	809757843.11
流动资产合计		1023150044.80	1446206792.75
非流动资产：			
可供出售金融资产		200000.00	200000.00
持有至到期投资			
长期应收款		570011667.55	
长期股权投资	3	981949452.60	1322390552.08
投资性房地产			
固定资产		2038700571.30	2527822120.50
在建工程		12141906.47	240335094.58
工程物资			
固定资产清理			
生产性生物资产			
油气资产			
无形资产		772900622.29	790767980.23
开发支出			
商誉		84229696.23	84229696.23
长期待摊费用		8479608.33	9308353.29
递延所得税资产			12450196.95
其他非流动资产		515.47	166277003.02
非流动资产合计		4468614040.24	5153780996.88
资产总计		5491764085.04	6599987789.63
流动负债：			
短期借款			
以公允价值计量且其变动计入当期损益的金融负债			
衍生金融负债			
应付票据			
应付账款		70544262.52	128827441.43
预收款项		494655.23	725255.76
应付职工薪酬		42788635.03	55767068.12
应交税费		33244934.29	1996569.88

续表

项目	附注	期末余额	期初余额
应付利息		59880000.02	59222620.84
应付股利			
其他应付款		233894737.41	23575916.44
划分为持有待售的负债			
一年内到期的非流动负债			259231213.29
其他流动负债			
流动负债合计		440847224.50	529346085.76
非流动负债：			
长期借款			
应付债券		1495360438.32	1493920438.34
其中：优先股			
永续债			
长期应付款			66591168.35
长期应付职工薪酬			
专项应付款			
预计负债			
递延收益		82446438.85	85829907.24
递延所得税负债			
其他非流动负债			
非流动负债合计		1577806877.17	1646341513.93
负债合计		2018654101.67	2175687599.69
所有者权益：			
股本		2884013936.00	2435295988.00
其他权益工具			
其中：优先股			
永续债			
资本公积		2492007193.32	1583746947.00
减：库存股			
其他综合收益			
专项储备		4513058.13	3874819.28
盈余公积		106109978.87	106109978.87
未分配利润		−2013534182.95	295272456.79

续表

项目	附注	期末余额	期初余额
所有者权益合计		3473109983.37	4424300189.94
负债和所有者权益总计		5491764085.04	6599987789.63

表5-6 　　　　　　　　　　合并利润表（修订后）

2014 年度 　　　　　　　　　　　　　　　　　　　单位：元

项目	附注	2014 年度	2013 年度
一、营业总收入		19318092275.38	35099092618.03
其中：营业收入	1	19318092275.38	35099092618.03
利息收入			
已赚保费			
手续费及佣金收入			
二、营业总成本		29931333113.53	34973800952.38
其中：营业成本	1	18593014600.29	34191673093.52
利息支出			
手续费及佣金支出			
退保金			
赔付支出净额			
提取保险合同准备金净额			
保单红利支出			
分保费用			
营业税金及附加	2	28637262.31	57911857.40
销售费用	3	94224354.23	119705800.14
管理费用	4	217383250.72	241951855.44
财务费用	5	388608546.26	306538017.28
资产减值损失	6	10609465099.72	56020328.60
加：公允价值变动收益（损失以"—"号填列）			
投资收益（损失以"—"号填列）	7	8800794136.42	163995.34
其中：对联营企业和合营企业的投资收益		840850.82	−1100039.67

续表

项目	附注	2014 年度	2013 年度
汇兑收益（损失以"—"号填列）			
三、营业利润（亏损以"—"号填列）		–1812446701.73	125455660.99
加：营业外收入	8	77079156.70	27033716.84
其中：非流动资产处置利得		884610.60	365503.57
减：营业外支出	9	404618308.56	2753226.44
其中：非流动资产处置损失		1626261.32	1569399.64
四、利润总额（亏损总额以"—"号填列）		–2139985853.59	149736151.39
减：所得税费用	10	123627220.07	101753828.13
五、净利润（净亏损以"—"号填列）		–2263613073.66	47982323.26
归属于母公司所有者的净利润		–2253841181.82	48651384.77
少数股东损益		–9771891.84	–669061.51

表 5-7　　　　　　　　　　母公司利润表（修订后）

2014 年度　　　　　　　　　　　　　　　　单位：元

项目	附注	2014 年度	2013 年度
一、营业收入	1	892544727.36	1013840147.28
减：营业成本	1	575305608.50	608434550.57
营业税金及附加		10859971.25	31682389.45
销售费用		79128.00	235108.30
管理费用		142552629.29	162748289.76
财务费用		79024057.95	90082402.33
资产减值损失		2352668720.63	1273036.79
加：公允价值变动收益（损失以"—"号填列）			
投资收益（损失以"—"号填列）	2	352305167.67	580681695.96
其中：对联营企业和合营企业的投资收益		840850.82	–1100039.67

续表

项目	附注	2014 年度	2013 年度
二、营业利润（亏损以"－"号填列）		−1915640220.59	700066066.04
加：营业外收入		117180200.36	8695178.29
其中：非流动资产处置利得		66252476.05	342179.04
减：营业外支出		450239967.65	1644121.33
其中：非流动资产处置损失		47399331.95	1537696.83
三、利润总额（亏损总额以"－"号填列）		−2248699987.88	707117123.00
减：所得税费用		60106651.86	42476519.70
四、净利润（净亏损以"－"号填列）		−2308806639.74	664640603.30
五、其他综合收益的税后净额			
（一）以后不能重分类进损益的其他综合收益			
1. 重新计量设定受益计划净负债或净资产的变动			
2. 权益法下在被投资单位不能重分类进损益的其他综合收益中享有的份额			
（二）以后将重分类进损益的其他综合收益			
1. 权益法下在被投资单位以后将重分类进损益的其他综合收益中享有的份额			
2. 可供出售金融资产公允价值变动损益			
3. 持有至到期投资重分类为可供出售金融资产损益			
4. 现金流量套期损益的有效部分			
5. 外币财务报表折算差额			
6. 其他			
六、综合收益总额		−2308806639.74	664640603.30
七、每股收益：			
（一）基本每股收益（元 / 股）			
（二）稀释每股收益（元 / 股）			

参考文献：

［1］曹廷求、朱博文：《银行治理影响货币政策传导的银行贷款渠道吗？——来自中国银行业的证据》，载于《金融研究》2013年第1期，107～121页。

［2］陈文婷：《新兴市场的企业集团：是典范还是寄生虫？（上）》（译文），载于《管理世界》2010年第5期，159～166页。

［3］丁培嵘、郭鹏飞：《基于行业均值的公司资本结构动态调整》，载于《系统工程理论方法应用》2005年第5期，454～457页。

［4］段云、国瑶：《政治关系、货币政策与债务结构研究》，载于《南开管理评论》2012年第5期，84～94页。

［5］方伟廉：《子公司负债与母公司财务风险、股权市值及系统风险之关联性：合并财务报表资讯价值之探讨》，台湾大学博士论文2008年。

［6］贡华章：《企业集团财务管理——中国石油财务管理与改革实践》，经济科学出版社2009年版。

［7］黄志忠、谢军：《宏观货币政策、区域金融发展和企业融资约束——货币政策传导机制的微观证据》，载于《会计研究》2013年第1期，63～69页。

［8］江曙霞、陈玉婵：《货币政策、银行资本与风险承担》，载于《金融研究》2012年第4期，1～16页。

［9］姜付秀，屈耀辉，陆正飞，李焰：《产品市场竞争与资本结构调整》，载于《经济研究》2008年第4期，99～110页。

［10］金鹏辉、张翔和高峰：《银行过度风险承担及货币政策与逆周期资本调节的配合》，载于《经济研究》2014年第6期，73～85页。

［11］靳庆鲁、孔祥和侯青川：《货币政策、民营企业投资效率与公司期权价值》，载于《经济研究》2012年第5期，96～106页。

［12］李焰，陈才东，黄磊：《集团化运作、融资约束与财务风险》，载于《管理世界》2007年第12期，117～135页。

［13］李增泉，辛显刚，于旭辉：《金融发展、债务融资约束与金字塔结构——来自民营企业集团的证据》，载于《管理世界》2008年第1期，123～135页。

［14］陆正飞，高强：《中国上市公司融资行为研究——基于问卷调查的分析》，载于《会计研究》2003年第10期，16~25页。

［15］屈耀辉：《中国上市公司资本结构的调整速度及其影响因素——基于不平行面板数据的经验分析》，载于《会计研究》2006年第6期，56~62页。

［16］饶品贵、姜国华：《货币政策波动、银行信贷与会计稳健性》，载于《金融研究》2011年第3期，51~71页。

［17］饶品贵、姜国华：《货币政策、信贷资源配置与企业业绩》，载于《管理世界》2013年第3期，12~22页。

［18］沈艺峰，肖珉，林涛：《投资者保护与上市公司资本结构》，载于《经济研究》2009年第7期，131~142页。

［19］苏冬蔚、曾海舰：《宏观经济因素与公司资本结构变动》，载于《经济研究》2009年第12期。

［20］王皓，赵俊：《资本结构动态调整模型——沪深股市的实证分析》，载于《经济科学》2004年第3期，54~62页。

［21］王正位，赵冬青，朱武祥：《资本市场摩擦与资本结构调整——来自中国上市公司的证据》，载于《金融研究》2007年第6期，109~119页。

［22］王志强，洪艺珣：《中国上市公司资本结构长期动态调整》，载于《会计研究》2009年第6期，50~57页。

［23］肖作平：《资本结构影响因素和双向效应动态模型——来自中国上市公司面板数据的证据》，载于《会计研究》2004年第2期，36~41页。

［24］俞红海，徐龙炳，陈百助：《终极控股股东控制权与自由现金流过度投资》，载于《经济研究》2010年第8期，103~114页。

［25］张会丽、陆正飞：《控股水平、负债主体与资本结构适度性》，载于《南开管理评论》2013年第5期，142~151页。

［26］祝继高、陆正飞：《货币政策、企业成长与现金持有水平变化》，载于《管理世界》2009年第3期，152~158页。

［27］Almeida, H. and D. Wolfenzon. Should business groups be dismantled? The equilibrium costs of efficient internal capital markets, Journal of Financial Economics 2006, 79 (1): 99-144.

［28］Baker M. and J. Wurgler. Market timing and capital structure. Journal of

Finance 2002, 57 pp. 1-32.

［29］Belenzon, S. and T. Berkovitz. Innovation in business groups, Management Science2010, 56(3):519-535.

［30］Berk, J.B., R. Stanton, and J. Zechner. Human capital, bankruptcy, and capital structure. The Journal of Finance 2010, 65, 891-926.

［31］Byoun, S. How and when do firms adjust their capital structures toward target? Journal of Finance 2008, 6:3069-3096.

［32］Chemmanur, T. J. and John, K., Optimal Incorporation, Structure of Debt Contracts, and Limited-Recourse Project Financing, Journal of Financial Intermediation 1996, 5(4): 372-408.

［33］Cook, D.O. and T. Tang. Macroeconomic conditions and capital structure adjustment speed. Journal of Corporate Finance 2010, 16(1):73-87.

［34］Fier, S. G., Mccullough, K. A. and Carson, J. M., Internal Capital Markets and the Partial Adjustment of Leverage, Journal of Banking & Finance 2013,37(3): 1029-1039.

［35］Flannery, M. J., Houston, J. F. and Venkataraman, S., Financing Multiple Investment Projects, Financial Management 1993, 22(2): 161-172.

［36］Gertner, R. H., Scharfstein, D. S. and Stein, J. C., Internal Versus External Capital Markets, Quarterly Journal of Economics 1994, 109(4): 1211-1230.

［37］Graham, J., Harvey, C., The theory and practice of corporate finance: evidence from the field. Journal of Financial Economics 2001, 60:187-243.

［38］Grossman, S.J. and O. Hart, Corporate financial structure and managerial incentives. In: J. McCall, Editor, The Economics of Information and Uncertainty, University of Chicago Press, Chicago. 1982.

［39］Huizinga, H., L. Laeven, G. Nicodeme, Capital structure and international debt shifting. Journal of Financial Economics 2008, 88: 80-118.

［40］Jensen, M. C. and W. H. Meckling, Theory of the firm: managerial behavior, agency costs and ownership structure, Journal of Financial Economics 1976, 3(4): 305-360.

［41］Jensen, M. C., Agency Cost of Free Cash Flow, Corporate Finance, and

Takeovers, American Economic Review, 1986,76(2): 323-329.

［42］John, T. and John, K., Optimality of Project Financing: Theory and Empirical Implications in Finance and Accounting, Review of Quantitative Finance and Accounting 1991, 1(1): 51-74.

［43］Jong, A., T. T. Nguyen, V. Dijk, A. Mathijs, Strategic Debt : Evidence from Bertrand and Cournot Competition, SSRN Working Paper. 2007 ,

［44］Kahn, C. and Winton, A., Moral Hazard and Optimal Subsidiary Structure for Financial Institutions, The Journal of Finance 2004, 59(6): 2531-2575.

［45］Khanna, T., and Y. Yafeh, Business Groups in Emerging Markets: Paragons or Parasites? Journal of Economic Literature 2007,45: 331-372.

［46］Kisgen, D.J., Do firms target credit ratings or leverage levels? Journal of Financial and Quantitative Analysis 2009, 44(6):1323-1344.

［47］Kolasinski, A. C., Subsidiary debt, capital structure and internal capital markets, Journal of Financial Economics 2009,94(2): 327-343.

［48］Korajczyk, R.A., A. Levy, Capital structure choice: macroeconomic conditions and financial constraints, Journal of Financial Economics 2003, 68: 75-109.

［49］Leary, Mark T., and Michael R. Roberts, Do firms rebalance their capital structures? Journal of Finance 2005,60: 2575-2619.

［50］Lemmon, M.L., M.R. Roberts, J.F. Zender, Back to the beginning: persistence and the cross-section of corporate capital structure, The Journal of Finance 2008, 63: 1575-1608.

［51］Lim, E.N., S.S. Das, and A. Das. Diversification strategy, capital structure, and the Asian financial crisis (1997-1998): Evidence from Singapore firms, Strategic Management Journal 2009, 30:577-594.

［52］Lyandres,E., Capital Structure and Interaction among Firms in output Markets : Theory and Evidence, Research paper , 29th annual meeting of European Finance Association , Berlin , 2002.

［53］Mackie-Mason, J.K. Do taxes affect corporate financing decisions?, Journal of Finance 1990, 45: 1471-1493.

［54］Matsa, D.A. Capital structure as a strategic variable: evidence from collective bargaining, The journal of Finance 2010, 65(3): 1197-1232.

［55］Modigliani, F. and M. H. Miller, The Cost of Capital, Corporation Finance and the Theory of Investment, American Economic Review 1958,48(3): 261-97.

［56］Myers, S.C. Determinants of corporate borrowing. Journal of Financial Economics 1977, 5: 147-175.

［57］Myers，S.C. and N.S. Majluf. Corporate financing and investment decisions when firms have information the investors do not have, Journal of Financial Economics 1984, 13: 187-221.

［58］Myron, B. S. and M. E. Sushka, The implications of equity issuance decisions within a parent-subsidiary governance structure, The Journal of Finance 1997, 52(2): 841-857.

［59］Nanda, V., On the Good News in Equity Carve-Outs, The Journal of Finance 1991, 46(5): 1717-1737.

［60］Noe, T. H., Creditor Rights and Multinational Capital Structure, Working Paper, 1998.

［61］Rajan, R., Servaes, H. and Zingales, L. The Cost of Diversity: The Diversification Discount and Inefficient Investment, The Journal of Finance 2000,55(1): 35-80.

［62］Richardson, S., Over-Investment of Free Cash Flow, Review of Accounting Studies, 2006, 11(2-3): 159-189.

［63］Roberts, M.R., A. Sufi. Control rights and capital structure: an empirical investigation, The Journal of Finance 2009, 64(4):1657-1695.

［64］Scharfstein, D. S. and Stein, J. C. The Dark Side of Internal Capital Markets: Divisional Rent-Seeking and Inefficient Investment, The Journal of Finance 2000, 55(6): 2537-2564.

［65］Scott , J . H. A Theory of Optimal Capital Structure, Bell Journal of Economics 1976. 6: 33-53.

［66］Slovin, M. B. and Sushka, M. E. The Implications of Equity Issuance Decisions within a Parent-Subsidiary Governance Structure, The Journal of Finance 1997, 52(2):841-857.

［67］ Stein, J. C. Internal Capital Markets and the Competition for Corporate Resources, The Journal of Finance 1997, 52(1):111-133.

［68］ Titman, S., S. Tsyplakov. A dynamic model of optimal capital structure, Review of Finance 2007, 11: 401-451.

［69］ Tucker, J., E. Stoja Long and Short Run Capital Structure Dynamics in the UK: An Industry Level Study, SSRN Working paper., 2007.

［70］ Vijh, A. M. Does a Parent–Subsidiary Structure Enhance Financing Flexibility?, The Journal of Finance 2006, 61(3): 1337-1360.

第 6 章

集团企业的股利政策 [1]

6.1 引言

　　上市公司适度分红，是保护投资者利益的一个重要体现。证监会于 2008 年 10 月出台规定再次提高上市公司申请再融资时现金分红的标准，将原征求意见稿中"现金或股票分红"缩减为单纯的"现金分红"，规定"最近三年以现金方式累计分配的利润不少于最近三年实现的年均可分配利润的 30%"[2]。这一规定就是为了防止上市公司只圈钱而不分红或少分红，从而损害投资者利益。拉波特等（La Porta et al., 2000）和法西奥等（Faccio et al., 2001）研究认为现金股利是保护中小投资者的一种机制。邓建平等（2007）也认为支付现金股利是股东之间利益共享的行为。但是，上市公司如果过度分红，同样也可能有损投资者利益。李和肖（Lee and Xiao, 2003）认为控股股东可能通过高额的现金股利分派侵害中小股东利益。陈信元等（2003）研究发现，高额现金股利并没有提高公司的价值，主要原因在于现金股利可能是大股东转移资金的工

---

　　① 本章主要参考了下列论文：陆正飞、王春飞、王鹏：《激进股利政策的影响因素及其经济后果》，载于《金融研究》2010 年第 6 期。

　　② 证监会在 2001 年 5 月发布《中国证监会发行审核委员会关于上市公司新股发行审核工作的指导意见》规定"发行审核委员会审核上市公司新股发行申请，应当关注公司上市以来最近三年历次分红派息情况，特别是现金分红占可分配利润的比例，以及董事会关于不分配所陈述的理由"。2006 年 5 月 8 日《上市公司证券发行管理办法》第八条第（五）项"最近三年以现金或股票方式累计分配的利润不少于最近三年实现的年均可分配利润的百分之二十"。2008 年 10 月 9 日修改为："最近三年以现金方式累计分配的利润不少于最近三年实现的年均可分配利润的百分之三十"。

具，并没有反映中小投资者的利益与意愿，邓建平和曾勇（2005）、袁天荣和苏红亮（2004）与周县华和吕长江（2008）也得出了相同的研究结论。

在以往的研究中多以利润为基础来定义过度分红或股利政策的激进程度。但是，陆正飞和张会丽（2009）研究发现2007年新会计准则要求公司同时披露母公司报表和合并报表，合并财务报表中归属于母公司股东的净利润（以下简称"合并报表净利润"）和母公司报表净利润之间的差异（以下简称"合并—母公司净利润差异"）较以往显著增大。

由图6-1（陆正飞和张会丽，2009）可以看出，受新准则实施的影响，合并报表净利润与母公司报表净利润相等即Diff=0的观测数占全部观测数之比在2007年出现大幅度下降，即由2006年的28.04%下降至2007年的3.48%；与此同时，合并报表净利润大于母公司报表净利润即Diff>0的观测数占全部观测数之比在2007年出现大幅度上升，即由2006年的42.81%上升至2007年的65.22%。这主要是由于新准则下的合并—母公司净利润差异包含了归属于母公司股东的子公司当期已实现而未分配的净利润。在新准则实施严重扩大了"合并—母公司净利润差异"的情况下，衡量公司股利政策是否激进，就不能简单依据分红比例，而应该首先观察公司究竟是以母公司报表净利润还是合并报表净利润作为股利分派基础的。这是因为，在合并报表净利润与母公司报表净利润差异很大的情况下，如果选择其中的较高者作为分配基础，即便看起来分配比例很正常的，但事实上所分配的股利占合并报表净利润与母公司报表净

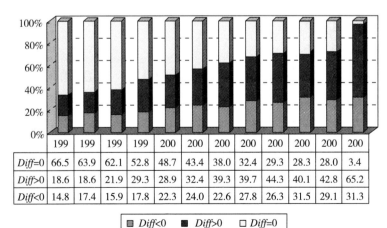

	199	199	199	199	200	200	200	200	200	200	200	200
Diff=0	66.5	63.9	62.1	52.8	48.7	43.4	38.0	32.4	29.3	28.3	28.0	3.4
Diff>0	18.6	18.6	21.9	29.3	28.9	32.4	39.3	39.7	44.3	40.1	42.8	65.2
Diff<0	14.8	17.4	15.9	17.8	22.3	24.0	22.6	27.8	26.3	31.5	29.1	31.3

■ *Diff*<0　■ *Diff*>0　□ *Diff*=0

图6-1　合并—母公司净利润差异符号的年度频率分布

利润中较低者的比例就可能是过大的，甚至超过 100%。例如，假设某公司合并报表净利润为 10 亿元，母公司报表净利润为 4 亿元，若该公司选择以合并报表净利润为分配基础，分红率为 50%，即分派 5 亿元股利，其占母公司报表净利润的比例即高达 120%；反之亦然。因此，本章认为，公司只有依照合并报表净利润与母公司报表净利润两者孰低原则进行股利分配，才是稳健的股利政策；否则，便是激进的股利政策。

本章试图在重新定义"激进股利政策"的基础上，研究公司采取激进股利政策的影响因素及其经济后果。研究发现，一股独大和内部人控制是激进股利政策的主要原因；董事会成员在股利政策选择时也存在自利性行为；受股利信号作用和信息不对称的影响，"合并—母公司净利润差异"与公司采取激进股利政策之间表现出 U 型关系；公司采取激进股利政策可能会导致其债务成本增加。此外，激进的股利政策不受市场欢迎，其累计超额回报显著为负。

6.2 集团企业股利政策的理论分析

6.2.1 历史经验

公司财务学者一直致力于探索理想的股利政策模式。现代股利政策理论以莫迪利亚尼和米勒（Modigliani and Miller, 1961）的股利无关论（MM 理论）为开端。此后，众多的经济学家沿着莫迪利亚尼和米勒（简称 MM）开创的研究路线进行了更为深入的研究，通过放松 MM 的假设条件从不同角度提出了不同的股利政策理论观点。

（1）股利无关论

莫迪利亚尼和米勒（1961）的股利无关论认为，在完美市场、无公司和个人所得税、投资者理性行为、投资者对未来投资机会和利润完全有把握等假定条件下，股利政策不会对企业的价值或股票价格产生任何影响，股利政策与企业价值不相关，一个公司的股价完全是由其投资决策所决定的获利能力所影响的，而非决定于公司的盈利分割方式（亦即股利政策）。MM 认为通过套利行为可以使整个资本市场在任何一个阶段、任何一种股票的投资报酬率都相同。该理论的缺陷在于忽视了资本市场的交易费用、未能正视股东与管理层的利益分野和资本市场的信息不对称等种种现实。MM 理论所隐含的完美市场假设与现实的不一致为后续研究留下了诸多空间。股利政策研究的关键在于如何认识现实市场与理想市场的差别，即现实市场的不完美之处。

（2）股利信号理论

林特纳（Lintner, 1956）发现经理们表现出"不愿意降低已经建立起来的成为成规的股利水平，同时在提高已经成为成规的股利水平上也趋于保守"。股利信号理论认为股利是管理当局向外界传递其掌握的内部信息的各种手段中成本最低的，如果管理层预计到公司的发展前景良好，未来业绩有大幅度增长时，就会通过增加股利的方式将这一信息及时告诉股东和潜在的投资者，反之亦然。该理论认为基于不对称信息的市场不完美是解释股利政策的基础，认为管理当局与企业外部投资者之间存在着信息不对称。股利是一种较好的信号传递模式，可以向投资者传递有关企业持久盈利的信息。投资者可以根据自己对公司股利政策的理解，来修正对企业持久盈利的预期；股利变化传递给投资者信息，股利在现代资本市场中可以帮助投资者克服信息的不对称性。

（3）追随者效应理论

追随者效应（Clientele Effect）理论是对传统股利理论之一——税差理论的进一步发展，也可以说是广义的税差学派。它放松了MM理论关于无税收和交易成本不存在的假设，考虑机构投资者的投资限制，这些都导致不同客户对股利需求的不同偏好，而投资者对公司制定的股利政策不满意时，可以通过买卖证券来满足自己的当前收益要求。公司应根据不同投资者的特点调整其股利政策，保证公司股票价格的稳定，最终形成不同纳税等级的股东聚集在满足各自偏好的股利政策的现象，即形成"追随者效应"。艾伦（Allen at al., 2000）发展了追随者效应理论，认为公司支付股利是为了吸引机构投资者，因为机构投资者的信息优势、监督能力和便于接管的优势可以提升公司价值，而机构投资者偏好股利的原因，一方面是作为受托人的机构投资者往往遵循"谨慎人原则"投资于"保守型"股票，而平稳的股利支付和盈利记录被认为是"保守型"股票的指示器；另一方面是机构投资者往往享有股利的税收优惠。

（4）代理理论的解释

第一，大股东与中小股东的利益冲突。在大股东与中小股的代理问题中，合理的现金股利支付可以使得股东共享公司发展的成果，现金股利支付有利于保护中小股东的利益（La Porta et al., 2000）。邓建平等（2007）研究认为现金股利是股东之间利益共享的行为，是保护中小投资者的一种机制（Faccio et al., 2001）。但也有研究表明，不恰当的现金股利政策可能成为大股东掏空上市公司的工具。在转型经济的中国，大股东侵占小股东利益是一种较为普遍的现象，而现金股利则是利益侵占的一种重要的手段。通常而言，大股东所持有的股份为非流通股，而且大部分的非流通股由大股东持有（叶康涛，2003；王乔和章卫东，2005；Huang et al., 2011）。由于所持股份不能流通变现，因此现金分红成为其取得回报、收回投资的重要手段。魏刚和蒋义宏（2001）研究发现，国家股比例越高，现金股利的支付水平越高；流通股比例越高，现金股利的支付水平越低。袁天荣和苏红亮（2004）研究发现，超派现能力与大股东持股比例显著正相关。陈信元等（2003）发现高额现金股利并没有提高公司的价值，主要原因在于现金股利可能是大股东转移资金的工具，并没有反映中小投资者的利益与愿望。周县华和吕长江（2008）以驰宏锌锗在股权分置改革过程为研究对象，考察了其中进行的股利分配过程，认为其有严重侵占中小股东利益之嫌。在此之后，许多学者也多将不恰当现金股利理解为控股股东转移上市公司资源，侵害小股东利益的一种手段（余明桂和夏新平，2004；吕长江和周县华，2005；周县华和吕长江，2008）。在国内，由于大股东通过金字塔结构进行控股，使得公司控制权与现金流权分离程度加大，现金留存在企业内部大股东可以通过较高控制权实现其私利。通常股利政策由公司股东大会决定，由于小股东参与度不高，上市公司多年"一毛不拔"或过度分红现象普遍，现金股利政策很难达到其治理目的。

第二，股东与经理人的代理冲突。在国内，国有企业是经济体中重要的组成部分，但是由于国企承担了政策性负担，其内部人在"所有者虚位"和信息不对称的情况下会产生严重的道德风险，国有企业内部人控制较为严重，股东与经理人的代理冲突普遍存在。在股东与经理人的代理问题中，现金股利可以减少管理者滥用自由现金流进行过度投资，适度的现金股利的支付可以降低公司自由现金流的水平，从而可以降低经理人过度投资和帝国构建的可能，进而缓解代理冲突（Jensen, 1986）。企业的留存收益是管理者投资扩张或过度投资的主要资金来源，由于企业管理层对内部资金使用有较大的自主权，我们可以合理预期，理性的管理层会选择少支付或不支付现金股利，而将留存更多的现金在企业内部。

第三，股东与债权人的利益冲突。史密斯和沃纳（Smith and Warner，1979）研究发现债务合同都会规定企业的现金股利的上下限。凯拉（Kalay，1982）也发现债务合同对公司的股利支付行为会存在约束。传统公司财务理论认为，股东和债权人之间存在利益冲突，管理者会寻求高风险项目最大化股票价值，最后导致债权人承担了额外的风险。由于现金股利支付，公司资产的流动性明显降低，可能增加公司债务违约可能性，进而增加公司的债务融资成本；但是，也可能由于股利支付使公司治理改善，比如，由于股利支付执行减少的公司的自由现金流的持有水平，从而降低了公司过度投资的可能性，或者由于分红可以降低大股东与中小股东之间的利益冲突，从而最终降低公司债务融资的成本。

（5）股利生命周期理论

生命周期理论是由迪安杰罗等（DeAngelo et al., 2006）提出并发展的，也称作包含生命周期的代理成本理论。公司理想的股利政策取决于交易成本的节约和伴随投资机会减少而增加的代理成本的权衡。一般在企业发展的早期阶段，投资机会超过内部自制盈余，企业往往外部融资而较少股利发放，称为资本输入阶段；在后期，企业产生的内部盈余超过了外部有利的投资机会，代理问题成为第一位的因素，企业往往发放股利或回购股票以减少自由现金流浪费的机会。迪安杰罗等（2006）等发现，当保留盈余（RE）在总权益（TE 或总资产 TA）中占的比例较高时，公开交易的工业公司中支付股利的比重较高；当大部分权益是投入资本而非保留盈余时，这个比重几乎为 0。保留盈余和投入资本的综合对股利发放公司盈利能力的影响在数量上比当前盈利能力和成长机会指标要大，后两个指标是目前实证文献中主要关注的股利支付决策的决定因素。他们的全部证据都支持股利生命周期理论：公司所处的生命周期阶段可以用保留盈余和投入资本的综合变量较好的解释，相对于投入资本来说，支付股利的公司有较高的保留盈余，不支付股利的公司正好相反。

（6）行为金融假说

行为金融假说认为大众投资者的心理会通过复杂的机制影响股利政策，股利政策被看作是对公司演进过程中复杂社会经济心理的反应。其中，具有代表性的观点有：心理账户说、自我控制说、后悔厌恶理论和股利迎合理论。影响股票价格变化的潮流和时尚也会影响股利政策，因为经理人制定股利政策时往往受人们的行为和社会经济思潮的驱动（Shiller, 1990）。

第一，心理账户说。由于心理账户的存在，从而使个体在消费时产生了非替代性效应。所谓非替代性效应，是指个体会把金钱划分到不同的心理账户，而每个心理账户中的钱都具有不同的功能和用途，彼此不能替代。投资者会把资本利得和现金股利分成两个账户独立存放，并且将不同的收入来源用于不同性质的消费。在投资者眼中，现金股利是真正的所得，是用来作为每年的生活基本开支的，而资本利得却是意外之财。换言之，"现金股利账户"具有较强的风险厌恶特征，而"资本利得账户"则具有较强的风险承受能力，甚至表现为风险寻求。所以，对于投资者来说，一元的现金股利与一元的资本利得的心理感受是不一样的。

第二，自我控制说。自我控制说是由泰勒和谢夫瑞（Thaler and Shefrin, 1981）提出的。他们认为，人类的行为不可能完全理性，有些事情即便知道会带来不利后果，人们还是不能自我控制。实现自我控制的途径有两种：一种是运用个体自身顽强的意志力，另一种是求助于外在规则来约束自我。现实生活中的投资者往往求助于外在规则来限制自身的欲望。投资者将预备用于未来之需的资金购买股票，并规定只用收到的股利而非动用资本来满足当前消费所需。这种规则将大大降低对意志力的要求，从而减少可能由于意志薄弱导致损失的可能性。因此，股利政策实际上为投资者克服自我控制问题提供了一种外在的约束机制。按照这一思路，谢夫瑞（1984）推断老年人需要定期现金收益以供晚年生活，而年轻投资者则由于很难自我控制消费，会选择股利收益率较低的股票投资组合，以强迫自我储蓄。所以，投资组合的股利收益率会与投资者年龄呈正相关，而与工作所得呈负相关。

第三，后悔厌恶说。后悔厌恶理论是泰勒于1980年首先提出的，后经卡内曼和特维斯基（Kahneman and Tversky, 1982）等人的发展逐渐形成的。在不确定性条件下，投资者在作出决策时要把现时情形和他们过去遇到过的作出不同选择的情形进行对比，如果投资者认识到所作选择没能达到预期效果或者劣于其他选择，那么他就会产生后悔和遗憾心理；相反，如果投资者认为所做出的选择带来了更好的结果，他就会产生欣喜的感觉。后悔理论的核心包括以下三个定理：①被迫情形下采取行动所引起的后悔比非胁迫情形下采取行动所引起的后悔要轻微。②没有采取行动引起的后悔比实施错误行动所引起的后悔要轻微。③个体需对行动的最终结果承担责任情形下引起的后悔比无需承担责任情形下要强烈。因此，当作出错误的决策时，人们会对自己的行为感到痛苦。如果公司没有支付股利，为了支持消费，投资者需要选择卖出股票。此后，如果股票价格上升，投资者就会感到很后悔，因为他很容易地想到如果不卖出股票，将会如何改善自己的财富状况。而等待分红是投资者一种不必选择的选择，即使此后股价上升，所带来的后悔程度也会相对较小，因为此时的错误是不作为的。

第四，股利迎合理论。贝克和沃格勒（Baker and Wurgler, 2004）通过放松MM股利无关论的有效市场假定，提出了股利迎合理论。该理论有三个基本要素：①由于心理上和制度上的原因，投资者对股利的需求和偏好是十分复杂的，并且会随着时间的改变而改变；②有限套利的存在使得投资者的需求能够影响股票现价，从而造成股票价格偏离实际价值；③管理者是理性的，能够权衡当前股票被错误定价所带来的短期收益和长期运行成本之间的利弊，从而迎合投资者所好制定股利政策。贝克和沃格勒（2004）认为，投资者对股利政策偏好时常会发生变化，导致股利支付公司和非支付公司股票价格的相对变化，经理人员会迎合投资者的需要，根据股利溢价情况调整公司的股利行为。即当投资者倾向于风险回避，对支付现金股利的股票给予溢价时，管理者倾向于支付股利。反之当股利溢价为负时，管理者将不愿支付股利。除了考虑投资者情绪这一补充驱动因素外，贝克和沃格勒的迎合理论从股利供给角度对股利的出现和消失提供了新的解释，补充了传统的影响股利发放的因素如投资机会、盈利能力等解释力不足的问题，建立了股利发放与动态的资本市场的关系，追求股票当前价格的最大化驱使管理层迎合投资者的需求。

6.2.2 我们的分析

上市公司适度分红，是保护投资者利益的一个重要体现。拉波特等（2000）和法西奥等（2001）研究认为现金股利是保护中小投资者的一种机制。邓建平等（2007）也认为支付现金股利是股东之间利益共享的行为。但是，上市公司如果过度分红，同样也可能有损投资者利益。以往的研究多从利润角度来定义股利政策的激进程度。例如，伍利娜等（2003）将每股派现金额大于每股利润的公司，定义为"异常高派现"。邓建平和曾勇（2005）认为，

"非理性分红"必须同时满足以下两个条件：（1）现金分红大于当年的净利润；（2）每股现金红利大于0.1元。但是，2007年新会计准则实施后，如何从利润角度来定义激进股利政策便成了一个值得斟酌的问题。

按照我国《企业会计准则第30号——财务报表列报》和《企业会计准则第33号——合并财务报表》的规定，母公司应当既编制母公司财务报表，又编制合并财务报表。《企业会计准则第2号——长期股权投资》又规定，企业对子公司的长期股权投资在日常核算及母公司财务报表中采用成本法，但合并财务报表编制时须对子公司的长期股权投资按权益法进行调整。陆正飞和张会丽（2009）研究发现，新会计准则实施后"合并—母公司净利润差异"较以往显著增大，其主要原因在于新准则实施前后母公司对长期股权投资采用的会计政策发生了变化——新准则实施前采用权益法，新准则实施后则采用成本法。由于新准则的实施扩大了"合并—母公司净利润差异"，那么在以利润为标准定义股利政策的激进程度时，究竟应以母公司报表净利润还是合并报表净利润为基准呢？本书认为，稳健的股利政策应该是：（1）当母公司报表净利润大于合并报表净利润时，稳健的股利分派应以合并报表净利润为基础。假定合并抵销事项为一个常数，那么，如果母公司报表净利润大于合并报表净利润，说明子公司存在亏损。这种情况下，如果依照母公司报表净利润进行分配，就有违资本保全原则，既不利于公司长期稳定发展，也有损债权人利益，因而这样的股利政策是不稳健的。因此，在上述情形下，稳健的股利分派应以合并报表净利润为基础。（2）当母公司报表净利润小于合并报表净利润时，稳健的股利分派则应以母公司报表净利润为基础。如果母公司报表净利润小于合并报表净利润，说明子公司当年实现盈利但未分配或未全部分配。子公司的盈利虽然在法律意义上归属于母公司，但若在子公司盈利未分配的情况下，母公司依照合并报表净利润进行股利分配，就可能导致股利分派的不稳健。这是因为，子公司本年度尽管实现了盈利但并未分配或并未全部分配，如果子公司下一年度发生与上年度盈利等额的亏损，就会导致上年已实现盈利的不复存在。因此，从连续两个年度的总体情况来看，母公司的股利分配超出了其可分配利润，因而这样的股利政策也是不稳健的。此外，在子公司当年实现盈利但未分配或未全部分配的情况下，母公司依据合并报表净利润分派现金股利必然导致母公司垫付大量资金，从而也会导致母公司财务不稳健。

综合上述分析，公司只有依照合并报表净利润与母公司报表净利润两者孰低原则进行股利分配，才是稳健的股利政策；否则，便是激进的股利政策。

（1）激进股利政策的影响因素

虽然股东大会是公司法规定的股利政策的最终决定者，但事实上董事会在具体股利政策制定上具有较大的自由裁量权。尤其是，当存在实际控制人时，股利政策事实上是由实际控制人所掌控的。因此，我们主要从实际控制人和董事会特征两个角度来考察其对上市公司选择稳健抑或激进股利政策的影响。此外，我们还考虑了"合并—母公司净利润差异"等因素对上市公司股利政策选择的影响。

首先，从实际控制人角度来考虑。一般来讲，实际控制人转移资金的方式主要有两种：现金股利和关联交易。关联交易本身需要合法的基础，另外监管层对关联交易的监管也较为严格，这些都制约了控股股东利用关联交易进行现金转移。而现金股利分配只要不违反相关法律和公司章程的规定，即便对中小股东产生不利影响，监督机构也很难干预。里和肖（2003）和陈信元等（2003）认为，发放现金股利是大股东进行圈钱的重要工具。约翰逊等（2000），邓建平、曾勇（2005）和原红旗（2001）也得到了同样的研究结论。当实际控制人权力越来越大时，股利政策的激进性更有可能增加。

其次，从董事会特征角度来考虑。按照《公司法》的规定，审议批准公司的利润分配方案和亏损弥补方案是股东大会的职责，而制定公司的利润分配方案和亏损弥补方案，则是董事会的职责。在实际工作中，公司是否分配、何时分配及如何分配等首先是由董事会审议的；股东大会所能做的就是赞同或否决由董事会提出的议案。可见，董事会在公司股利政策制定中扮演着重要角色。因此，我们就需要研究董事会特征对公司股利政策的影响。切蒂和赛斯（Chetty and Saez, 2005）与袁天荣和苏红亮（2004）研究认为，自利的委托人和代理人都有可能会影响公司的股利政策。董事在股利政策的选择中可能存在自利性行为，因此董事持股数量越大，公司采取激进股利政策的可能性越大。如果董事会内部人控制比较严重，比如董事长与总经理同为一人，公司更有可能采取激进的股利政策。

最后，从"合并—母公司净利润差异"角度来分析。为了行文方便我们假定 π_H 和 π_L 分别为母公司报表净利润和合并报表净利润两者之中的较大值和较小值，则（$\pi_H - \pi_L$）为"合并—母公司净利润差异"。当（$\pi_H - \pi_L$）比较小时，小股东在再融资过程中要求的不确定性补偿也比较小，可以获得较高的发行价格，所以融资成本比较低，未必需要留存太多的利润。在公司治理结构中，独立董事作为中小股东利益的代表，如果公司采取激进股利政策使公司财务趋于不稳健，会使独立董事面临更大的风险，所以其也会关注公司股利政策的选择。在（$\pi_H - \pi_L$）比较小的情况下，公司管理层没有必要刻意在合并报表净利润和母公司报表净利润之间进行选择，而独立董事也不会太在意公司选择何者作为分配依据。所以，此时公司采取激进股利政策的可能性比较大。

随着（$\pi_H - \pi_L$）的逐步扩大，小股东再融资时要求的不确定性补偿加大，从而融资的成本增加，表现为较低的发行价格和较高的融资成本或发行更多的股份数来融资，此时就需要更多的利润留存，从而降低股利支付的水平。此外，随着（$\pi_H - \pi_L$）的扩大，独立董事也会对管理层的选择越发关注，此时采取激进股利政策的协调成本加大。所以，公司采取激进股利政策的可能性比较小。

随着（$\pi_H - \pi_L$）的进一步扩大，股利政策有利于传递未来公司盈利的信号，可以减轻由于（$\pi_H - \pi_L$）过大所带来的信息不对称问题，股利的信号作用价值比较大，所以此时公司会加大股利的支付。此外，相对于与独立董事的协调成本而言，公司削减股利可能传递未来盈利下降的信号会引起股价波动，上市公司不分股利或少分股利所带来的成本更大。所以，此时采取激进股利政策的可能性比较大。

（2）激进股利政策的经济后果

首先，从债务成本角度来考虑。罗伯茨和苏菲（Roberts and Sufi, 2007），尼尼（Nini et al., 2009）与布罗克曼和邱纳德（Brockman and Unlu, 2009）的研究表明，当市场上有信号表明借款人信用状况或者偿债能力在下降时，债权人会在借款合同当中对这部分风险要求补偿，比如通过增加借款利率以及其他一些限制性的财务条款等方式。作为债务人的公司若采取激进股利政策，债权人就可能调高该债务人的风险评估等级，从而导致债务成本的提高。所以，从横截面来看，采取激进股利政策的公司可能会比不采取激进股利政策的公司债务成本高。

其次，从市场反应角度来分析。激进的股利政策更多体现了实际控制人的利益和意愿，是损害中小股东利益的行为，市场应该能识别这种利己主义行为。激进的股利政策可能不受市场欢迎，也就是说市场对激进股利的反应应该是负面的。

6.3 我们的研究发现

6.3.1 描述性统计的结果

从表 6-1 的统计结果来看，大约有 11% 的公司选择了激进的股利政策。母公司报表与合并报表每股净利润的平均差异为 0.15。实际控制人平均所有权比例为 33%，从董事会特征来分析，董事持股总数的对数平均为 7.99；两权合一的情况占 16% 左右，独立董事占董事会成员的比例为 36% 左右。有 15% 的公司有动机保持股利政策稳定；样本中最终控制人为国有性质（state）的企业占 67%。而公司债务的平均利息率（Interest）为 5% 左右；累计超额回报（Car）平均值为 0.010117。

表 6-1   主要变量描述性统计

变量	N	均值	标准偏差	最小值	中位数	最大值
mexcess	1053	0.11	0.31	0	0	1
Diff	1053	0.15	0.26	0	0.06	3.55
sqDiff	1053	0.09	0.52	0	0.00	12.63
CTRLSHR	1053	33.38	17.32	0	32	86.71
DirShr	1053	7.99	7.02	0	9.79	20.63
CEO	1053	0.16	0.36	0	0	1
rInde	1053	0.36	0.04	0.14	0.33	0.67
Bsize	1053	9.46	1.95	2	9	18
sqbsize	1053	93.27	40.13	4	81	324
stable	1053	0.15	0.36	0	0	1
LEVEL	1053	0.45	0.17	0.02	0.46	0.92
M/B	1053	2.03	1.12	0.90	1.71	10.31
Size	1053	21.30	1.35	18.18	21.17	28.00
Interest	663	0.054534	0.041886	−0.02858	0.056178	0.145099
Am	663	0.288279	0.169521	0.03129	0.270489	0.625443
ROA	663	0.045123	0.059955	−0.23633	0.037923	0.3999
FcF	663	0.061715	0.091221	−0.39346	0.060744	0.423061
State	663	0.675716	0.46846	0	1	1

续表

变量	N	均值	标准偏差	最小值	中位数	最大值
Car	1037	0.010117	0.130629	−0.76082	0.005252	0.603081

变量定义：

mexcess（激进的股利政策）：我们将上市公司当年分配的现金股利大于母公司报表净利润或者合并报表净利润定义为激进的股利政策。如果上市公司存在激进的股利政策设为1，否则为0。

CtrlShr（实际控制人的所有权）：是指实际控制人通过一致行动、多重塔式持股、交叉持股等方式拥有的上市公司的所有权。所有权计算采用拉波特，洛佩兹和施莱费尔（La Porta, Lopez-de-Salines, Shleife, 1999）的计算方法，即将实际控制人与上市公司股权关系链每层持有比例相乘或实际控制人与上市公司每条股权关系链每层持有比例相乘之总和。

DirShr（董事持股数）：所有董事持股总数的对数。

CEO（董事长和总经理同为一人）：同为一个人设为1，否则为0。

rInde（独立董事的比例）：独立董事人数／董事会人数。

Bsize（董事会规模）：董事会总人数，其中包括独立董事。

Sqbsize（董事会规模的平方）：董事会规模的平方。

Diff（每股合并—母公司利润差异）：合并—母公司净利润差异取绝对值除以总股本数。

sqDiff（Diff 的平方）：Diff 的平方。

Interest（本年借款利息率）：本年借款利息率＝财务费用／（本年短期借款年末余额＋本年长期。借款年末余额＋本年应付债券年末余额＋一年内到期的长期借款年末余额）。

Roa（企业盈利能力）：净利润／总资产。

Am（固定资产比例）：衡量担保能力固定资产／总资产。

FcF（经营活动现金流量）：经营活动现金流量／总资产。

Stable（保持股利政策的稳定性）：存在以下三种情况之一，我们认为其股利政策是稳定的：（1）如果上年每股现金股利与本年相同；（2）如果上年派发的现金股利占合并报表中归属于母公司股东的净利润的比率与本年度的差异在 0.01 以内；（3）如果上年派发的现金股利占母公司报表的净利润比率与本年度的差异在 0.01 以内；如果公司股利政策是稳定的，stable 为 1；否则为 0。

M/B（市值 / 账面价值）：（流通股 × 年末收盘价 + 非流通股权 × 每股净资产 + 债务账面价值）/ 合并报表资产账面价值。

Level（资产负债率）：合并报表总债务 / 合并报表总资产。

Size（公司规模）：合并报表主营业务收入的自然对数。

State（实际控制人的性质）：国有为 1，非国有为 0。

6.3.2　多元回归结果

（1）激进股利政策影响因素

第一，实际控制人的所有权。实际控制人的所有权（CTRLSHR）与激进股利政策（mexcess）的回归系数为 0.0103，且在 10% 的水平下显著，说明实际控制人的所有权越大，公司采取激进股利政策可能性越大。即 H1 成立。

第二，董事会特征。董事会成员持股数（DirShr）与激进的股利政策（mexcess）的回归系数为 0.0331，且在 5% 水平下显著，说明董事在股利政策的选择时存在自利性行为；而董事会两职合一（CEO）与预期的也基本一致，即内部人控制的程度越高，公司采取激进股利政策的可能性越大。即 H2a 和 H2b 成立。

第三，母公司报表与合并报表每股净利润的差异。母公司报表与合并报表每股净利润的差异一次项系数为 –2.3208，二次项系数为 0.4518，而且分别在 1% 和 10% 水平下显著，从计量角度可以认为"合并—母公司净利润差异"与激进股利政策之间的 U 型关系存在。即 H3 成立。

（2）激进股利政策的经济后果

第一，激进股利政策对债务成本的影响。公司上年采取激进股利政策（mexcess t–1）与本年借款利息率（interest）的回归系数为 0.00942，且在 10% 的水平下显著；说明上年采取激进股利政策的公司要比不采取激进股利政策的公司债务利息率高，即 H4 成立。此外，总资产收益率（ROA）与本年借款利息率显著负相关和资产负债率（Level）与本年借款利息率显著正相关，说明业绩越好或债务水平越低，公司的借款成本越小；最终控制人的性质（State）与本年借款利息率显著负相关，说明国有企业的借款成本小于民营企业；控制变量的结论和以往研究基本一致。回归结果中各个变量的 VIF 值都小于 2，说明变量之间的共线性问题并不严重。

第二，激进股利政策的市场反应。激进股利政策与市场累计超额回报之间显著负相关，说明投资者可能不欢迎公司超过自身的财务能力进行股利分配。该结论也从另一个侧面支持了公司采取激进股利政策可能不是以全体投资者利益最大化为目标，更多的是为了公司内部人的利益。

6.4　结语

本章利用我国"双重披露制"下合并报表净利润与母公司报表净利润的差异信息，重新定义了"激进股利政策"。由于子公司盈利状况以及子公司股利分配政策，很大程度上决定了母公司报表净利润和合并报表净利润之间差异的程度，因此，上市公司股利分派基础的确定只有遵循母公司报表净利润和合并报表净利润两者孰低原则，股利政策才是稳健的。在此定义的基础上，我们从实际控制人和董事会特征以及"合并—母公司净利润差异"的角度分析我国上市公司采取激进股利政策的影响因素及其经济后果。研究发现，一股独大和内部人控制是激进股利政策的主要原因；董事会成员在股利政策选择时也存在自利性行为；受股利信号作用和信息不对称的影响，"合并—母公司净利润差异"与公司采取激进股利政策之间表现出 U 型关系；公司采取激进股利政策可能会导致其债务成本增加。此外，激进的股利政策不受市场欢迎，其累计超额回报显著为负。

万向德农股份有限公司（600371）股利支付 [1]

一、公司简介

公司从事的主要业务为玉米杂交种子研发、生产、销售。2012 年，公司控股子公司北京德农种业有限公司获得农业部颁发的首批育繁推一体化企业

---

[1] 参考资料：万向德农股份有限公司（600371）董事会临时公告、年度财务报告。

《农作物种子经营许可证》。作为全国种子行业的龙头企业之一，公司在玉米种业的市场占有率、销售规模等方面均处于行业前列。北京德农种业有限公司被北京市农业局、北京市科委等联合授予"北京市农业产业化重点龙头企业"荣誉称号；被中国种子协会评为"中国种子行业 AAA 级信用企业"；被北京种子协会评为"北京市种子行业五星级信用企业"。公司以控股子公司北京德农为主业平台，以县级代理为纽带，强化对重点市场的营销管理，并在坚持产品分级定位的基础上，强化种子品质，提高种子附加值和销售卖点，形成高质高价的品牌形象，加快提高新品种销量比重和向"按粒计价"转型。

二、股权结构

鲁冠球通过万向三农有限公司（持股95%）持有万向德农股份有限公司48.76% 股权，持有河北承德露露股份有限公司 40.68% 股权；通过万向集团公司（鲁冠球持股 80%）持有万向钱潮股份有限公司 51.53% 股权，持有顺发恒业股份公司 68.87% 股权。2014 年和 2015 年的持股情况分别如表6-2 和表6-3 所示。

表 6-2　　　　　　　　　　　2015 年报

排名	股东名称	持股数量（股）	占总股本比例（%）	股本性质
1	万向三农集团 有限公司	109730873	48.76	A 股流通股
2	高雅萍	4878535	2.17	A 股流通股
3	中国证券金融股份 有限公司	1896340	0.84	A 股流通股
4	鹏华价值优势 混合型基金	1466746	0.65	A 股流通股
5	广发期慧 1 期资产 管理计划	1325430	0.59	A 股流通股
6	刘金娥	1208781	0.54	A 股流通股
7	华融·汇盈 32 号 单一资金信托	1139699	0.51	A 股流通股
8	傅品雨	1043700	0.46	A 股流通股
9	季爱琴	982930	0.44	A 股流通股
10	申银万国元亨 一号计划	970041	0.43	A 股流通股
	合计	124643075	55.39	

表 6-3 2014 年报

排名	股东名称	持股数量（股）	占总股本比例（%）	股本性质
1	万向三农集团有限公司	99755339	48.76	A 股流通股
2	文美月	860301	0.42	A 股流通股
3	赵礼	639011	0.31	A 股流通股
4	陈金玉	475007	0.23	A 股流通股
5	陈小六	428400	0.21	A 股流通股
6	上海朴道瑞富投资管理中心	400000	0.2	A 股流通股
7	刘大海	386800	0.19	A 股流通股
8	徐颖	359579	0.18	A 股流通股
9	陈来兴	337634	0.17	A 股流通股
10	尹立书	337446	0.16	A 股流通股
	合　计	103979517	50.83	

三、现金分红政策的制定、执行或调整情况

2015 年 4 月 9 日，公司第七届董事会第九次会议审议通过了《公司 2014 年度利润分配预案》以 2014 年年末总股本 204600000 股为基数，用未分配利润每 10 股送红股 1 股（含税），剩余利润结转下一年度，本年度公司不进行资本公积金转增股本。

2015 年 5 月 20 日召开的公司 2014 年度股东大会批准了《公司 2014 年度利润分配预案》。

2015 年 6 月 12 日，公司第七届董事会第十二次会议审议通过了《在公司 2014 年度利润分配方案的基础上追加现金分红》的议案，追加现金分红后，公司 2014 年度利润分配方案为：以 2014 年年末总股本 204600000 股为基数，用未分配利润每 10 股送红股 1 股并派发现金 0.36 元（含税），剩余未分配利润结转下一年度，本年度公司不进行资本公积金转增股本。

2015 年 6 月 29 日召开的公司 2015 年第二次临时股东大会批准了《在公司 2014 年度利润分配方案的基础上追加现金分红》的议案。

2015 年 7 月 14 日，公司实施完成了 2014 年度利润分配。实施完成后公司总股本增加至 225060000 股。

2012 年至 2015 年利润分配情况如表 6-4 所示。

表 6-4

报告期	合并报表净利润（万元）	现金分红总额（万元）	期末未分配利润（万元）	股利支付率	收益留存率	每股股利（元）
2015 年度	623.98	585.16	7968.18	93.78	6.22	0.03
2014 年度	262.52	736.56	10499.55	280.58	—	0.04
2013 年度	−3845.54	—	10056.25			
2012 年度	8975.57	3410.00	20724.22	37.99	62.01	0.20

讨论题：

1. 结合表 6-5 和表 6-6 讨论万向德农到底是以合并报表利润还是母公司报表利润为基础来支付股利更为稳健。

2. 结合万向德农股份有限公司的股权结构分析，股利支付的背后动机。

表 6-5   合并利润表

2015 年度   单位：元

报表类型	2015 年度 合并报表	2014 年度 合并报表
营业总收入	37171.59	43819.93
营业收入	37171.59	43819.93
其他业务收入（金融类）		
营业总成本	36180.89	46301.47
营业成本	26352.59	30855.07
营业税金及附加	7.98	8.71
销售费用	3276.20	4147.90
管理费用	3857.35	4916.67
财务费用	−8.42	1579.02
资产减值损失	2695.19	4794.11
其他业务成本（金融类）		
其他经营收益	817.14	805.62
公允价值变动净收益		
投资净收益	817.14	805.62
其中：对联营企业和合营企业的投资收益	0.00	−5.71

续表

报表类型	2015 年度 合并报表	2014 年度 合并报表
汇兑净收益		
加：营业利润差额（特殊报表科目）		
营业利润差额（合计平衡项目）		
营业利润	1807.84	−1675.92
加：营业外收入	916.52	2221.23
减：营业外支出	2100.38	279.91
其中：非流动资产处置净损失	213.06	213.06
加：利润总额差额（特殊报表科目）		
利润总额差额（合计平衡项目）		
利润总额	623.98	265.41
减：所得税		2.89
加：未确认的投资损失		
加：净利润差额（特殊报表科目）		
净利润差额（合计平衡项目）		
净利润	623.98	262.52
减：少数股东损益	56.17	−180.78
归属于母公司所有者的净利润	567.81	443.30
加：其他综合收益		
综合收益总额	623.98	262.52
减：归属于少数股东的综合收益总额	56.17	−180.78
归属于母公司普通股东综合收益总额	567.81	443.30
每股收益：		
基本每股收益	0.0300	0.0200
稀释每股收益	0.0300	0.0200

表 6-6　　　　　　　　　　　　母公司利润表

2015 年度　　　　　　　　　　　　　　　　　单位：元

报表类型	2015 年度 母公司报表	2014 年度 母公司报表
营业总收入		23.07
营业收入		23.07

续表

报表类型	2015 年度 母公司报表	2014 年度 母公司报表
其他业务收入 (金融类)		
营业总成本	366.84	461.52
营业成本		
营业税金及附加	1.55	1.15
销售费用		
管理费用	343.96	485.26
财务费用	−12.07	−2.65
资产减值损失	33.40	−22.24
其他业务成本 (金融类)		
其他经营收益	3548.71	−1756.31
公允价值变动净收益		
投资净收益	3548.71	−1756.31
其中 : 对联营企业和合营企业的投资收益		
汇兑净收益		
加 : 营业利润差额 (特殊报表科目)		
营业利润差额 (合计平衡项目)		
营业利润	3181.87	−2194.77
加 : 营业外收入	325.67	1889.17
减 : 营业外支出	341.26	18.18
其中 : 非流动资产处置净损失		
加 : 利润总额差额 (特殊报表科目)		
利润总额差额 (合计平衡项目)		
利润总额	3166.27	−323.78
减 : 所得税		
加 : 未确认的投资损失		
加 : 净利润差额 (特殊报表科目)		
净利润差额 (合计平衡项目)		
净利润	3166.27	−323.78
减 : 少数股东损益		
归属于母公司所有者的净利润	3166.27	−323.78
加 : 其他综合收益		

续表

报表类型	2015 年度	2014 年度
	母公司报表	母公司报表
综合收益总额	3166.27	−323.78
减：归属于少数股东的综合收益总额		
归属于母公司普通股东综合收益总额	3166.27	−323.78
每股收益：		
基本每股收益		
稀释每股收益		

参考文献：

［1］陈信元、陈冬华和时旭：《公司治理与现金股利：基于佛山照明的案例研究》，载于《管理世界》2003 年第 8 期 118～151 页。

［2］邓建平、曾勇和何佳：《利益获取：股利共享还是资金独占》，载于《经济研究》2007 年第 4 期 112～123 页。

［3］邓建平和曾勇：《上市公司家族控制与股利决策研究》，载于《管理世界》2005 年第 7 期，第 139～147 页。

［4］陆正飞、张会丽：《会计准则变革与子公司盈余信息的决策有用性》，载于《会计研究》2009 年第 5 期，第 20～28 页。

［5］吕长江、周县华：《公司治理结构与股利分配动机——基于代理成本和利益侵占的分析》，载于《南开管理评论》2005 年第 3 期，第 9～17 页。

［6］王乔和章卫东：《股权结构、股权再融资行为与绩效》，载于《会计研究》2005 年第 9 期，第 51～56 页。

［7］魏刚、蒋义宏：《中国上市公司股利分配问卷调查报告》，载于《经济科学》2001 年第 4 期，第 79～87 页。

［8］伍利娜、高强和彭燕：《中国上市公司"异常高派现"影响因素研究》，载于《经济科学》2003 年第 1 期，第 31～42 页。

［9］叶康涛：《公司控制权的隐性收益——来自中国非流通股转让市场的研究》，载于《经济科学》2003 年第 5 期，第 61～69 页。

［10］余明桂和夏新平：《控股股东、代理问题与关联交易：对中国上市公

司的实证研究》，载于《南开管理评论》2004年第6期，第33~61页。

［11］袁天荣、苏红亮:《上市公司超能力派现的实证研究》，载于《会计研究》2004年第10期，第63~70页。

［12］原红旗:《中国上市公司股利政策分析》，载于《财经研究》2001年第3期，第33~41页。

［13］周县华、吕长江:《股权分置改革、高股利分配与投资者利益保护—基于驰宏锌锗的案例研究》，载于《会计研究》2008年第8期，第59~68页。

［14］Allen, Franklin, Antonio E. Bernardo, Ivo Welch. A Theory of Dividends Based on Tax Clienteles［J］, Journal of Finance, 2000, 55: 2499-2536

［15］Brockman and Unlu. Dividend policy, creditor rights, and the agency costs of debt,Journal of Financial Economics 2009, 92 : 276-299.

［16］Chetty and Saez. Dividend Taxes and Corporate Behavior: Evidence from the 2003 Dividend Tax Cut. Quarterly Journal of Economics 2005, 120 : 791-833.

［17］DeAngelo, H., L. DeAngelo, and R. Stulz. Dividend Policy and the earned/contributed capital mix: a test of the life-cycle theory. Journal of Financial Economics 2006, 81 : 227-254.

［18］Faccio, M., L. Lang, H. P. and Young, L. Dividends and Expropriation. American Economic Review, 2001, 91, 54-78.

［19］Huang, J. J., Shen, Y. and Sun, Q. Nonnegotiable Shares, Controlling Shareholders, and Dividend Payments in China. Journal of Corporate Finance, 2011, 17, 122-133.

［20］Jensen, Michael, and William Meckling. Theory of the firm: Managerial behavior, agency costs, and capital structure. Journal of Financial Economics. 1976, vol. 3, pp.305-360.

［21］Johnson, La Porta and Lopez-de-Silanes. Tunneling. American Economic Review 2000, 90: 22-27.

［22］Kahneman, D.,and Tversky, A. The psychology of preferences. Scientific American, 1982, 246:167-173

［23］Kalay, A. Stockholder-Bondholder Conflict and Dividend Constraints. Journal of Financial Economics, 1982. vol. 10(2), pp. 211-233.

［24］La Porta, R., Lopez-de-Silanes, F. Shleifer, A. and Vishny, R., Agency Problems and Dividend Policies around the World. Journal of Finance, 2000,55, pp.1-33.

［25］Lee, C.W. J. and Xiao, X. Cash Dividends in China：Liquidating, Expropriation and Earnings Management. EF-MA Annual Meeting Paper, 2003.

［26］Lintner, J. Distribution of income of corporations among dividends, retained earnings and taxes. American Economic Review, 1956, 46: 97-113.

［27］Merton H. Miller, Franco Modigliani. Dividend Policy, Growth, and the Valuation of Shares .The Journal of Business, 1961, 34(4): 411-433

［28］Nini, Smith and Sufi. Creditor control rights and firm investment policy. Journal of Financial Economics 2009, 92 : 400-420.

［29］Roberts and Sufi. Control rights and capital structure: An empirical investigation. Journal of Finance 2009, 64 : 1657-1695.

［30］Shefrin, H. M,and Statman, M. Explaining investor preference for cash dividends. Journal of Financial Economics, 1984, 13: 253-282.

［31］Shiller, R. J. Market volatility and investor behavior. American Economic Review. 1990, 80(2): 58-62.

［32］Smith, C.W., Warner, J.B. On Financial Contracting: An Analysis of Bond Covenants. Journal of Financial Economics, 1979. vol. 7, (2), pp. 117-161.

［33］Thaler, R H, and Shefrin, H. M. An economic theory of self control. Journal of Political Economy, 1981, 89: 392-410.

第 7 章

集团企业的统一审计 [1]

7.1 引言

  企业集团在新兴市场（如巴西、智利、中国、印度等）国家非常普遍，甚至在一些发达国家也是如此（如意大利和瑞典）（Khanna and yafeh, 2007）。中国是一个新兴加转轨的经济体，随着改革开放的逐步深入，中国企业也逐渐从"小而全""大而全""条块分割"的格局转变为以产权关系为纽带的企业集团组织形式。随着经济的发展，企业集团也逐步壮大。截至 2008 年年底，我国企业集团共计 2971 家；企业集团资产总计突破 40 万亿元 [2]。在国内，企业集团已经成为国民经济的支柱。以中央企业集团为例，截至 2010 年，中央企业集团总共 122 家，总资产达到 24.3 万亿元，净利润 8489.8 亿元，上缴税金达 1.4 万亿元，超过全国税收的 1/6；中央企业集团超过 80% 的资产分布于石油石化、电力和国防及通信等关键领域以及运输、冶金和机械等基础行业 [3]。企业集团对经济发展和经济转型起到了积极的推动作用。

---

  ① 本章主要参考了下列论文：王春飞、伍利娜、陆正飞：《集团统一审计与审计质量》，《会计研究》，2010 年第 11 期。伍利娜、王春飞、陆正飞：《企业集团统一审计能降低审计收费吗？》，《审计研究》，2012 年第 1 期。伍利娜、王春飞、陆正飞：《企业集团审计师变更与审计意见购买》，《审计研究》，2013 年第 1 期。王春飞、陆正飞、伍利娜：《企业集团统一审计与权益资本成本》，《会计研究》，2013 年第 6 期。

  ② 《中国企业集团已近 3000 家公司治理结构日趋完善》，2009 年 10 月 25 日，新华网，http://finance.people.com.cn/GB/10252408.html。

  ③ 新华社：《中央企业"十一五"时期改革发展纪实：国家脊梁、负重致远——中央企业"十一五"时期改革发展纪实》，2011 年 1 月 24 日。

从以往研究来看，企业集团可以通过监督、激励和内部竞争等方式来提高资源配置的效率；企业集团内部资产也可以优化再配置来提高效率（Stein，1997）。但是，集团内部的社会主义现象、分部经理和集团总部 CEO 的自利行为可能会影响企业集团的效率。此外，企业集团通过金字塔结构、交叉持股等方式来控制其成员公司，导致控制权和现金流权之间产生了分离，使得大股东存在侵占中小股东利益的动机（La Porta et al., 1999；Johnson et al., 2000）。在新兴市场国家，由于外部监管制度的不完善，更加剧了大股东的"掏空"行为（Khanna and yafeh, 2007）。中国是一个新兴加转轨的经济体。中国证券市场在成立之初，为国有企业改革提供服务是其主要的功能之一。由于国企改制上市多采用剥离上市的方式，即将盈利的经营业务装入上市公司，而非经营性业务或盈利水平低的业务留在母公司，从而导致上市公司多附属于企业集团。企业集团控制的公司多具有股权集中度较高的特征，从而导致大股东与中小股东利益冲突更为普遍。

独立审计是降低代理成本的重要手段，范和王（Fan and Wong, 2005）研究认为，在法律保护较差的国家，审计师甚至可以起到改善公司治理的作用。但是，由于国内事务所规模较小，市场集中度不高，导致审计市场竞争激烈，审计师也有可能屈从客户压力，被大股东"收买"。根据陈等（Chen et al., 2010）的统计，如果按客户规模计算市场占有率，"四大"所 2005 年的市场占有率为 36.7%，2006 年略有上升为 40.51%；到 2007 年大约为 50%，但如果以客户数为标准则都不足 10%；截至 2006 年，具有证券业务资格的会计师事务所为 73 家，资本市场约有上市公司 1400 家，也就是说平均每家事务所审计的上市公司数不足 20 家。尽管政府推动会计师事务所合并、"做大做强"，会计师事务所数量不断减少，但审计市场竞争激烈形式，没有得到根本性的改变。此外，事务所与政府之间依然存在较大的关联[①]。对于企业集团审计师的选聘，国资委 2004 年出台了《国资委统一委托会计师事务所工作试行办法》规定，

---

① 如，2009 年 10 月 3 日《国务院办公厅转发财政部关于加快发展我国注册会计师行业若干意见的通知》要求重点扶持大型会计师事务所加快发展，财政部要会同有关部门进一步建立健全促进注册会计师行业加快发展的支持政策，在各方面给予政策支持。

原则上选择一家事务所独立进行审计业务[①]；对于金融企业集团，财政部 2010 年出台《金融企业选聘会计师事务所招标管理办法（试行）》规定，原则上委托同一家事务所实施年报审计[②]，使得多家上市公司选择一家审计事务所审计的现象在中国资本市场十分普遍。

我们统计了 2003~2009 年中国 A 股市场中企业集团和集团统一审计的情况。从表 7-1 中我们发现，在中国 A 股市场中企业集团控制的上市公司（至少两家上市公司被同一个企业集团控制）比例一直较为稳定基本在 30% 左右，而集团统一审计的比例随着时间的变化呈明显上升的趋势，2003 年集团统一审计比例为 28.5%，而截至 2009 年集团统一审计比例高达 45.9%。表 7-1 的结果说明，企业集团聘任一家事务所审计其旗下控制的多家上市公司的情况越来越普遍。

表 7-1　　　　　　　　　　企业集团和集团统一审计的历年分布[③]

项目	2003 年	2004 年	2005 年	2006 年	2007 年	2008 年	2009 年
全体 A 股上市公司数量	1176	1267	1272	1325	1441	1516	1609
企业集团个数	93	124	144	148	157	165	169
其中：国有企业集团个数	82	97	113	113	126	130	125
隶属于企业集团的上市公司家数	291	398	443	462	491	515	519
集团控制上市公司的比例	0.247	0.314	0.348	0.349	0.341	0.340	0.323
集团统一审计的上市公司家数	83	117	157	181	198	230	238
集团统一审计的上市公司比例	0.285	0.294	0.354	0.392	0.403	0.447	0.459

---

　　① 企业资产总额在 100 亿元以下，原则上委托一家会计师事务所独立承担企业年度财务决算的审计业务；企业资产总额在 100 亿元以上且子企业户数较多、分布较广的，可委托一家或多家会计师事务所（最多不得超过 5 家）承担企业年度财务决算的审计业务。
　　② 金融企业合并资产总额在 5000 亿元及以内或者控股企业户数在 50 户及以内的，其全部企业原则上聘用同一家会计师事务所实施审计；金融企业合并资产总额在 5000 亿元以上，并且控股企业户数在 50 户以上的，其全部企业最多可聘用不超过 5 家会计师事务所审计。
　　③ 全体样本，包括 ST 和 PT 公司。

第 7 章 集团企业的统一审计

7.2 基本概念界定

7.2.1 企业集团

在学术界对企业集团的定义通常有广义和狭义两种情况。在广义的定义中，通常包括正式的（股权）和非正式的（如家族或社会关系等）等控制手段，如康纳和雅菲（Khanna and yafeh, 2007）提出，企业集团是由以股权或家族为纽带的多家具有独立法人资格的公司组成的。格兰诺维特（Granovetter, 2005）认为，企业集团是企业联合体，通过各种不同的法律形式和社会关系联系起来的，并处于在一个核心或占优势的企业控制之下，同时对几个市场进行运作；而狭义的定义中只包括正式的股权为控制手段。如韩国交易与贸易委员会认为企业集团"由公司组成的企业集团，如果超过 30% 的股份由个人或者公司所有，可能对公司整体管理产生重大影响"。

在具体实践中，对企业集团的认定也是一个渐渐清晰的过程。虽在相关法律法规中对企业集团有着不同的解释，但其本质基本相似。如国务院在1986 年 3 月颁发了《关于进一步推动横向经济联合若干问题的规定》中指出，企业集团是企业之间的横向经济联合或企业群体。国家体改委和国家经贸委于1987 年 12 月发布了《关于组建和发展企业集团的几点意见》，将企业集团定义为，多层次组织结构的经济组织，其核心层是自主经营、独立核算、能够承担经济责任、具有法人资格的经济实体。1998 年国家工商行政管理局发布的《企业集团登记管理暂行规定》认为，"企业集团是指以资本为主要联结纽带的母子公司为主体，以集团章程为共同行为规范的母公司、子公司、参股公司及其他成员企业或机构共同组成的具有一定规模的企业法人联合体；企业集团不具有企业法人资格。"

从上面的表述中，我们发现，企业集团在具体认定中，控制是一个最为重要的概念。根据 2006 年财政部颁布的《企业会计准则第 33 号——合并财务报表》认为，控制"是指企业能够决定其他企业的财务和经营政策，并能据以从该企业的经营活动中获取利益的权力"。

本书综合考虑了上述企业集团的定义，并结合实际研究的需要，在保留企业集团定义的基本特征后，对企业集团进行了重新定义。本书所指的企业集团是，如果有两家（或两家以上）的上市公司是由同一实际控制人控制，我们将其控制的所有上市公司定义为同一企业集团。我们以 2008 年中国华电集团为例来说明企业集团定义。2008 年中国华电集团通过直接控制两家上市公司华电能源和华电国际，通过间接方式控制了黔源电力和国电南自。我们将华电能源、华电国际、黔源电力和国电南自定义为一个企业集团。具体如图 7-1 所示。

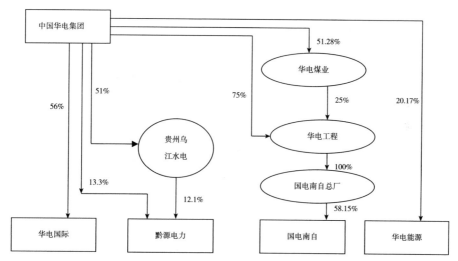

图 7-1　根据上市公司 2008 年年报

（资料来源：作者整理）

7.2.2　集团统一审计

企业集团内的上市公司如果有两家（或两家以上）都是由同一家事务所审计，则同属一家会计师事务所审计的上市公司，本书将其定义为企业集团统一审计。本书以 2008 年中国华电集团为例，来说明具体的定义。中国华电集团通过股权方式直接控制了四家上市公司（华电国际、黔源电力、国电南自、华电能源），所以各家上市公司在 2008 年度内定义为同一企业集团；同时有三家上市公司（黔源电力、国电南自、华电能源）的审计业务都是由大信会计师事务所审计的，所以这三家上市公司在 2008 年被定义成集团统一审计，而华电国际是由毕马威华振事务所审计的，所以其在 2008 年度被定义为单独审计。具体如表 7-2 所示。

表 7-2   中国华电集团统一审计情况表

上市公司	年度	实际控制人	审计师事务所	企业集团	集团统一审计
华电能源	2008	中国华电集团	大信事务所	1	1
黔源电力	2008	中国华电集团	大信事务所	1	1
国电南自	2008	中国华电集团	大信事务所	1	1
华电国际	2008	中国华电集团	毕马威华振事务所	1	0

　　如果集团控制企业家数较多，可能出现两家以上会计师事务所审计的同一企业集团控制的上市公司都大于两家；本书将由审计该集团最多上市公司的会计师事务所所审计的公司定义为集团统一审计，而其他会计师事务所审计的上市公司定义为非集团统一审计。本书以 2006 年中国化工公司控制的上市公司为例来说明具体定义。中国化工公司出现两家会计师事务所审计的上市公司超过两家，我们将两者之间较大的天职会计师事务所审计的公司定义为集团统一审计，而将信永中和事务所等所审计的上市公司定义为非集团统一审计[①]。具体如表 7-3 所示。

表 7-3   中国化工统一审计情况表

年度	企业集团	上市公司	事务所名称	集团统一审计
2006	中国化工	天科股份	四川君和	0
2006	中国化工	中泰化学	立信事务所	0
2006	中国化工	蓝星石化	中审事务所	0
2006	中国化工	星新材料	信永中和	0
2006	中国化工	黄海股份	信永中和	0
2006	中国化工	沙隆达	天职事务所	1
2006	中国化工	河池化工	天职事务所	1
2006	中国化工	黑化股份	天职事务所	1
2006	中国化工	蓝星清洗	天职事务所	1
2006	中国化工	沧州大化	天职事务所	1

---

　　① 本书中的定义与（王春飞等，2010；伍利娜等 2012；陆正飞等，2012；陆正飞和王春飞，2011）相同。

当然，本书也考虑不同的集团统一审计的定义。如果在某个企业集团控制的上市公司中，至少有两家成员公司选聘了同一家会计师事务所，本书将这些上市公司的年度报告审计定义为集团统一审计，而将该集团内由其他会计师事务所进行的年报审计定义为非集团统一审计。以2006年中国化工为例，中国化工共控制了10家上市公司，分别由5家会计师事务所进行年报审计，其中有两家会计师事务所审计的集团内上市公司超过一家，我们将由这两家事务所（审计了5家上市公司的天职会计师事务所和审计了2家上市公司的信永中和会计师事务所）对中国化工成员公司进行的年报审计，定义为集团统一审计；而将其他3家事务所对其余3家成员公司进行的一对一的审计，定义为非集团统一审计[①]。具体如表7-4所示。

表7-4 中国化工统一审计情况表

年度	企业集团	上市公司	事务所名称	集团统一审计
2006	中国化工	天科股份	四川君和	0
2006	中国化工	中泰化学	立信事务所	0
2006	中国化工	蓝星石化	中审事务所	0
2006	中国化工	星新材料	信永中和	1
2006	中国化工	黄海股份	信永中和	1
2006	中国化工	沙隆达	天职事务所	1
2006	中国化工	河池化工	天职事务所	1
2006	中国化工	黑化股份	天职事务所	1
2006	中国化工	蓝星清洗	天职事务所	1
2006	中国化工	沧州大化	天职事务所	1

7.3 审计市场的制度背景

1980年，我国恢复了注册会计师制度。在事务所设立之初，由于事务所缺少足够的财力等原因，通常让其挂靠于某一政府机关，政府机关通过其行政管理权力和所有权来分配事务所审计其控制的上市公司。德丰等（Defond et al., 1999）研究表明，约70%的中国上市公司是由有政府关系的事务所审计

---

① 本书中的定义在以往研究中（王春飞等，2010；伍利娜等，2012；陆正飞等，2012；陆正飞和王春飞，2011）也有相同的定义。

的。1999 年财政部为了增强审计师的独立性，颁布了《注册会计师事务所脱钩改制实施意见》，规定所有会计师事务所必须在 1999 年 12 月 31 日前进行脱钩改制。改制完成后，注册会计师的独立性得到了较大提高。

但是，由于国内事务所规模较小，市场集中度不高，导致审计市场竞争激烈，"低价揽客""炒鱿鱼，接下家"的事件时有发生。根据陈等（Chen, 2010）的统计，如果按客户规模计算市场占有率，"四大"所 2005 年的市场占有率为 36.7%，2006 年略有上升为 40.51%；到 2007 年大约为 50%，但如果以客户数为标准则都不足 10%；截至 2006 年，具有证券业务资格的会计师事务所为 73 家，资本市场已经有上市公司 1400 家左右，也就是说平均每家事务所审计的上市公司数不足 20 家。

为了改变审计市场的结构，促进审计市场有序竞争，政府推动事务所"做大、做强"，审计市场合并加速。2006 年 10 月 8 日北京信永中和事务所和中兴宇事务所合并；2006 年 10 月 28 日上海立信长江、北京中天华正、广东羊城事务合并；2007 年 1 月 1 日北京华证、厦门天健华天、北京中洲光华、重庆天健合并。2007 年 5 月 13 日，中注协印发了《中国注册会计师协会关于推动会计师事务所做大做强的意见》表示"积极支持会计师事务所在依法、自愿、协商的基础上进行合并"。2009 年 10 月 3 日，国务院办公厅转发财政部《关于加快发展我国注册会计师行业的若干意见》，表示鼓励事务所"优化组合、兼并重组、强强联合"，从而加速了国内事务所合并的浪潮。2008 年 1 月 16 日中瑞华恒信、岳华所合并；2008 年 12 月 6 日万隆会计师事务所、亚洲会计师事务所合并；2008 年 12 月 21 日安徽华普、辽宁天健、北京高商万达所合并；2008 年 12 月 26 日北京京都、北京天华所合并；2009 年 1 月 3 日浙江天健、浙江东方所合并。合并之后审计市场结构得到较大改善。经过合并重组之后，截至 2010 年 12 月 31 日，具有证券期货资格的事务所 53 家，事务所的总体实力不断增强。

2007 年之后审计市场在制度环境建设上有较大改进，审计师的法律责任得到了清晰的界定。自 2007 年 6 月 15 日起施行的最高人民法院《关于审理涉及会计师事务所在审计业务活动中民事侵权赔偿案件的若干规定》对审计师的法律责任作出了更为明确的规定：（1）举证责任倒置。"会计师事务所因在审计业务活动中对外出具不实报告给利害关系人造成损失的，应当承担侵权赔偿责任，但其能够证明自己没有过错的除外"。（2）受理程序改变。2007 年之前，受理程序主要是根据 2003 年 1 月最高人民法院颁布的《关于审理证券市场因虚假陈述引发的民事赔偿案件的若干规定》：投资人以自己受到虚假陈述侵害为由，依据有关机关的行政处罚决定或者人民法院的刑事裁判文书，对虚假陈述行为人提起的民事赔偿诉讼，符合《民事诉讼法》第一百零八条规定的，人民法院应当受理。也就是说，在民事诉讼之前必须有证监会、财政部或司法机关生效的处罚决定或判决这一前置程序。而 2007 年出台的《规定》对这一前提修正为：利害关系人以会计师事务所在从事注册会计师法第十四条规定的审计业务活动中出具不实报告并致其遭受损失为由，向人民法院提起民事侵权赔偿诉讼的，人民法院应当依法受理。（3）免责条款。2007 年出台的《规定》第七条规定："已经遵守执业准则、规则确定的工作程序并保持必要的职业谨慎，但仍未能发现被审计的会计资料错误"等 5 种情形下会计师事务所不承担民事赔偿责任，从而进一步理清了审计师的法律责任。

在事务所组织形式上也出现较大的改变。2008 年 1 月财政部颁布了《注册会计师法（修正案）》（征求意见稿），对有限责任事务所和普通合伙的设立条件作出了严格的规定，增加了对特殊普通合伙，并极力推行特殊普通合伙。《注册会计师法（修正案）》（征求意见稿）第二十六条规定，"特殊的普通合伙会计师事务所的一个合伙人或者数个合伙人在执业活动中因故意或者重大过失造成合伙会计师事务所债务的，应当承担无限责任或者无限连带责任，其他合伙人以其在合伙会计师事务所中的财产份额为限承担责任。合伙人在执业活动中非因故意或者重大过失造成的合伙会计师事务所债务以及合伙会计师事务所的其他债务，由全体合伙人承担无限连带责任。"并在 2012 年 2 月 7 日《关于调整证券资格会计师事务所申请条件的通知》将第一条第二款第一项修改为，"依法成立 5 年以上，组织形式为合伙制或特殊的普通合伙制"，进一步推动了事务所的组织建设，有利于降低事务所的执行风险。

事务所以积极的姿态走出去。2009 年 10 月 3 日，国务院办公厅转发财政部《关于加快发展我国注册会计师行业的若干意见》，进一步提出国内事务所要"走出去"；2010 年，财政部副部长王军认为应"分阶段、有步骤地"走出去，即在 H 股审计的基础上进一步布局亚洲；2010 年 12 月，中瑞岳华等 8 家内地事务所获准"自 2010 年 12 月 15 日或以后，可以采用内地审计准则为内地在港上市公司（H 股公司）提供审计服务"，从而实现"走出去"战略的第一步。

虽然，2007 年之后审计市场发生了较大改变，但是事务所发展与政府之间依然关联密切。如，2009 年 10 月 3 日《国务院办公厅转发财政部关于加快发展我国注册会计师行业若干意见的通知》要求重点扶持大型会计师事务所加快发展，财政部要会同有关部门进一步建立健全促进注册会计师行业加快发展的支持政策，在各方面给予政策支持。陈等（Chan et al., 2006）发现，许多本地事务所主要是依靠与当地政府的关系来发展新客户和维持老客户。对于国有企业集团审计师的选聘，2004 年国资委颁布的《统一委托会计师事务所工作试行办法》第七条规定，"企业集团原则上委托一家会计师事务所独立承担企业年度财务决算的审计业务"，使得多家上市公司选择一家审计事务所审计的现象在中国资本市场十分普遍。

7.4 企业集团统一审计与审计质量

7.4.1 历史的经验

审计质量是审计师能够发现并报告财务报表中包含的重大错报或漏报的联合概率（DeAngelo, 1981），在很大程度上，审计师发现客户财报中重大错漏的概率取决于审计师的专业胜任能力，审计师报告该错漏的可能性则取决于其独立性。我们认为，审计质量涉及上市公司（需求方）、审计师（供给方）、审计师与上市公司的关系及外部监管环境等因素。本文拟从以下几个角度来分析对审计质量的影响：①审计需求方的分析。包括审计的监督功能、审计的信息功能、审计的保险功能。②从审计的供给方的分析。包括审计师自身的风险管理、审计师行业专长。③从审计供需双方的关系。包括审计师的任期、审计师的客户重要性、政治关系。④监管环境。

（1）审计需求方的分析

①审计的监督功能。在公司治理框架下，独立审计监督是降低代理成本的重要手段，监督管理者的成本是代理成本的重要组成部分。管理层与股东之间的利益冲突越多对审计质量的需求也越高，委托人能通过审计的监督功能来降低代理成本。在不同的股权结构下，代理成本的表现形式存在很大区别，在

分散股权结构下，公司治理要解决的是分散的小股东与管理层之间的利益冲突；而在股权集中的情况下，代理问题更多地表现为控股股东与中小股东之间的利益冲突。

审计监督可以缓解不同类型的代理问题。在管理层与分散股东利益冲突的文献中，德丰（1992）发现，对审计的需求取决于代理冲突的程度，代理冲突越大，对高质量审计的需求也越大。伦诺克期（Lennox, 2005）以非上市公司为样本研究了管理层持股比例与高质量审计师（五大所）选择的关系，研究发现管理层持股比例与高质量审计师选择呈倒 U 型关系，说明代理成本越高，选择高质量审计的可能性越大。在控股股东与中小股东代理成本的文献中，范和王（2005）研究发现代理成本越高的企业更有可能雇佣高质量的审计师；还发现"五大"所在审计收费和审计意见中都会考虑上市公司的代理成本问题。在国内，曾颖和叶康涛（2005）研究发现第一大股东的持股比例与外部审计需求呈 U 型关系，即代理成本越高的公司，更倾向选择高质量的审计。此外，高强和伍利娜（2007）利用大股东占款为代理变量，研究发现代理成本越高的公司选择高质量审计师的可能越大；但是周中胜和陈汉文（2006）却得到了相反的结论。周中胜和陈汉文（2006）研究发现，代理成本越高的企业选择高质量审计师的可能越小。

②审计的信息功能。由于投资者与公司之间存在信息不对称性，公司选择高质量的审计师，可以降低信息不对称性，进而降低公司的资本成本。具体表现为选择高质量的审计师，公司的股权融资本和债务融资成本会降低。

第一，股权资本成本。蒂特曼和楚门（Titman and Trueman, 1984）研究了中介机构对 IPO 定价的影响，研究发现公司价值较高的公司会选择高质量的审计师，而高质量的审计师可以增加公司价值。范和王（2005）研究发现代理成本越高的企业，特别是在再融资的过程中，更有可能雇佣高质量的审计师（五大所）来降低信息不对称性。但是，国内研究却未发现一致结论。李常青和林文荣（2004）以 IPO 公司为样本，研究发现高质量事务所并不能降低 IPO 折价幅度。同样，陈海明和李东（2004）以 IPO 公司为样本，研究发现事务所声誉在 IPO 中未有效果。而王艳艳（2006）研究发现，高质量的审计师（"四大"）提高了客户的盈余反应系数，说明事务所审计提高了信息的反应程度。

第二，债务融资成本。布莱克威尔等（Blackwell et.al, 1998）研究发现，聘请审计师审计公司财务报表，可以降低公司的债务融资本成本，并且发现选择高质量的审计师（以事务所规模作为代理变量）债务利率更低。皮特曼和佛丁（Pittman and Fortin，2004）进一步将公司区分为具有信贷声誉的公司和没有信贷声誉的公司（以公司年龄为代理变量），研究发现审计师在公司初始阶段发挥的作用更大，而对具有较长信贷史的公司作用有限，说明审计师能部分替代公司的声誉机制降低债务的融资成本。曼西等（Mansi et al.，2004）检验了审计师对债务融资成本的影响，研究发现高质量的审计可以明显降低债务的融资成本。在国内，胡奕明和唐松莲（2007）研究贷款利率与高质量审计（以事务所规模为代理变量）之间的关系，研究发现选择高质量的审计师可以降低公司的银行贷款利率。

③审计的保险功能。由于审计师可能会因审计失败而承担法律责任，审计师"变相"提供了公司失败的部分补偿，可以降低投资者的风险。投资者不仅关注审计师的对会计报表的审计能力，而且还关心审计师的赔偿能力。所以，华莱士（Wallace，1987）指出审计师能为投资者提供经济担保，即审计具有保险作用。早期的研究，一般停留在理论的分析角度，如达塔尔等人（Datar et al.，1991）认为由于审计师能了解管理层的私有信息，所以最优的合约安排是，让审计师与管理当局共同分担风险，审计的保险价值会随着审计质量及企业的风险增加而增加。戴伊（Dye，1993）认为由于审计师以个人财富对审计质量担保；所以审计师财富越多，审计质量也就越高。虽然审计师的个人财富不可观测，但审计师的个人财富与事务所规模高度相关。因此，事务所规模越大，越具有保险价值。

由于审计的监督、信息及保险功能相互依存，如何通过研究设计将其完全分离，单独来检验审计的保险功能是非常具有挑战性的。梅农和威廉姆斯（Menon and Williams，1994）利用美国拉文索尔和霍瓦特（Laventhol and Horwath）会计师事务所破产为样本来研究审计的保险功能，即拉文索尔和霍瓦特破产所以对投资者来说不具备保险功能。梅农和威廉姆斯发现在事件期内 L&H 客户出现显著的负项异常收益，且事件前股票下跌的公司在事件日内更为明显。但是，这种下跌也可能是审计监督职能丧失所导致的。布朗等（Brown，2008）利用毕马威会计事务所因税收业务而导致调查这一与监督功能无关的事件来验证审计保险假说。研究发现，在毕马威会计事务所被调查期间，客户的股价出现显著的正向超额回报率。布朗等（2008）进一步研究发现诉讼风险越高和财务困境的公司的股价在事件窗口累计超额回报率越高。

在国内，伍利娜等（2010）首次检验了中国资本市场上审计的保险假说。伍利娜等（2010）研究发现公司股票的累计超额回报率与审计师的特征及其他诉讼因素显著相关，说明在中国资本市场上，投资者已经意识到审计具有保险功能。此外，从审计收费角度来看，审计师会补收相关的审计保险费，且这部分收费与股价中的保险价值正相关。

（2）从审计的供给方来分析

①审计师自身的风险管理。准则要求审计师在项目的全过程做好风险评估工作，审计师在业务承接及审计的过程中都可能会考虑风险的因素。以往实证研究也发现，审计师在审计收费、客户的选择等方面都会考虑诉讼风险。从风险管理角度来看，雷诺兹和弗朗西斯（Reynolds and Francis, 2001）认为，审计师可能会权衡法律责任、声誉和客户重要性的影响，并发现大所对重要的客户显得更加保守。弗朗西斯和王（Francis and Wang, 2008）研究了法律环境的差异对审计质量的影响，研究发现，在法律环境严格的国家，大所在执业过程中更为谨慎，审计质量也更高。从客户选择角度来看，克里希南（Krishnan, 1994）认为与未发生变更的公司相比，变更审计师的公司不但不能实现审计意见购买，而且审计师的审计意见更加稳健，说明审计师面对风险较高的客户可能更加稳健。克里希南（1997）认为审计变更的原因，主要是审计师方出于风险管理的考虑，放弃风险较高的客户。舒（Shu, 2000）检验了法律风险和客户调整两个假说在审计师变更中的作用，研究发现，当客户风险增加时审计师更有可能会主动管理风险而选择放弃风险较高的客户。王春飞（2006a）以扭亏样本为对象研究发现，审计师在面临风险较大的客户时，出具标准审计意见的可能性越大，说明审计师本身具备一定的风险管理能力。但是，兰兹曼等（Landsman et al., 2009）研究了审计师风险管理对客户选择的影响。研究发现，大所重新调整他们客户的组合与其承担审计任务的能力有关，萨班斯—奥克斯利（Sarbanes-Oxley）法案没增加大所对客户风险的敏感性。

②审计师行业专长。审计师的行业专长是提高审计质量的一个重要保证。国际"四大"都有各自的行业专长，比如，毕马威主要集中于银行和保险业，而安永的主要客户来源于汽车和计算机行业。以往国外的实证研究也多支持

具有行业专长事务所审计其质量明显更高。奥基夫等（O'Keefe et al., 1994）研究发现，审计师的行业专长能明显提高审计质量。克里希南（2003）研究发现具有行业专长的"六大"所能限制客户的盈余管理行为。鲍尔萨姆等（Balsam et al., 2003）研究也发现，由行业专长事务所审计的公司的操控性应计绝对值更低，且盈余反应系数更高。但在国内未得到一致的结论。余玉苗（2004）认为提高业务专业知识有利于审计质量的提高和行业风险控制。但蔡春和鲜文铎（2007）以2001~2004年的公司为样本，却发现事务所行业专长与审计质量负相关；并进一步认为，审计师独立性不高、经济依赖度和行业专长程度较低是主要原因。

（3）从审计供需双方的关系

①审计师的任期。各国监管者都非常担心审计师的任期过长会影响审计质量。各国监管者都在监管规定中强制推行审计师的强制轮换制度。但是，实证研究的结果并不完全一致。

第一，审计师任期长不会降低审计质量。詹森等（Johnson et al., 2002）发现相对于中等的审计任期而言，未预期应计项目的绝对值在审计任期较短时更高，但是没有发现较长的任期与审计质量之间存在关系。卡塞罗和纳吉（Carcello and Nagy, 2004）研究了审计师任期与欺诈财务报告之间的关系，研究发现当审计师任期过短时欺诈财务报告的可能性更高，但没有发现较长任期与欺诈财务报告之间存在关系。甚至有研究表明审计任期较长可以明显提高审计质量。迈尔斯等（Myers et al., 2003）发现较长的审计任期有助于提高审计质量。曼西等（Mansi et al., 2004）检验了审计师任期对债务融资成本的影响，研究发现审计任期延长可以明显降低债务的融资成本。

在国内，余玉苗和李琳（2003）从理论角度分析了审计任期与审计质量的关系，研究认为，审计任期长可能提高审计质量，也存在潜在损害审计质量的因素。夏立军等（2005）以1996~1998年的公司为样本，研究发现审计任期增长不会损害审计独立性。沈玉清等（2008）以财务危机公司为样本，没有发现审计师或事务所任期与审计质量（以审计意见为代理变量）之间有相关关系。但以异常营运资本为代理变量，则发现审计师任期可以提高审计质量；而且在有增加盈利的动机的公司中，事务所内的审计师之间存在知识的溢出效果，且对小所（非四大所）作用更为明显。储一昀等（2011）以2005~2006

年度被出具标准无保留审计意见的公司为研究对象，从分析师的角度分析了审计任期对审计质量的影响，研究发现分析师认为审计任期越长审计质量越高；但进一步研究发现，分析师的认知也存在着过度反应。沈玉清等（2009）分析了公司治理和审计任期对盈余质量的联合影响，研究发现，公司治理环境较好时延长审计任期可以提高审计质量，但在公司治理环境较差时，没有发现审计任期对审计质量影响的证据。

第二，审计师任期长会降低审计质量。戴维斯等（Davis et al., 2000）的研究发现，审计师任期越长盈余质量越差。方军雄和洪剑峭（2004）研究发现，审计师的服务年数越长越有可能对审计的独立性产生负面影响。罗党论和黄杨（2007）研究发现，事务所任期大于5年及以上，随着事务所任期的增加，上市公司的盈余质量越差。刘继红（2011）认为审计任期对审计质量的影响取决于事务所与高管的关联关系；研究发现，有关联关系的公司审计任期更长质量也更差，在审计任期对审计质量影响背后更为重要的是事务所与上市公司的关联关系。刘启亮和唐建新（2009）认为审计师任期对审计质量的影响取决于私人关系（以审计师任期大于事务所任期为代理变量），在正常情况下，审计任期延长具有学习效应可以提高审计质量，但是，如果存在密切的私人关系，则审计任期延长会损害审计质量。

②审计师的客户重要性。客户重要性是否影响审计师独立性，是理论界和实务界都非常关注的话题。但是，国内外的研究一直未得到一致的结论。从以往研究来看，喻小明等（2008）发现，事务所的客户重要性会危及审计质量，陈等（Chen et al., 2010）从审计师个人层次也发现类似的结论，但同时也发现，在好的制度环境下，审计师独立性可能不受影响；而钏和卡拉普尔（Chung and Kallapur, 2003）以非审计服务作为对客户经济依赖度的替代变量，没有发现客户重要性对审计质量会产生明显的影响；更有研究发现客户重要性与审计质量正相关（如Chan, 2009；Reynolds and Francis, 2001；刘启亮和陈汉文，2006；等），认为审计师面对重要的客户执业更加谨慎。

③政治关系。经济制度会影响企业行为（Shleifer and Vishny, 1994；Shleifer, 1998；Faccio, 2006）、公司的报告动机及会计质量（Ball et al., 2000；Fan and Wong, 2002；Bushman et al., 2004；Leuz and Oberholzer-Gee, 2006）；具体政治经济制度也会影响审计师的选择进而影响审计的质量（Gul, 2006；Chan et al., 2006）。陈等（2006）将聘请本地和非本地所作为国有企业政治经济关联的代理指标，发现由于本地事务所与企业有更强的政治关联，因而其更倾向于出具更为有利的审计意见，被出具非标准审计意见的公司更有可能将事务所变更为本地所，且变更后更有可能获得"清洁的"审计意见。

（4）监管环境对审计质量的影响

审计质量在很大程度上依赖于各国的监管环境，理论认为审计师的声誉机制和法律制度两者之间相互促进。弗朗西斯等（2008）以跨国数据为样本研究发现在法律制度环境较差的国家，对高质量审计的需求越低。由于法律环境较差，对审计师的处罚力度不够，所以审计师的选择不重要。德丰等（1999）研究发现，审计师的独立性增强之后国内上市公司更倾向于选择低质量的审计师。崔和王（Choi and Wong, 2007）研究发现与不融资的企业相比，有融资动机的公司更有可能选择高质量的审计师，且法律环境较差的国家更明显。

在国内的研究中，早期由于审计法律责任缺失，大多研究只停留在理论探讨的层次。比如，谢志华（2000）和赵保卿（2002）理论分析了审计风险和审计责任的关系、注册会计师的审计法律责任形成机理和界定过程及判定逻辑等问题。朱春艳和伍利娜（2009）以2001～2007年被处罚的公司为样本研究发现，审计师在上市公司被处罚当年及之后的年度出具非标准审计意见的可能性更高，且审计收费更高。王艳艳和于李胜（2006）研究了法律环境和审计独立性及投资者保护之间的关系。研究发现，法律对投资者的保护是最重要的；独立审计对投资者的保护作用次之，但是，当法治环境较差时，独立审计可以作为法律缺失的替代机制。

7.4.2 我们的分析

企业集团可以提高企业的运作效率，也可能降低企业的运作效率。企业集团可以通过监督、激励和内部竞争等方式来提高资源配置的效率；企业集团内部资产也可以优化再配置来提高效率（Stein, 1997）。但是，集团内部的"社会主义"现象、分部经理和集团总部CEO的自利行为可能会影响企业集团的效率（Stein, 1997; Eisfeld and Rampini, 2008; Datta et al., 2009）。此外，企业集团通过金字塔结构、交叉持股等方式来控制其成员公司，从而使得大股东与中小股东利益冲突严重（La Porta et al., 1999; Johnson et al., 2000）。

审计师同时审计企业集团内的多家上市公司，也可能存在两方面的影响。第一，提高审计质量。由于企业集团的上市公司在经营业务和组织流程上具有很多相似性，审计师可能因为审计集团内的多家上市公司而产生"知识溢出"效应，而提高审计质量；并且集团内的各公司之间业务往来较为频繁且复杂，审计师同时审计集团内的多家公司不仅可以提高审计的效率，而且可以降低审计的风险。第二，降低审计质量。企业集团通过金字塔结构等形式控制上市公司，使得控股股东与中小股东之间代理问题严重。另外，中国审计市场集中度不高，事务所之间业务竞争较为激烈（Defond et al. 1999；Chen et al. 2010），企业集团控制的多家上市公司更是业务竞争的主要对象，事务所可能会因为业务压力而屈从于集团客户。集团统一审计可能导致事务所过度依赖集团客户而损害审计质量。综上，企业集团通过金字塔结构控制上市公司，导致控股股东与中小股东之间利益冲突严重，审计师同时审计集团内的多家上市公司可能导致审计质量低下。

7.4.3 描述性统计的结果

从表7-5中，我们发现，集团内上市公司标准审计意见的比例为7.2%，与以往整个市场为样本的研究结论基本相近，说明集团样本和全样本之间没有明显的样本选择性偏差。统一审计的比例为54.5%；大所审计的比例约为42.8%；而本地所审计的比例为63%。

表 7-5 描述性统计

variable	N	mean	min	p25	p50	p75	max
OP	1145	0.072	0	0	0	0	1
saudit	1145	0.549	0	0	1	1	1
expert	1145	0.063	0	0	0	0	1
big10	1145	0.428	0	0	0	1	1
local	1145	0.63	0	0	1	1	1
ar_in	1145	0.281	0.008	0.147	0.26	0.398	0.727
loss	1145	0.144	0	0	0	0	1
roa	1145	0.022	−0.33	0.007	0.027	0.051	0.187
lev	1145	0.529	0.071	0.37	0.523	0.659	1.818
growth	1145	0.056	−2.041	−0.015	0.118	0.23	0.742

续表

variable	N	mean	min	p25	p50	p75	max
stdret	1145	0.025	0.012	0.02	0.025	0.029	0.045
ret	1145	−0.068	−0.923	−0.285	−0.08	0.155	0.884
Beta	1145	1.013	0.371	0.893	1.042	1.152	1.515
age	1145	9.85	2	7	10	13	20
state	1145	0.962	0	1	1	1	1
size	1145	21.664	19.183	20.846	21.517	22.24	25.961

7.4.4 多元回归分析的结果

第一，集团统一审计降低了审计质量，亦即企业集团向同一家事务所提供更多的审计业务会对审计师的独立性造成损害。

第二，由于政治关系的影响本地所进行统一审计会明显降低审计质量。但是，异地所统一审计与非标准审计意见不相关。进一步考虑规模发现，本地小所统一审计和异地小所统一审计与非标准审计意见显著负相关，而异地大所统一审计能明显改善审计质量。

第三，在制度变迁之前，集团统一审计与非标准审计意见显著负相关，而制度变迁之后，集团统一审计与非标准审计意见不相关，说明制度变迁之后或审计师法律责任加大之后审计师变得更加稳健。进一步研究发现，在制度改善之前小所统一审计与非标准审计意见显著负相关，而在制度改善之后小所统一审计与非标准审计意见不相关；且大所统一审计在制度变迁过程中都与非标准审计意见不相关；说明从制度变迁角度来看，在 2007 年前主要是小所统一审计质量较差，而大所不受影响；在 2007 年之后小所和大所统一审计质量都有所改善。

7.5 企业集团统一审计与审计收费

7.5.1 我们的分析

企业集团统一审计对审计收费可能存在两个方面的影响：（1）降低审计收费。以往研究表明，企业集团可以通过监督、激励、内部竞争和资本低成本配置以及内部资产优化配置等方式来提高运作效率（如 Williamson, 1975; Stein, 1997 等）。集团统一审计下，事务所可能对集团内不同上市公司进行协同审计从而提高审计效率，降低审计成本，这样因"知识溢出"效应可以降低审计收费。（2）增加审计收费。在集团统一审计的情况下，尽管审计成本可能因为共享集团内企业知识而下降，但企业集团如果具有"审计意见购买"的动机，则反而可能会通过支付更高的审计费用来实现自利目的。

究竟是"知识溢出"效应占主导还是"审计意见购买"效应占主导？集团统一审计对审计收费的影响是提高还是降低，我们认为这有赖于审计师规模，不同规模的事务所进行集团统一审计对审计收费的影响将会不同。下面我们来具体分析。

由于大规模事务所的专业胜任能力可能强于小规模事务所，而且大事务所出现审计质量问题将损失更多的获取未来准租的机会（DeAngelo 1981; Chan & Wu 2011），因此大型会计师事务所的审计质量往往较高。提供了较佳的信息鉴证服务，缓解了投资人对信息不对称的疑虑，大规模事务所审计收费自然普遍较高，存在明显的品牌溢价现象[①]（Beatty, 1993; Craswell et al., 1995; 刘成立和张继勋，2006 等）。在执行集团统一审计时，一方面，集团客户的谈判能力有可能增强；另一方面，事务所也可能由于审计效率的提高而使得审计成本下降，因此，在保证一定的审计质量及利润率的前提下，大所可以选择适当降低收费。

对于小所而言，情况可能完全不同。王春飞、伍利娜和陆正飞（2010）发现选聘单一的外部审计师统一审计，尤其是规模较小的事务所，集团成员公司审计质量普遍更低。在集团统一审计的情况下，相对更为重要的经济依赖和相互关联，使得企业集团更容易干预小所审计师的独立判断，王春飞等（2010）发现，企业集团不仅通过提供更多审计业务影响小所的独立性，还通过支付异常审计费用的方式损害审计师独立性。

关于首次审计是否存在低价揽客问题，也是审计收费研究的重要话题。西蒙和弗朗西斯（Simon and Francis, 1988）认为，审计师若不把首次审计契约

[①] 审计收费溢价（fee premium）也可能是反应审计师未来的诉讼风险，我们在稳健性检验中将对此深入讨论。

的折扣作为一种沉没成本，可能引致审计师在投资回收期的独立性受损，进而损害审计质量。关于审计师的低价揽客现象，理论上一直存在两种不同解释，即交易成本理论和信息披露理论。交易成本理论（DeAngelo, 1981）认为，首次审计契约折扣来自于交易成本①。如果新审计师与现任审计师收取相同的审计费用，被审单位则会因增加的交易成本而不愿聘任新审计师，这样，新审计师为了在竞争中赢得被审单位就会采取降价的策略，因此也就出现了初次审计契约折扣现象。信息披露理论（Dye, 1991）认为，首次审计契约折扣现象产生的原因是审计师未来收益的披露状况，当审计师的未来收益不能公开披露时，被审计单位有向审计师支付准租的动机，其目的是要审计师发表对其有利的审计意见。但当审计师的未来收益公开披露时，由于被审计单位支付的准租会被报表使用者观察到，因此也就不会出现首次审计契约折扣现象。换言之，当审计收费信息不公开披露时，会出现首次审计契约折扣现象，而在审计收费信息公开披露情况下，不会出现首次审计契约折扣现象。

具体到我国资本市场的集团统一审计现象，无论用交易成本理论还是信息披露理论来分析，首次集团统一审计可能不存在低价揽客现象。从交易成本角度来看，首先，如果以公开招标②方式变更事务所，审计师变更后不会引起监管部门的过多关注，即变更成本不大；其次，从初始成本角度来看，由于同在一个企业集团内，业务相似程度高，所以新审计师了解企业经营和财务状况而产生的培训成本可能也不大。从信息披露理论来看，如果集团统一审计采用公开招标的方式，信息披露更加完全，加之同一集团内的企业更有可能相互比较从而导致价格的一致，而不可能出现较大价格差异。这样，从交易成本理论和信息披露理论来看，审计师执行首次集团统一审计可能不存在低价揽客现象。

但陈（1999）发现，市场竞争环境越激烈，越有可能导致审计师低价揽客。从中国审计市场结构来看，审计市场竞争非常激烈，每个事务所所占的

---

① 交易成本包括审计师变更成本和初始成本两部分，变更成本是指被审计单位变更审计师所产生的成本（如变更审计师后更容易引起监管部门对被审单位注意等），初始成本是指为使新审计师了解企业经营和财务状况而产生的培训成本，变更审计师将使被审计单位增加以上成本。

② 2004年《国资委统一委托会计师事务所工作试行办法》第三条规定："国资委统一委托会计师事务所对企业年度财务决算审计工作，按照'公开、公平、公正'的原则，采取公开招标或邀请招标的方式进行。"这一规定引起理论界和业界众多讨论，白华、赵迎春（2010）研究了国资委统一委托审计的理论基础，并对统一委托"统"到什么程度以及签约主体、付费方如何确定等事关审计师独立性的问题进行了探讨。

市场份额都不大 [①]，尽管自 2000 年起，政府推动事务所合并、"做大做强"，有证券资格的事务所数量不断减少，但中国审计市场竞争激烈的情形，短时间之内难以发生根本性的转变。显然，企业集团控制的大量上市公司资源是事务所竞争的重点，而事务所若能通过集团统一审计，提高审计的效率，降低审计成本，则事务所提供低价策略来揽客的动机就更大；并且统一审计若使用招标方式进行，也可能加剧事务所之间的价格竞争。

7.5.2 多元回归分析的结果

研究发现，小规模事务所执行的集团统一审计不但不能降低审计收费，反而会增加审计收费，小规模事务所在企业集团可能通过支付更多审计费用以及提供更多审计业务的审计意见购买方式下，其独立性严重受损；而大所进行统一审计可能因知识"溢出"效应而节省了审计成本，降低了审计收费。此外，我们还发现会计师事务所，尤其是小所之间在竞争集团客户时存在明显的低价揽客现象，这可能导致审计师在契约初期较难有动力限制客户机会主义行为，从而损害审计独立性，危及审计质量。

审计师与客户之间的经济依存关系是否损害审计师独立性，这是理论界一直关心的重要议题，也是各国投资者与政策制定者一直担忧的问题。本文从集团统一审计与审计收费关系的角度，揭示了审计师—客户间经济依存关系对审计师独立性的影响，研究结果既丰富了已有的审计学术文献，也能帮助资本市场参与者更加充分地认识集团统一审计的经济后果，并可为统一选聘审计师政策的制定和执行监管提供理论参考。

7.6 企业集团统一审计、审计师变更与审计意见购买

7.6.1 我们的分析

以往研究都是从单个上市公司角度研究审计师变更与审计意见购买的关系，在新兴市场国家，企业集团是重要的组织方式。企业集团作为一个相互关

---

① 按客户资产规模计算国际"四大"在上市公司中的市场占有率 2005 年为 36.7%，2006 年为 40.51%，2007 年约为 50%，但如果按照客户数量计算则都在 10% 以下。2006 年，共有 73 家事务所具有审计上市公司的资格，而同年上市公司总数为 1400 家，平均每家事务所不到 20 家客户（Chen et al., 2010）。

联的经济整体，出于整体利益的考虑，会对集团内公司的审计师选择与变更产生重要影响。集团内的多家上市公司可能选择同一家事务所进行审计（伍利娜等，2012），以往研究发现，当审计师对上市公司出具非标准审计意见，很可能导致公司变更审计师（陆正飞、童盼，2003；吴联生、谭力，2005），在集团统一审计的情况下，由于企业集团内部相互关联，如果审计师对集团内某家公司出具非标准审计意见，也可能导致集团内的其他上市公司变更该审计师，甚至可能导致该审计师损失整个集团的业务，即审计师在审计集团业务过程中存在的这种负面效应的"溢出"，使得审计师对集团内的任何一家上市公司出具非标准审计意见，可能在整个集团导致连锁效应。另外，由于国内审计市场竞争激烈，集团控制的多家上市公司是审计师竞争的主要对象，因而接任审计师有动机去迎合集团客户以期获取更多的集团审计业务。因此，集团客户较容易通过变更事务所，并以提供更多审计业务给续任审计师，来实现审计意见改善。

变更后的事务所可能是首次审计该集团业务，也可能不是首次审计该集团业务的事务所，而是其他已在审计该集团内上市公司的事务所。那么，不同的变更方式是否存在不同的审计效应？我们预期，如果变更之后的续任审计师是首次承担该集团的审计业务，由于期望获得集团更多审计业务的经济利益驱动，可能更容易屈服于集团，从而更容易被收买。

7.6.2 多元回归分析的结果

本书考虑了企业集团内公司因受同一控制人控制而相互关联的特征，将企业集团作为一个整体进行研究，发现审计师对集团内任何一家上市公司出具非标准审计意见具有"溢出"效应，可能导致集团变更该事务所审计的集团内多家上市公司的业务；而且，企业集团能够通过变更事务所改善审计意见。此外，如果变更后的续任审计师为首次审计该集团的业务，由于审计师预期能获得集团内更多审计业务的经济利益驱动，首次审计集团业务的审计师更容易屈服于集团，从而更容易被收买。本文结论为监管部门对集团内公司统一选聘审计师的监管重点提供了新的证据，有利于投资者利益保护和资本市场的健康发展。

7.7 企业集团统一审计与资本成本

7.7.1 我们的分析

在新兴市场国家中，企业集团是主要的企业组织形式（Khanna and yafeh, 2007），同一企业集团内的多家上市公司可能委托同一家事务所审计。集团统一审计会影响审计质量，而且主要是小所统一审计和本地所统一审计会降低审计质量。此外，制度环境的改善可以缓解统一审计所产生的负面影响。那么，集团统一审计对审计质量的潜在影响是否会转化为有形的资本成本影响或集团统一审计是否会产生实质的经济后果，是一个需要回答的问题。我们主要关注，市场是如何看待集团统一审计，集团统一审计会不会存在真正的经济后果，即集团统一审计会不会导致公司真实的权益资本成本降低呢？进一步而言，不同的事务所进行统一审计会不会存在明显不同？此外，法律环境会不会对统一审计的经济后果产生影响？

企业集团统一审计虽然能够更好地了解集团各子公司的经营和运作，可能会产生"知识溢出"效应，提高审计质量，从而降低信息的不对称性。但是，集团统一审计所产生的负面效应可能占据主导作用，也就是说从集团角度来看，企业集团由于自身的代理问题，存在"收买"审计师的动机；而审计师方面，由于审计市场竞争激烈，加上集团客户所带来的更大的经济依赖性，从而损害了审计独立性，降低了审计质量，进而提高了企业的资本成本。

但是，不同的事务所进行统一审计是不完全相同的一致。从以往研究来看，雷诺兹和弗朗西斯（2001）认为，审计师可能会权衡法律责任、声誉和客户重要性的影响，并发现大所对重要的客户显得更加保守。考虑了"深口袋"理论的影响，大所能提供更多的保险功能；或者大所更有动机提供高质量审计来降低诉讼风险或保护品牌的考虑（如，Becker et al., 1998）。李和斯托克斯（Li and Stokes, 2008）进一步研究发现选择小所进行审计其股权资本成本明显更高。前文研究也发现，小所进行统一审计质量更差，也就是说对于小所而言，本身的内部质量控制、人员经验等方向可能存在"先天不足"，加上集团客户带来的更大的经济利益以及外部审计市场的激烈竞争，小所更有可能被集团收买，导致小所统一审计质量下降，进而加大了公司的信息不确定性，提高了公司的资本成本。

具体政治经济制度也会影响审计师的选择从而影响审计的质量（Gul, 2006；Chan et al., 2006），进而影响资本成本。王等（Wang et al., 2008）研究发现，上市公司更倾向于雇佣了本地小所；与非国有企业相比，由省、市和县政府控制的国有企业更加可能聘请本地小所进行审计；而在市场化程度较低的地区，中央控股企业也有这种倾向，本地小所由于政治经济的关联导致审计质量低下。陈（2006）研究也发现，由于政治经济关系的影响，本地所的审计质量更差。前文也发现，本地所进行统一审计可能会因为政治经济关联，而降低审计质量。所以，我们认为本地所统一审计会降低审计质量，从而增加信息不确定性风险，进而提高公司的资本成本。

在国内，2007年全面实施新会计准则和审计准则可能会改变审计师的行为进而影响审计质量。新会计准则实行，加大了审计师执业判断的比重，加大了执业的风险；新审计准则全面引入风险导向审计，也加大了执业的难度。此外，2007年最高人民法院司法解释规定，事务所在民事诉讼中举证责任倒置并变更了事务所民事诉讼受理的程序，也提高事务所的法律诉讼风险。宋衍蘅（2011）认为，相对而言2007年之前的法律环境较为宽松。库拉纳和拉曼（Khurana and Raman, 2004）认为，法律风险会影响审计师的行为，进而会对权益资本成本产生影响。我们认为，一方面，在2007年之后审计师可能会更重视审计风险，更有可能保持应有的职业谨慎，从而此时集团统一审计更有可能提高审计质量，进而降低信息的不对称性，从而降低资本成本；另一方面，由于2007年对审计师的法律责任更加明晰，增加审计师的法律责任，审计的保险作用也有所提高，从而也可以分担部分风险进而降低资金的成本。

7.7.2 多元回归分析的结果

整体而言，集团统一审计不但不能降低资本成本，反而会提高资本成本。进一步研究发现，不同的事务所进行统一审计存在明显不同，从事务所规模来看，选择小所进行统一审计则可能提高资本成本，但没有发现大所统一审计对资本成本造成影响的证据；从地域来看，选择本地所进行统一审计提高了资本成本，而异地所进行统一审计对资本成本没有明显影响。此外，法律环境的变化对统一审计的后果也存在明显影响，在法律环境改善之后统一审计可以降低资本成本。

7.8 结语

上文的分析表明，第一，审计质量。集团统一审计降低了审计质量，亦即企业集团向同一家事务所提供更多的审计业务会对审计师的独立性造成损害。第二，审计收费。小规模事务所执行的集团统一审计不但不能降低审计收费，反而会增加审计收费，小规模事务所在企业集团可能通过支付更多审计费用以及提供更多审计业务的审计意见购买方式下，其独立性严重受损；而大所进行统一审计可能因知识"溢出"效应而节省了审计成本，降低了审计收费。第三，审计师变更。审计师对集团内任何一家上市公司出具非标准审计意见具有"溢出"效应，可能导致集团变更该事务所审计的集团内多家上市公司的业务；而且，企业集团能够通过变更事务所改善审计意见。第四，经济后果。集团统一审计不但不能降低资本成本，反而会提高资本成本；进一步研究发现，不同的事务所进行统一审计存在明显不同；从事务所规模来看，选择小所进行统一审计则可能提高资本成本，但没有发现大所统一审计对资本成本造成影响的证据。

中国电子信息产业集团有限公司 ①

一、集团公司简介

中国电子信息产业集团有限公司（简称"中国电子"）成立于 1989 年 5 月，是中央管理的国有重要骨干企业，以提供电子信息技术产品与服务为主营业务，是中国最大的国有综合性 IT 企业集团。中国电子主营业务分布于"新型显示、网络安全和信息化、集成电路、信息服务"等国家战略性、基础性电子信息产业领域，核心业务关系国家信息安全和国民经济发展命脉。经过多年的资产重组、业务整合、结构优化，目前中国电子拥有二级企业 23 家，控股上市公司 15 家，员工总数 13 万人。

---

① 参考资料：长城电脑、中电广通年度财务报告。

近年来，中国电子基于自身转型升级和国家战略需求，积极应对复杂多变的国内外经济环境，全力提升综合竞争力，建设"显示技术、信息安全、信息服务"三大系统工程，并以此为基础打造五大业务板块协同发展，成效显著，经营规模和质量效益连创历史新高。2015年，中国电子实现营业收入1981.9亿元，资产总额达2477.8亿元，位列电子百强三甲，连续6年入选《财富》世界500强，排名第329位。

中国长城计算机深圳股份有限公司（股票名称：长城电脑）成立于1986年，1997年在深圳证券交易所上市。目前，注册资本13.2亿元，是中国电子信息产业集团有限公司通过长城科技股份有限公司控股的骨干企业。长城电脑业务涵盖计算机关键零部件、计算机整机及消费数码产品等领域，是全球最大的显示器研发制造商、全球第四大液晶电视研发制造商、国内最大的计算机电源研发制造商。长城电脑是中国第一台高级中文微型计算机长城0520CH的研发制造商，拥有"Great Wall 长城"和"AOC"（冠捷科技）两个"中国驰名商标"，"长城"品牌连续五年荣膺"中国十大消费电子领先品牌"。

中电广通股份有限公司（股票名称：中电广通），于1996年11月4日在上海证券交易所挂牌上市。中电广通主营业务涉及通信产品及服务，计算机系统集成与分销，集成电路（IC）卡及模块封装以及金融投资等多个领域。中电广通下属子公司分别通过ISO9001质量管理体系认证和ISO14001环境管理体系认证，是国家认定的高新技术企业。

二、事务所简介和排名

（一）事务所简介

深圳南方民和会计师事务所（以下称"本所"）于1990年9月经中华人民共和国审计署和深圳市人民政府批准成立，1997年12月改制成为具有法人资格的会计师事务所，现为马施云国际会计师事务所成员所。为深圳南方（原证券许可证所）、深圳民和合并而成。本所由12名合伙人发起成立，从业人员385人（海外留学归国人员8人），其中：中国注册会计师135人，中国注册评估师35人，具有证券期货相关业务资格的注册会计师近40人，中国注册税务师28人，造价工程师15人，房地产估价师、土地估价师10人，从业人员中具有会计、审计、法律、经济、工程技术等高级技术职务的20人，具有中级专业技术职务的占81%，同时建立了金融、财务、审计、重组、工程造价咨询、海外上市等专家咨询网络系统，致力于为客户服务。本所下设八部二室，三个全资子公司，三个分所。2009年9月合并入中审国际会计师事务所有限公司。

（二）事务所排名（见表7-6）

大信会计师事务所和利安达信隆会计师事务所在国内事务所的排名为前十大所，而深圳南方民和会计师事务所排名为前50位的小所。

表7-6

事务所名称	2007年度总收入（万元）	综合得分名次	事务所名称	2007年度总收入（万元）	综合得分名次
普华永道中天会计师事务所	262571	1	新联谊会计师事务所	9009	26
安永华明会计师事务所	231580	2	浙江东方会计师事务所	8804	27
德勤华永会计师事务所	212428	3	开元信德会计师事务所	9399	28
毕马威华振会计师事务所	194496	4	武汉众环会计师事务所	8705	29
中瑞岳华会计师事务所	50467	5	江苏公证会计师事务所	9036	30
立信会计师事务所	37140	6	江苏天衡会计师事务所	9064	31
信永中和会计师事务所	25432	7	北京永拓会计师事务所	7570	32
大信会计师事务所	22907	8	中喜会计师事务所	7195	33
万隆会计师事务所	19441	9	中准会计师事务所	7205	34
利安达信隆会计师事务所	18778	10	北京五联方圆会计师事务所	6701	35
中审会计师事务所	18831	11	亚太中汇会计师事务所	6739	36
天华会计师事务所	16837	12	中天运会计师事务所	6597	37
浙江天健会计师事务所	18150	13	深圳大华天诚会计师事务所	7437	38
天职国际会计师事务所	18308	14	北京红日会计师事务所	7209	39

续表

事务所名称	2007年度总收入（万元）	综合得分名次	事务所名称	2007年度总收入（万元）	综合得分名次
中和正信会计师事务所	14687	15	深圳市鹏城会计师事务所	8169	40
天健华证中洲（北京）会计师事务所	15995	16	北京中天恒会计师事务所	6062	41
北京京都会计师事务所	12294	17	江苏天华大彭会计师事务所	6444	42
安永大华会计师事务所	11977	18	立信羊城会计师事务所	7558	43
北京兴华会计师事务所	10597	19	上海东华会计师事务所	6172	44
中磊会计师事务所	10991	20	北京中证天通会计师事务所	5790	45
上海众华沪银会计师事务所	11275	21	上海上会会计师事务所	6328	46
亚洲会计师事务所	10146	22	北京中路华会计师事务所	4282	47
中汇会计师事务所	10016	23	五洲松德联合会计师事务所	5389	48
浙江万邦会计师事务所	9995	24	北京天圆全会计师事务所	5105	49
江苏苏亚金诚会计师事务所	9427	25	深圳南方民和会计师事务所	7113	50

三、审计意见和审计师变更（见表7-7）

2006 年中国电子信息产业集团有限公司控股的上市公司长城电脑和中电广通都是由深圳南方民和进行审计，并且中电广通被出具无保留意见加事项段的审计意见；而 2007 年中国电子信息产业集团有限公司控股的两家上市公司都发生了审计师变更，分别由利安达信隆和大信事务所进行审计。

表7-7

公司代码	公司名称	年度	会计师事务所	审计意见
66	长城电脑	2006	深圳南方民和	标准无保留意见
600764	中电广通	2006	深圳南方民和	无保留意见加事项段

续表

公司代码	公司名称	年度	会计师事务所	审计意见
600764	中电广通	2007	利安达信隆	无保留意见加事项段
66	长城电脑	2007	大信	标准无保留意见

讨论题：

1. 请结合案例资料分析2006年长城电脑和中电广通审计师变更的原因。

2. 对于如何监管企业集团的事务变更和意见购买行为，您有何看法？

参考文献：

［1］储一昀、仓勇涛、王琳，"财务分析师能认知审计任期的信息内涵吗？"，载于《会计研究》2011年第1期，第90~94页。

［2］刘成立、张继勋，审计师变更与审计收费——两种理论的检验［J］，载于《管理科学》2006年第19期，第89~96页。

［3］刘继红，"高管会计师事务所关联、审计任期与审计质量"，载于《审计研究》2011年第2期，第63~67页。

［4］刘启亮、陈汉文，"客户重要性与审计质量—来自中国上市公司的经验证据"，中国会计学会2006年学术年会论文集，2006年，第944~969页。

［5］刘启亮、唐建新，"学习效应、私人关系、审计任期与审计质量"，载于《审计研究》2009年第4期，第52~64页。

［6］陆正飞、童盼，"审计意见、审计师变更与监管政策"，载于《审计研究》2003年第3期，第30~35页。

［7］陆正飞、王春飞，《集团统一审计：现状、意义及潜在影响》，载于《财会通讯》2011年第16期，第6~7页。

［8］陆正飞、王春飞、伍利娜，2012，"制度变迁、集团客户重要性与非标准审计意见"，载于《会计研究》2012年第10期，71~78页。

［9］罗党论、黄杨，"会计师事务所任期会影响审计质量吗？——来自中国上市公司的经验证据"，载于《中国会计评论》2007年第6期，第233~248页。

［10］沈玉清、戚务君、曾勇，"审计任期、公司治理与盈余质量"，载于

《审计研究》2009 年第 2 期，第 50～56 页。

　　[11] 沈玉清、戚务君、曾勇，"审计师任期、事务所任期与审计质量"，载于《管理学报》2008 年第 3 期，第 288～300 页。

　　[12] 宋衍蘅，"审计风险、审计定价与相对谈判能力"，载于《会计研究》2010 年第 2 期，第 79～84 页。

　　[13] 王春飞、伍利娜、陆正飞，"集团统一审计与审计质量"，载于《会计研究》2010 年第 11 期，第 65～71 页。

　　[14] 王春飞等，2010；伍利娜等 2012；陆正飞等，2012；陆正飞和王春飞，2011 刘成立和张继勋，2006 等，陆正飞、童盼，2003；吴联生、谭力，2005，宋衍蘅（2011）。

　　[15] 王艳艳、于李胜，"法律环境、审计独立性与投资者保护"，载于《财贸经济》2006 年第 5 期，第 32～38 页。

　　[16] 吴联生、谭力，"审计师变更决策与审计意见改善"，载于《审计研究》2005 年第 2 期，第 34～40 页。

　　[17] 伍利娜、王春飞、陆正飞，"集团统一审计能降低审计收费吗？"，载于《审计研究》2012 年第 1 期，第 69～77 页。

　　[18] 夏立军、陈信元、方秩强，"审计任期与审计独立性：来自中国证券市场的经验证据"，载于《中国会计与财务研究》2005 年第 1 期，第 55～71 页。

　　[19] 谢志华，"审计职业判断、审计风险与审计责任"，载于《审计研究》2000 年第 6 期，第 42～47 页。

　　[20] 余玉苗、李琳，"审计师任期与审计质量之间关系的理论分析"，载于《经济评论》2003 年第 5 期，第 124～128 页。

　　[21] 喻小明、聂新军、刘华，"事务所客户重要性影响审计质量吗？"，载于《会计研究》2008 年第 10 期，第 66～73 页。

　　[22] 赵保卿，"注册会计师审计法律责任研究"，载于《审计研究》2002 年第 3 期，第 38～42 页。

　　[23] 朱春艳、伍利娜，"上市公司违规问题的审计后果研究——基于证券监管部门处罚公告的分析"，载于《审计研究》2009 年第 4 期，第 42～50 页。

　　[24] Ball, R., Kothari, S.P., Robin, A., "The effect of institutional factors on

properties of accounting earnings: international evidence", Journal of Accounting and Economics 2000,Vol.29:1-52.

［25］Beatty, R., The economic determinants of auditor compensation in the initial public offerings market, Journal of Accounting Research 1993, 31: 294-302.

［26］Bushman, R., Piotroski, J., Smith, A., "What determines corporate transparency?" Journal of Accounting Research, 2004, Vol. 42: 207-252.

［27］Chan, D.K., Lowballing and efficiency in a two-period specialization model of auditing competition, Contemporary Accounting Research 1999, 16: 609-642.

［28］Chan, H., Lin, K., Mo, P., "A political–economic analysis of auditor reporting and auditor switches", Review of Accounting Studies, 2006,Vol. 11: 21-48.

［29］Chan, K. H, and D., Wu, "Aggregate Quasi Rents and Auditor Independence: Evidence from Audit Firm Mergers in China", Contemporary Accounting Research, 2011,Vol. 28(1):175-213.

［30］Chan, L., "Does Client Importance Affect Auditor Independence at the Office Level? Empirical Evidence from Going-Concern Opinions", Contemporary Accounting Research, 2009, Vol. 26(1):201-230.

［31］Chen, S., S Sun, and D. Wu, Client Importance, Institutional Improvements, and Audit Quality in China: An Office and Individual Auditor Level Analysis, The Accounting Review 2010, 85(1) : 127-158.

［32］Chung, H. S., and S. Kallapur, "Client importance, nonaudit services, and abnormal accruals", The Accounting Review, 2003, Vol. 78 (4): 931-955.

［33］Craswell, A.T., R..Francis, and S.L.Taylor, Auditor brand name reputations and industry specialization, Journal of Accounting And Economics 1995,20: 297-322.

［34］Datta, S., R. D'Mello, and M. Iskandar-Datta, "Executive Compensation and Internal Capital Market Efficiency", Journal of Financial Intermediation, 2009,Vol.18: 242-258.

［35］Davis, L. R.,B. Soo. and G. Trompeter,"Auditor tenure, auditor independence, and earnings management." Working Paper, Boston College, Chestnut Hill. MA, 2000.

［36］DeAngelo L.E., Auditor Independence, Low Balling, and Disclosure Regulation, Journal of Accounting and Economic 1981, 3: 113-117.

［37］DeFond M L., T. J. Wong, S. Li, "The Impact of Improved Auditor Independence on Audit Market Concentration in China", Journal of Accounting and Economics, 1999, Vol. 28: 269-306.

［38］Dye, R.A., "Auditing standards, Legal liability and auditor Wealth", Journal of Political Economy, 1993,Vol.10: 887-914.

［39］Eisfeld, A.L. and A. A.Rampini, "Managerial Incentives, Capital Reallocation, and the Business Cycle", Journal of Financial Economics, 2008,Vol.87:177-199.

［40］Faccio, M., "Politically connected firms", The American Economic Review, 2006, Vol. 96: 369-386.

［41］Fan, J, and T. J. Wong. "Do External Auditors Perform a Corporate Governance Role in Emerging Markets? Evidence from East Asia", Journal of Accounting Research, 2005.Vol. 43 (1): 35-72.

［42］Francis, J., and D. Wang, "The joint effect of investor protection and Big 4 audits on earnings quality around the world", Contemporary Accounting Research, 2008, Vol. 25 (1): 157-191.

［43］Granovetter, M., "Business Groups and Social Organization." In The Handbook of Economic Sociology, Second Edition, Princeton: Princeton University Press, 2005.

［44］Gul, F., "Auditors' response to Political Connections and Cronyism in Malaysia", Journal of Accounting Research, 2006, Vol. 44 (5): 931-963.

［45］Gul, F., "Auditors' response to Political Connections and Cronyism in Malaysia", Journal of Accounting Research, 2006, Vol. 44 (5): 931-963.

［46］Johnson.S, R, La Porta, Florencio Lopez-de-Silanes and A. Shleifer, A Tunneling, American Economic Review 2000, 90: 22-27.

［47］Khanna, T., and Y. Yafeh, "Business groups in emerging markets: Paragons or Parasites?" Journal of Economic Literature, 2007, Vol. 45: 331-372. Fan, J, and T. J. Wong. "Do External Auditors Perform a Corporate Governance Role in Emerging Markets? Evidence from East Asia", Journal of Accounting Research,

2005,Vol. 43 (1): 35-72.

［48］Khurana, I. K. and K. K. Raman. "Litigation Risk and the Financial Reporting Credibility of Big 4 versus Non-Big 4 Audits: Evidence from Anglo-American Countries",The Accounting Review, 2004,Vol. 79, (2): 473-495.

［49］La Porta R, Florencio Lopez-de-Silanes, A. Shleifer, Corporate Ownership Around the World, Journal of Finance 1999, 54:471-517.

［50］Leuz, C., Oberholzer-Gee, F., "Political relationships, global financing and corporate transparency: evidence from Indonesia", Journal of Financial Economics, 2006, Vol. 81:411-439.

［51］Li, Y., Stokes, D., "Audit Quality and Cost of Equity Capital", 2nd Workshop of Audit Quality, EIASM. 2008.

［52］Mansi, S. A., W.F. Maxwell, and D. P. Miller, "Does Auditor Quality and Tenure Matter to Investors? Evidence from the Bond Market", Journal of Accounting Research, 2004, Vol. 42(4):755-793.

［53］Myers, J., L. Myers, and T. Omer,"Exploring the term of auditor-client relationship and the quality of earnings: A case for mandatory auditor rotation?",The Accounting Review, 2003,Vol. 78: 779-799.

［54］Reynolds, J.K., Francis, J.R., "Does size matter? The influence of large clients on office level reporting decisions", Journal of Accounting and Economics, 2001, Vol. 30:375-400.

［55］Shleifer, A. and R. W. Vishny, "A Survey of Corporate Governance", Journal of Finance, 1997,Vol.52:737-783.

［56］Shleifer, A., "State versus private ownership", Journal of Economic Perspectives, 1998, Vol. 12:133-150.

［57］Simon, D. T., and, R. Francis, The effects of auditor change on audit fees: Tests of price cutting and price recovery, The Accounting Review 1988,63: 255-269.

［58］Stein, J. C. Internal Capital markets and Competition for Corporate Resources, Journal of Finance 1997, 52:111-133. DeFond M L., T. J. Wong, S. Li, "The Impact of Improved Auditor Independence on Audit Market Concentration in China", Journal of Accounting and Economics, 1999,Vol. 28: 269-306.

［59］Wang, Q., T. J. Wong, and L. Xia, "State Ownership, the Institutional Environment, and Auditor Choice: Evidence from China", Journal of Accounting and Economics, 2008, Vol. 46 (1): 112-134.

［60］Williamson, Becker, C.L., DeFond, M.L., Jiambalvo, J.Subramanyam, K.R, 1998, "The Effect of Audit Quality on Earnings Management", Contemporary Accounting Research, 1975, Vol.15 (1):1-24.

［61］Williamson,O. E.,"Markets and Hierarchies: Analysis and antitrust implications", New York: Collier Macmillan Publishers 1975.

第 8 章

集团企业的过度负债 [1]

8.1　引言

已有研究发现，由于政府隐性担保，国有企业具有债务融资的便利性（方军雄，2007；Chang et al., 2014），但这一便利性似乎带来了国有企业的高负债。部分央企负债率频频超过国资委划定的70%"警戒线"，部分地方国有企业的资不抵债也引起媒体的广泛关注 [2]。2013年末，1/3以上央企负债率超过70%，前10位央企负债率均超过80%。人们对国有企业高负债可能带来的经营风险产生担忧。

图8-1反映了2002～2013年某央企集团公司资产负债率变化趋势。可以发现，该集团公司资产负债率在这段时期总体呈不断上升之势。尤其是2007～2008年，负债率跃升了近8个百分点。这与该年实施的4万亿经济刺激计划不无关系。不断攀升的负债率，给企业经营和发展带来了极大的风险和负担。第一，由于逐年累计负债总额巨大，企业偿债能力严重不足。截至2013年底，集团公司负债总额6000亿元，其中带息负债5000亿元，当年利息总支出约为350亿元。第二，高负债率对集团公司在金融市场融资带来诸多困难：首先，融资准入困难。在资金有限和防范风险的情况下，金融机构无疑将提高融资准入门槛，同等条件下高负债率企业将被淘汰。其次，附加担保条

---

①　本章主要参考论文：陆正飞、何捷、窦欢：《谁更过度负债：国有还是非国有企业？》，《经济研究》2015年第12期。

②　http://finance.ifeng.com/a/20130802/10339512_0.shtml.

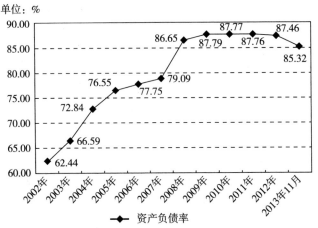

图 8-1 某央企业集团公司资产负债率变化趋势图

件。集团总部尚可能获取信用融资，但对于高负债率的分子公司，特别是基层企业，金融机构一般都要求上级企业提供相应担保，通过担保融资实际上将有关企业进行了风险捆绑、连坐。最后，提高融资成本。在资金偏紧的条件下，金融市场化后金融机构议价能力增强，特别是对于财务状况、盈利能力较差的企业，必然要求上浮利率，这将进一步加大集团公司财务负担。第三，高负债率增加经营压力、降低融资能力，制约了集团企业的可持续发展，影响到发展战略的实现。国资委将降低负债率作为硬性指标考核集团公司，明确要求集团公司逐年降低负债率。在盈利能力有限的情况下，只有严格控制投资规模，从而制约和影响发展速度。第四，资产负债率过高将直接产生债务风险。企业集团是多个法人的经济联合体，负债经营风险并不完全通过集团合并报表的资产负债率指标反映出来，而是和集团所属各成员企业的具体偿债能力相联系。极个别企业资产负债率过高对集团公司尚可容忍、能够解决，这是集团化运作的优势，如果集团公司整体资产负债率过高则将带来系统性风险。特别是部分长期亏损企业，由于财务状况急剧恶化，负债率持续攀升，营运资金高度紧张，再融资十分困难，面临资金链断裂问题，一旦处理不好不及时，甚至可能会波及集团整体。第五，由于资产负债率较高，已经给集团公司带来不小的负面影响。国资委高度关注集团公司负债率问题，已经将负债率纳入年度经营业绩考核指标，明确要求只能降不能升。近两届监事会对集团公司"一保一降"提出具体要求，要求切实把资产负债率降下来。社会高度关注国企特别是央企改革，负债率过高可能会让部分民众对集团公司经营管理能力和效果产生质疑，进而影响集团的形象和声誉。

但是，仅看企业实际负债率高低可能无法判断其负债状况是否合理，原因有二：一方面，已有研究发现企业具有目标负债率（或最优负债率），且目标负债率受到企业特征及外部因素的影响（陆正飞和高强，2003；姜付秀等，2008；Goyal，2009；Chang et al.，2014），因此不同企业的目标负债率可能不同，判断企业负债率是否合理不应只看实际负债率高低，而应看实际负债率是否偏离目标负债率及其程度；另一方面，尽管已有研究发现负债率与企业未来市场回报及成长性间存在负相关关系，但是卡斯基等（Caskey et al.，2012）将负债率分解为目标负债率和过度负债率后发现，过度负债是导致企业负债率与未来股票市场回报及成长性间负相关关系的决定因素，因此，关注企业过度负债率水平而非实际负债率水平应该更有意义。

不同产权性质企业的过度负债水平可能有所差异。但如何比较国有与非国有企业的负债水平和负债风险，则是一件并不简单的事情。首先，"债务融资优势假说"认为，由于政府隐性担保的存在，国有企业具有债务融资优势。即使国有企业当前负债率较高甚至无法支付利息，考虑到其未来融资便利性及破产风险较低，其偏离目标负债率的程度和可能性或许较低，这就导致国有企业静态角度下过度负债而动态角度下未过度负债。其次，"股权融资优势假说"认为，由于政府隐性担保的存在，国有企业也具有股权融资优势。这一优势可能使得国有企业并不依赖于债务融资，导致其静态及动态角度下均未过度负债。最后，"财务危机成本假说"认为国有企业陷入财务危机时更可能获得政府资金扶持，其自身的财务危机成本较小，为减少未来财务危机成本而控制负债率水平的动机较小，更可能过度利用债务融资，导致其静态及动态角度下过度负债水平均较高。

为了验证以上假说，我们将首先以企业实际负债率减去目标负债率的差额衡量企业过度负债水平（以下简称"过度资产负债率"），考察长期及动态角度下国有企业性质与过度负债的关系。另外，我们根据企业利息覆盖率是否过低（以下简称"过低利息覆盖率"）衡量短期及静态角度下企业是否过度负债。我们试图通过这样的研究，观察长期及动态角度下的过度负债和短期及静态角度下的过度负债是否具有一致性，以及国有企业与非国有企业各自的表现特征及其相互之间的差异。

8.2　理论分析

国内已有文献对企业性质与资本结构间的关系做了一些探讨，但研究结果并不一致。方军雄（2007）认为，国有企业在产品市场、要素市场等市场中拥有的先天优势和政治关系，其违约风险更低，并且更可能得到额外的政策资金扶持，导致其更容易获取银行贷款，因此国有企业相比于非国有企业具有更高的资产负债率和更长的债务期限结构。肖泽忠和邹宏（2008）则认为，尽管国有企业有国家作为后盾而更容易获得银行贷款，国有企业也因为代理问题严重而更可能进行股权融资以谋取私利，其研究发现总体上国有股、法人股和外资股比例对上市公司总的负债率没有显著影响，但国有企业的长期负债率要高于非国有企业。此外，王跃堂等（2010）以我国 2007 年所得税法改革为背景的研究发现，税率提高的企业中，非国有企业比国有企业增加了更多负债；税率降低的企业中，非国有企业比国有企业减少了更多负债，说明非国有企业在资本结构决策中会更多地考虑债务税盾因素，在税收筹划方面更为激进。李等（Li et al., 2009）以中国非上市公司为样本的研究发现，国有产权性质与企业负债率和长期负债占比显著正相关，所有权结构和制度因素能够解释企业负债变化的 6%，并且国有企业获取长期负债的便利性与其长期投资正相关、与企业业绩负相关。张等（Chang et al., 2014）借鉴戈亚尔（Goyal, 2009）采用贝叶斯信息法则的研究发现，企业产权性质是影响我国企业资产负债率的可靠因素之一，并且由于国有企业的股权融资便利性，国有企业比非国有企业的资产负债率更低。这些研究以不同样本或方法探讨了国有产权性质对企业资本结构水平的影响。但是，它们没有专门关注和回答国有企业负债率是否合理这一问题。

企业负债合理性需要考虑企业实际负债率与目标负债率的偏离情况。尽管各种主流的资本结构理论，诸如权衡理论、啄食理论和市场择时理论等，对于企业是否围绕目标资本结构或最优资本结构经营没有一致结论，但实证证据却表明企业存在目标负债率或最优负债率，并且企业目标负债率受到企业特征及外部环境的影响，不同企业的目标负债率、甚至同一企业不同时期的目标负债率可能不同。多贝兹和旺载瑞德（Drobetz and Wanzenried, 2006）认为，固定资产占比、企业规模、账面市值比和 ROA 决定了企业的目标负债率。陆正飞和高强（2003）针对我国深市上市公司的问卷调查显示，89%的样本公司认为应该设定一个"合理"的目标资本结构；姜付秀等（2008）认为企业目标负债率受到公司规模、盈利能力、成长能力、抵押能力、行业和地区等因素影响。在美国的一项调查中，170位被调查的财务经理中的102位，坚信公司存在最优资本结构，他们中的大多数为公司设计了"目标债务比率"。而且，目标债务比率的设计多建立在对公司经营风险理性估计的基础之上。

　　然而，由于随机事件及调整成本的发生，企业可能偏离目标负债率，导致企业过度负债或负债不足，而企业过度负债或负债不足可能影响企业的经营发展状况。卡斯基等（2012）将负债率分为目标负债率和过度负债率后研究发现，过度负债率是导致负债率与未来股票市场回报及成长性负相关关系的主要原因，并且过度负债能够预测企业未来的基本面信息，但投资者未能很好地捕捉到企业过度负债所提供的信息。萨尔（Uysal, 2011）研究发现，过度负债的企业由于存在未来融资约束，其采取并购措施的可能性更小，尤其是现金收购的可能性更小。尽管企业过度负债可能对其未来经营产生约束或消极影响，由于调整成本的存在，企业可能不会立即调整至目标负债率。班纳吉等（Banerjee et al., 2004）研究发现，企业向目标资本结构调整的速度非常缓慢；莱蒙等（Lemmon et al., 2008）研究发现一些不可观测、不随时间变化的因素导致了负债率横截面的稳定性，并且这一稳定性至少可以维持20年；屈耀辉（2006）研究发现，我国上市公司年度间的资本结构调整速度同样很小。

　　以上研究表明，企业可能存在过度负债行为，而过度负债具有危害性并且企业向目标负债率调整速度较为缓慢。这就意味着，探究横截面上影响公司过度负债的可能因素是极为必要的（张会丽和陆正飞，2013）。在这一方面，国内外也有所尝试。卢夫（Lööf, 2004）研究发现，一国金融结构的规模、资本市场的发展状况以及税收体系对企业调整优化资本结构具有重要影响，具体而言，相比于股权融资占主导的美国公司，瑞典和英国公司实际负债偏离目标负债的程度更大。蒂特曼和齐普拉科夫（Titman and Tsyplakov, 2007）分析认为，债务人与股东间的代理成本减少了企业向目标负债率移动的动机，而财务危机成本可能加强企业向目标负债率移动的动机，并且经济冲击会导致企业偏离目标负债率。姜付秀等（2008）研究表明，公司所在的产品市场竞争越激烈，公司资本结构偏离最优资本结构的幅度越小。迪安杰洛等（Deangelo et al., 2011）分析认为，企业是否过度负债需要在投资机会和未来回调负债成本间进行权衡。迪安杰洛（2011）以及盛明泉等（2012）发现，国有企业的预算软约束程度越大，其实际资本结构与最优资本结构之间的偏离程度也越大。张会丽和陆正飞（2013）研究发现，在控制其他因素的前提下，子公司负债占比越高，企业资本结构偏离最优值的程度越大，但是母公司对集团的整体控制力会对这一关系起到削弱作用。这些研究从国家金融体系层面、企业的财务危机成本、代理成本、产品市场竞争程度、预算软约束程度和集团角度等方面，考察了横截面上企业偏离目标负债率程度的差异，说明不同特征企业的负债偏离水平具有差异。

综上，已有研究多为探讨企业产权性质对企业负债率水平高低的影响，较少探讨产权性质是否会影响企业负债的合理性。我们则重在探讨产权性质对企业过度负债的影响。已有研究认为应当从长期角度看待企业负债率，即使企业当前或短期内负债率较高或存在融资约束，考虑到企业长期较好的发展前景和较强的融资能力，长期来看企业可能并未过度负债（Hovakimian et al., 2004）。就我国而言，出于对经济和社会秩序的考虑，国家会出面帮助银行贷款偿付困难的企业渡过难关（肖泽忠和邹宏，2008）。因此相比于非国有企业，国有企业由于政府隐性担保的存在，其违约风险或破产风险更低，具有债务融资优势，同等条件下其目标负债率可能更高、实际负债率超过目标负债率的程度或可能性更低。即使国有企业当前负债率较高甚至无法支付利息（短期静态角度下存在过度负债），考虑到其未来破产风险较低及较大的债务融资优势，长期角度下可能并未超过目标负债率（长期动态角度下不存在过度负债），这就导致国有企业长期角度与短期角度下过度负债间存在冲突，我们称之为"债务融资优势假说"。

另外，股权融资的便利程度会影响企业的融资方式选择，进而影响其过度负债的可能性。Lööf（2004）发现股权融资便利性会降低企业依赖债务融资的程度，导致企业偏离目标负债率的程度降低。相比于非国有企业，我国国有企业进行股权融资时面临的阻碍更小，具有股权融资优势，这一优势使得国有企业并不过度依赖债务融资（肖泽忠和邹宏，2008；Chang et al., 2014），可能导致国有企业短期内过度进行负债融资的可能性较小、偏离目标负债率的程度或可能性也较小。因此，从股权融资便利性角度看，国有企业短期及长期角度下过度负债的可能性都较小，我们称之为"股权融资优势假说"。

此外，财务危机成本也是企业决定是否过度负债的重要影响因素。蒂特曼和齐普拉科夫（2007）研究认为财务危机成本较高时，企业有动机向目标负债率调整，降低过度负债水平以避免未来融资困难。由于政府隐性担保的存在，我国国有企业面临财务危机时更可能得到政府资金的支持，企业自身的财务危机成本较低，因此控制负债率水平以避免未来财务危机成本的动机较小，反而更可能过度消费银行信用，导致短期内过度负债甚至超过其目标负债率水平，这种情况下国有企业短期及长期角度下的过度负债水平或可能性都较高，我们称之为"财务危机成本假说"。

以上三种假说下企业产权性质与长期、短期角度下的过度负债关系有所不同。"债务融资优势假说"和"股权融资优势假说"均从融资优势角度出发，认为国有企业长期角度下更不可能过度负债，但前一假说下国有企业由于债务融资优势更可能在短期内过度负债，而后一假说下国有企业因股权融资优势短期内更不可能过度负债。"财务危机成本假说"则从财务危机成本角度出发，认为国有企业长期及短期角度下都更可能过度负债。

以上三种假说汇总如表 8-1 所示。

表 8-1 过度负债假说

项目	长期/动态角度	短期/静态角度
债务融资优势假说	不存在过度负债	过度负债
股权融资优势假说	不存在过度负债	不存在过度负债
财务危机成本假说	过度负债	过度负债

综上所述，关于国有企业与非国有企业究竟谁更可能过度负债，理论分析的结果是不确定的。可能是国有企业更过度负债，也可能是非国有企业更过度负债。下文将扼要介绍我们就上述假说进行实证检验所得到的经验证据。

8.3 经验证据

我们以沪深两市 2004～2012 年全部上市公司为研究样本，样本期始于2004 年。样本筛选过程中，我们剔除同时发行 B 股或 H 股上市公司年度样本 1290 个，剔除 ST 公司年度样本 443 个，剔除金融行业的公司年度样本 143

个，剔除资产负债率大于 1 的异常值 269 个，剔除缺失值 3573 个[①]，最终得到公司年度样本 10046 个。为了减少离群值的影响，我们对所有连续型变量进行 1% 的极端值处理。数据来源于 CSMAR 数据库和 WIND 数据库。

已有研究对于长期角度下过度负债的衡量主要采用三种方式：（1）实际负债率减去通过资产负债率对其主要影响因素回归得到的目标负债率（姜付秀等，2008；Uysal，2011；Denis and Mckeon，2012；张会丽和陆正飞，2013）；（2）实际负债率减去当年行业负债率中位数或均值（姜付秀等，2008；张会丽和陆正飞，2013）；（3）格拉哈姆（Graham，2000）的 Kink 值，即公司负债所能达到最大税收优惠时的利息支出 / 实际利息支出（Graham，2000；Caskey et al.，2012）。这三种方式的区别主要在于对目标负债率的理解。第一种方式认为目标负债率由企业特征、行业和宏观因素决定，较为全面；第二种方式认为企业目标负债率以行业负债率为标准，但可能忽略了行业内异质性；第三种方式认为企业目标负债率由税收因素决定，但近期研究表明，控制其他因素后，税收对企业资产负债率的影响不显著（Rajan and Zingales，1995；Goyal，2009；öztekin and Flannery，2012；Chang et al.，2014）。因此近期文献一般是通过企业负债率对其主要影响因素回归的方式计算目标负债率。我们也采用该方式衡量企业目标负债率并进而得到过度负债指标。此外，已有文献在通过回归取得目标负债率过程中采用的负债率主要包括账面负债率和市场负债率，考虑到我国股票市场中市场负债率噪音较大，我们采用账面负债率衡量企业的资产负债率（Chang et al.，2014）。

具体而言，我们根据哈福德等（Harford et al.，2009）和丹尼斯和麦基翁（Denis and Mckeon，2012）对样本分年度进行 tobit 回归预测企业的目标负债率[②]，回归模型如下：

$$LEVB_t = \alpha_0 + \alpha_1 SOE_{t-1} + \alpha_2 ROA_{t-1} + \alpha_3 IND\_LEVB_{t-1}$$
$$+ \alpha_4 GROWTH_{t-1} + \alpha_5 FATA_{t-1} + \alpha_6 SIZE_{t-1} + \alpha_7 SHRCR1_{t-1} \quad (8-1)$$

企业实际负债率减去模型（8-1）预测得到的目标负债率即为过度资产负债率 EXLEVB，该指标越大，表明长期角度下企业过度负债水平越高。稳健

[①] 由于计算目标负债率的回归模型中，控制变量采用滞后一期的数据，2004 年新上市公司的相关数据缺失。此外，其他已上市公司也有部分缺失数据，导致总体上缺失数据较多。

[②] 通过分年度 Tobit 回归可以有效控制一些宏观因素（如通货膨胀）的影响。

性检验中我们设定虚拟变量 EXLEB_dum 衡量企业长期角度下是否过度负债，当 EXLEVB 大于 1 时，EXLEVB_dum 取 1，否则为 0。模型（1）中控制变量的选择依据 Chang et al.（2014）。Chang et al.（2014）借鉴 Goyal（2009）的贝叶斯信息准则（BIC）研究方法，发现影响我国企业资产负债率稳定而可靠的因素包括企业盈利能力（ROA）、行业负债率的中位数（IND_LEVB）、总资产增长率（GROWTH）、固定资产占比（FATA）、企业规模（SIZE）、国有性质（SOE）和第一大股东持股比例（SHRCR1）[1]。

模型（8-1）中采用企业总负债占总资产比例（LEVB）衡量企业负债率，更多是从债务所带来的代理成本角度考虑负债，并且无法反映企业短期内是否具有债务违约风险（Myers, 1977；Jensen and Meckling, 1979；Rajan and Zingales, 1995）。另一些研究者（Aghion and Bolton, 1992）更多地将负债率视为企业在财务危机时控制权从股东转向利益相关者或债务人的一种途径，这时对于企业而言更重要的问题在于是否具有定期偿还能力，那么更恰当的指标就是利息覆盖率（Rajan and Zingales, 1995；Faulkender and Petersen, 2006）。当利息覆盖率过低，企业盈利不足以支付利息时，企业具有债务违约风险，从短期及静态角度看，这也属于过度负债，因此我们也设置过低利息覆盖率指标 EXINTR_dum，当利息覆盖率小于 1 时取 1，表示短期角度下企业存在过度负债；否则取 0。作为稳健性检验，我们放松利息覆盖率的临界值为 2.5，设置指标 EXINTR_dum1，即当利息覆盖率小于 2.5 时取 1，否则取 0。

为检验国有企业是否过度负债，我们设计如下模型：

$$EXLEVB = \beta_0 + \beta_1 SOE + \beta_2 ROA + \beta_3 IND\_LEVB + \beta_4 GROWTH + \beta_5 FATA$$
$$+ \beta_6 SIZE + \beta_7 SHRCR1 + \beta_8 MB + \beta_9 EXP + \beta_{10} NDTS + \beta_{11} ETR$$
$$+ \beta_{12} VEBITTA + \beta_{13} VCF + \beta_{14} MANAOWN + \varepsilon \qquad (8-2)$$

$$Logit(EXINTR\_dum) = \beta_0 + \beta_1 SOE + \beta_2 LEVB + \beta_3 GROWTH + \beta_4 FATA$$
$$+ \beta_5 SIZE + \beta_6 SHRCR1 + \beta_7 MB + \beta_8 EXP + \beta_{19} NDTS$$
$$+ \beta_{10} ETR + \beta_{11} VEBITTA + \beta_{12} VCF + \beta_{13} MANAOWN$$
$$+ INDUSTRY + YEAR + \varepsilon \qquad (8-3)$$

[1] 我们在模型（1）中控制 SOE，也就假设了全样本中过度负债的均值为 0，而国有企业、非国有企业各自的过度负债均值并不一定为 0。这一假设的合理性在于——国有企业性质带来的隐性担保可能为企业带来融资便利性，且债权人（如银行等）在发放债务时可能并不会关注债务在不同产权性质企业内的平衡。

模型（8-2）中被解释变量为 EXLEVB，模型（8-3）中被解释变量为 EXINTR_dum，主要解释变量为企业性质（SOE），同时根据姜付秀等（2008）和 Chang et al.（2014）的做法，我们控制了其他可能影响企业过度负债的特征因素，包括盈利能力（ROA）[1]、行业负债率中位数（IND_LEVB）、总资产增长率（GROWTH）、固定资产占比（FATA）、企业规模（SIZE）、第一大股东持股比例（SHRCR1）、账面市值比（MB）、管理费用率（EXP）、非债务税盾（NDTS）、实际税率（ETR）、盈利波动性（VEBITTA）、现金流波动性（VCF）、管理层持股比例（MANAOWN），模型（8-2）中还控制了行业和年度虚拟变量。各变量说明见表 8-2。

表 8-2　　　　　　　　　　　　　　变量说明

变量	变量说明	变量	变量说明
LEVB	账面资产负债率 = 总负债 / 总资产	FATA	固定资产占总资产比重
EXLEVB	根据模型（1）计算的过度资产负债率	SIZE	资产的自然对数
EXLEVB_dum	当 EXLEVB 大于 1 时，EXL-EVB_dum 取 1，否则为 0	SHRCR1	第一大股东持股比例
INTR	利息覆盖率 =EBITDA/ 利息支出	MB	账面市值比
EXINTR_dum	EBITDA/ 利息支出 <1 取 1，否则为 0	EXP	管理费用率 = 管理费用 / 总资产
EXINTR_dum1	当利息覆盖率小于 2.5 时取 1，否则取 0	NDTS	非债务税盾 = 折旧费用 / 总资产
SOE	国有企业取 1，非国有企业取 0	ETR	所得税率 = 所得税 / 利润总额
ROA	ROA= 营业利润 / 总资产	VEBITTA	EBIT/TA 三年波动率
IND_LEVB	LEVB 行业中位数	VCF	现金流 / 总资产的三年波动率
GROWTH	总资产增长率	MANAOWN	管理层持股比例

---

[1]　由于模型 3 中被解释变量是根据 EBITDA/ 利息支出计算得来的虚拟变量，已经考虑了经营业绩 EBITDA，而 EBITDA 与 ROA 会产生数学上的高度相关，处于技术上的考虑我们在模型 3 中未控制 ROA。

表 8-3 列示了本书主要变量的描述性统计。由该表中的数据可知，企业资产负债率平均为 51%，样本中 52.1% 的企业实际资产负债率超过目标资产负债率，利息覆盖率均值为 60.91，8.9% 的企业当年 EBITDA（息税折旧前利润）不足以支付利息支出，此外国有企业占比 61.2%。

表 8-3　　　　　　　　　　　　描述性统计

variable	N	mean	sd	min	p25	p50	p75	max
LEVB	10046	0.510	0.185	0.089	0.378	0.520	0.646	0.909
EXLEVB	10046	0.000	0.151	−0.666	−0.096	0.008	0.102	0.776
EXLEVB dum	10046	0.521	0.500	0.000	0.000	1.000	1.000	1.000
INTR	10046	60.911	288.012	−9.839	3.015	5.958	15.222	2506.001
EXINTR dum	10046	0.089	0.285	0.000	0.000	0.000	0.000	1.000
EXINTR dum1	10046	0.193	0.395	0.000	0.000	0.000	0.000	1.000
SOE	10046	0.612	0.487	0.000	0.000	1.000	1.000	1.000
ROA	10046	0.037	0.061	−0.178	0.010	0.034	0.065	0.214
IND LEVB	10046	0.490	0.098	0.270	0.419	0.502	0.561	0.708
GROWTH	10046	0.187	0.405	−0.312	0.008	0.104	0.240	3.028
FATA	10046	0.279	0.183	0.002	0.137	0.248	0.402	0.772
SIZE	10046	21.664	1.094	19.286	20.888	21.569	22.316	24.810
SHRCR1	10046	37.026	15.723	9.087	24.320	34.870	49.010	75.100
MB	10046	0.741	0.280	0.153	0.527	0.761	0.957	1.441
EXP	10046	0.047	0.031	0.004	0.025	0.041	0.061	0.168
NDTS	10046	0.024	0.016	0.000	0.012	0.021	0.033	0.078
ETR	10046	0.187	0.185	−0.521	0.101	0.174	0.268	0.878
VEBITTA	10046	0.033	0.042	0.001	0.009	0.018	0.038	0.256
VCF	10046	0.057	0.048	0.003	0.024	0.043	0.074	0.266
MANAOWN	10046	0.036	0.116	0.000	0.000	0.000	0.001	0.602

回归结果表明：（1）长期角度下，国有企业过度负债的水平和可能性更低，符合"债务融资优势假说"或"股权融资假说"，"财务危机成本假说"得以排除。（2）短期角度下，国有企业更可能过度负债，这与长期角度下国有企业更不可能过度负债的结果相冲突，支持了"债务融资优势假说"，"股权融资优势假说"被排除。

企业当前利润无法弥补利息支出时，说明短期内违约风险较高，既影响其当前的流动性，同时也可能致使其未来融资困难，因此静态角度下过度负债的公司往往从长期或动态角度看也存在过度负债，也就是说企业静态与动态角度下的过度负债状况可能具有一致性。但公司的一些特征也可能影响企业静态与动态角度下过度负债状况的一致性，比如，对于成长性较高的企业，即使企业当前或短期内负债率较高或存在融资约束，考虑到企业长期较好的发展前景和较强的融资能力，长期来看企业可能并未过度负债（Hovakimian et al.，2004）。如前文所述，我们发现国有企业短期角度下更可能过度负债而长期角度下未过度负债，这种看似矛盾的现象说明国有性质可能为债务违约风险高的国有企业提供了隐性担保，提高了其未来债务融资能力，使其目标资产负债率较高，从而过度资产负债率较低，支持了"债务融资优势假说"。

为了进一步验证这一结果，我们在控制其他可能的影响因素后，以企业过度资产负债率对过低利息覆盖率、国有企业性质及其交乘项进行回归，检验国有产权性质是否降低了短期角度和长期角度下过度负债的一致性。此外，由于隐性担保作为额外的非正常的债务担保，其更可能在企业资产负债率过度时起到相应作用，我们将样本分为资产负债率过度（EXLEVB>0）和不足（EXLEVB<0）两个样本进行检验。回归结果表明，在资产负债率过度（EXLEVB>0）的样本中，企业短期违约风险越高时，其长期角度下过度负债的程度更高，但是国有产权性质削弱了短期违约风险与长期角度下过度负债之间的一致性，表明国有产权性质带来的隐性担保降低了企业的动态负债风险。在资产负债率不足（EXLEVB<0）的样本中，企业过低利息覆盖率与过度资产负债率基本正相关，国有产权性质对短期角度与长期角度过度负债关系的影响不显著。这些结果支持了"债务融资优势假说"。

8.4　结语

本书研究发现，相比于非国有企业，国有企业实际资产负债率超过目标资产负债率的可能性更小，说明从长期及动态角度看，国有企业并未过度负债；但是，国有企业利息覆盖率更可能低于警戒线，说明从短期及静态角度看，国有企业债务违约风险更高，更可能存在过度负债。进一步研究发现，企业动态角度下的过度负债（过度资产覆盖率）与静态角度下的过度负债（过低利息覆盖率）具有一致性，但是企业资产负债率超过目标负债率时，国有产权性质会削弱二者间的正相关关系，说明国有产权性质带来的隐性担保降低了企业债务违约风险对动态负债风险的负面影响。

　　本书研究结果表明，从长期来看，国有产权性质降低了企业的过度负债风险，但是随着国有企业市场化改革的进一步推进，一旦失去政府隐性担保，债务违约风险高的国有企业将失去既有优势，其偏离目标资产负债率的程度将提高。国有企业应该认识到这一点，加强企业债务违约风险的预防和控制。银行等债权人在分配信贷资源时考虑了国有产权性质带来的政府隐性担保，只要政府的隐性担保能够持续，即使国有企业短期偿债风险较高，其动态角度下的负债风险将小于非国有企业。但是随着国有企业市场化改革的进一步深化，国有产权性质带来的政府隐性担保下降时，动态看国有企业负债风险小于非国有企业的优势将逐渐缩小乃至消失，而国有企业短期（静态）偿付能力的不足可能加剧其流动性风险，进而可能对其经营产生负面影响。因此，银行等金融机构在判断国有企业负债风险时，需要适当调整思维方式，关注到未来政府隐性担保逐渐弱化之后可能出现的国有企业负债风险的凸现。

中钢集团的高负债之路

　　中钢集团作为一家大型国有企业，曾创造央企快速成长的神话——这家央企 2003 年总资产才 100 亿，2010 年已发展至 1200 亿元，足足翻了十几倍，其发展模式也一度受到国资委认可。但是 2014 年 9 月 22 日，"中钢数百亿元贷款全面逾期"的消息在市场风传，一石激起千层浪，中钢集团的债务危机逐渐揭开面纱……

一、中钢集团及其上市公司简介

　　中国中钢集团公司是一家国资委旗下的中央国有企业，目前主要从事冶金矿产资源开发与加工，冶金原料、产品贸易与物流，相关工程技术服务与设备制造等工作，曾多次进入"中国企业 500 强"和"世界企业 500 强"（见

表 8-4）。截至 2013 年 12 月 31 日，中钢集团总资产达到 1100 亿元。

中钢集团成立于 1993 年 5 月份，最初由中国冶金进出口总公司、中国钢铁炉料总公司、中国国际钢铁投资公司和中国冶金钢材加工公司组建而成，原名为"中国钢铁工贸集团公司"。2004 年 8 月，集团更名为"中国中钢集团公司"（以下简称"中钢集团"）。

表 8-4   中钢集团在"中国企业 500 强"及"世界企业 500 强"排名

年度	中国企业 500 强	世界企业 500 强
2006	第 88 名	—
2007	第 60 位	—
2008	第 33 位	—
2009	第 24 位	第 372 位
2010	第 32 位	第 352 位
2011	第 40 位	第 354 位
2012	—	—
2013	—	—
2014	—	—

资料来源：作者整理。

2006 年 8 月，中钢集团收购吉林炭素股份有限公司（股票代码：000928）控股股东吉林炭素集团有限责任公司所持有的国有法人股 15018 万股，控股比例达到 53.09%，成为吉林炭素股份有限公司的控股股东，并将吉林炭素股份有限公司更名为"中钢集团吉林炭素股份有限公司"。2014 年 10 月，由于重大重组导致中钢集团吉林炭素股份有限公司主营业务发生变化，其名称变更为"中钢国际工程技术股份有限公司"，简称变更为"中钢国际"。截至 2014 年 11 月 7 日，中国中钢集团公司在中钢国际的持股比例为 20.39%，其全资子公司中国中钢股份有限公司（以下简称"中钢股份有限公司"）持股比例达到 35.13%，中钢集团依然是中钢国际的实际控制人。

2006 年 8 月 2 日，中钢集团旗下子公司"中钢集团安徽天源科技股份有限公司"（以下简称"中钢天源"）在深圳证券交易所挂牌交易，股票代码为 002057。2008 年 10 月 31 日，中钢集团将其持有的股权 2448 万股（占公司总股本的 29.14%）过户到中钢股份有限公司名下。截至 2014 年 9 月，中国中钢股份有限公司持股比例为 25.94%，第二大股东中钢集团马鞍山矿山研究院有限公司（隶属于中钢集团）持股比例为 8.28%，中钢集团依然是公司的实际控制人。至此，中钢集团旗下已有两家上市公司。中钢集团及旗下上市公司控股结构图见图 8-2。

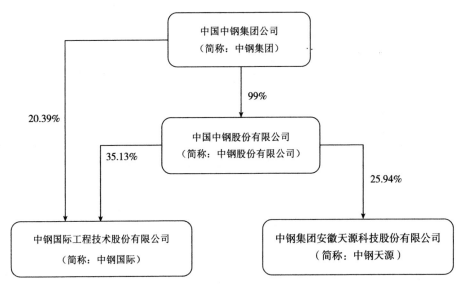

图 8-2 中国中钢集团公司与旗下上市公司控股结构图（截至 2014 年 9 月）

资料来源：作者整理。

二、中钢债务危机

（一）中钢集团贷款逾期事件

2014 年 9 月 22 日，"中钢集团银行贷款百亿元全面逾期"的消息在网络上风传，此后消息愈演愈烈，传闻称其逾期贷款涉及 9 家银行，并指国务院国资委可能注资 200 亿元。这一消息立即引起市场和媒体对中钢集团负债危机的广泛关注。

次日，中钢集团回应表示"公司确有个别资金回笼未按期到账，在宏观经济下行的环境下，钢铁行业低迷，公司资金面紧张，但经营仍处于平稳正常状态"。工商银行和民生银行也陆续否认传闻。工商银行相关负责人称"中钢集团及其下属企业在工行的融资余额占中钢全部金融机构融资余额的比重不足 1.3%，目前工行相关融资均未违约"。民生银行也表示"只有个别分行对中钢集团旗下经营良好的当地子公司有少量授信，目前，这些子公司经营正常、还款付息正常，相关贷款未产生逾期或不良"。

尽管中钢集团和相关银行纷纷辟谣，但市场对其高负债风险并非杞人忧天。中诚信评级报告显示，中钢集团总负债已从 2007 年的 657.76 亿元增加至 2013 年的 1033.52 亿元，资产负债率从 2007 年的 89.33% 提高至 93.87%，一直居高不下（见表 8-5）。我们通过 wind 数据库财务数据发现，根据申银万国行业分类，2013 年 12 月 31 日钢铁类上市企业平均资产负债率为 64.95%，其中负债率最低的为常宝股份（22.25%），负债率最高的为抚顺特钢（85.12%）。而国资委旗下的另外三家央企上市公司宝钢股份、鞍钢股份、武钢股份负债率分别为 47.03%、49.29%、60.78%，均低于中钢集团资产负债率。尽管中钢集团整体并未上市，与钢铁上市企业的内外部环境可能有所不同，但中钢集团 93.87% 的负债率不得不令人担忧。

表 8-5 中钢集团主要财务数据

金额单位：万元

财务数据	2007–12–31	2008–12–31	2009–12–31	2010–12–31	2011–12–31	2012–12–31	2013–12–31
总资产	7363158.76	9925172.52	12449547.77	12583532.96	12581642.55	10914442.82	11010171.04
总负债	6577568.31	8931940.21	11285905.79	11468701.88	12105531.65	10707319.21	10335177.90
资产负债率（%）	89.33	89.99	90.65	91.14	96.22	98.10	93.87
主营业务收入	12353116.72	16835988.55	16404265.30	18456624.08	17976694.27	14973743.10	14047408.46
主营业务利润	645646.08	929665.39	636322.19	818678.53	897950.91	61189.93	590341.75
EBIT	453491.72	477078.66	311589.87	198596.87	-99811.63	128977.36	346574.65
EBITDA	510458.01	543637.24	389706.53	298521.32	31014.23	292680.10	458579.74

资料来源：作者整理。

事实也正是如此，2014 年 6 月 24 日中诚信在对"10 中钢债"[1] 的评级报告中表示"中钢集团资产负债率很高，经营持续亏损且面临很大的流动性风

———————

[1]　2010 年 10 月 20 日，中钢股份发行 20 亿元公司债，中钢集团作为其担保人。

险，下属子公司除中钢股份外，其余主要子公司也面临很大的经营和偿债压力，从中钢集团合并报表口径来看，无法为（中钢股份有限公司）本期债券提供有力担保"。

（二）中钢股份有限公司负债情况

中钢集团持股 99% 的中钢股份是其主要经营主体，集团大部分的负债也是来自于中钢股份及其子公司。

根据中钢股份年报①，2007 年以来中钢股份资产负债率一直处于 90% 以上，其中 2011 年达到最高值 98.47%（见表 8-6）。截至 2013 年 12 月 31 日，中钢股份总负债为 950.67 亿元，其中短期借款为 369.74 亿元（见表 8-7），逾期未还短期贷款为向衡阳市珠晖区人民政府借款，未还金额为 3 亿元（见表 8-8），长期借款为 50.23 亿元（见表 8-9），逾期未还的长期借款为 2685 亿元（见表 8-10），主要为向建行和农行的借款，逾期时间均已超过六年。

表 8-6　　　　　　　　　　中钢股份资产负债率表

金额单位：万元

项目	2007-12-31	2008-12-31	2009-12-31	2010-12-31	2011-12-31	2012-12-31	2013-12-31
资产总计	6383425.84	7935539.38	10111138.49	10044692.66	10208464.03	9784892.05	10020298.07
负债合计	5907122.14	7261010.29	9408043.89	9340453.56	10052482.68	9273889.00	9506692.53
资产负债率（%）	92.54	91.50	93.04	93.00	98.47	94.78	94.87

资料来源：作者整理。

表 8-7　　　　中钢股份有限公司 2013 年 12 月 31 日短期借款分类表

单位：元

项目	期末金额	年初余额
质押借款	8627307401.50	1090918800.44
抵押借款	1051646288.66	937688482.00
保证借款	20069154707.52	23612231950.50
信用借款	7226025631.93	8981571118.55
合计	36974134029.61	34622410351.49

资料来源：《中国中钢股份有限公司 2013 年度报告》。

---

① 2010 年 10 月 20 日，中钢股份发行 20 亿元公司债，2007~2013 年年报均可公开获得。

表 8-8　　　中钢股份有限公司 2013 年 12 月 31 日短期借款逾期未还情况表

单位：元

贷款单位	贷款金额	贷款利率	贷款类别	贷款资金用途	逾期时间（天）	未按期偿还原因	预计还款期
衡阳市珠晖区人民政府	300000000.00	无息	信用借款	建设周转金	735	由于流动资金紧张	2015 年 6 月 30 日
合计	300000000.00	—	—	—	—	—	—

资料来源：《中国中钢股份有限公司 2013 年度报告》。

表 8-9　　　　　中钢股份有限公司 2013 年 12 月 31 日长期借款分类表

单位：元

项目	期末金额	年初余额
质押借款	1647606899.29	2308251000.00
抵押借款	417466250.00	784578828.94
保证借款	2199260000.00	2452230000.00
信用借款	758830130.00	4102729365.34
合计	5023163279.29	9647789194.28

资料来源：《中国中钢股份有限公司 2013 年度报告》。

表 8-10　　中钢股份有限公司 2013 年 12 月 31 日长期借款逾期未还情况表

贷款单位	贷款金额（元）	贷款利率（%）	贷款类别	贷款资金用途	逾期时间（天）	未按期偿还原因	预计还款期
建行四支行	17350000.00	7.56	信用借款	自用	6 年	改制造成长期挂账	无法预计
陕西省农业银行	3000000.00	7.20	信用借款	由人行委托西安交行办理的 RH 大型钢水精炼炉国产化专项购汇贷款，最终转入农行	15 年	未催收	无法预计
爱建信托	3000000.00	7.56	信用借款	自用	12 年	改制造成长期挂账	无法预计
浦联证券	2000000.00	6.14	信用借款	自用	12 年	改制造成长期挂账	无法预计
建行一支行	1420000.00	7.56	信用借款	自用	22 年	改制造成长期挂账	无法预计
建行五支行	80000.00	7.56	信用借款	自用	18 年	改制造成长期挂账	无法预计
合计	26850000.00						

资料来源：《中国中钢股份有限公司 2013 年度报告》。

如表 8-11 所示，2013 年 6 月 28 日，中诚信在 "10 中钢债" 评级报告中首次将中钢股份主体评级从 AA 调整为 AA-，评级展望从 "稳定" 调整为 "负面"。2014 年 6 月 23 日，中诚信维持中钢股份主体评级为 AA-，评级展望从 2013 年 6 月的 "负面" 调整为 "稳定"。但是 2014 年 9 月发布的评级报告中，中诚信对中钢股份主体的评级展望重新调整为 "负面"，并表示 "近期媒体的负面报道 ① 可能会导致公司融资环境的变化，并对公司流动性产生负面影响。此外，2014 年下半年以来，国际铁矿石供应持续增加，6 月份至今铁矿石均价下降约 20%；主要受房地产市场调整的影响，钢铁下游行业的用钢需求增速下降，公司以铁矿石与钢材产品贸易为主的业务受到一定程度的影响。考虑到受宏观经济与行业环境影响，公司承受一定的经营压力。"

表 8-11 　　　　　　　　　　　　　中钢债历史信用评级

发布日期	评级标准	信用评级	评级展望	变动方向	评级机构
2007-05-25	担保人评级	AA+	稳定	首次	中诚信国际
2008-03-17	担保人评级	AA+	稳定	维持	中诚信国际
2010-06-24	主体评级	AA	稳定	首次	中诚信国际
	债券评级	AA	—	首次	中诚信国际
2012-01-31	债券评级	AA	—	维持	中诚信国际
	担保人评级	AA		调低	中诚信国际
	主体评级	AA	稳定	维持	中诚信国际
2013-01-23	担保人评级	AA	—	维持	中诚信国际
	主体评级	AA		维持	中诚信国际
2013-06-28	债券评级	AA-	—	调低	中诚信国际
	主体评级	AA-	负面	调低	中诚信国际
2014-06-23	债券评级	AA-	—	维持	中诚信国际
	主体评级	AA-	稳定	维持	中诚信国际
2014-9-29	主体评级	AA-	负面	维持	中诚信国际

资料来源：作者整理。

---

① 指 2014 年 9 月 22 日中钢集团百亿元贷款逾期消息及后续媒体报道。

（三）中钢集团旗下上市公司负债情况

中钢集团被曝出债务违约的相关传闻后，中钢集团旗下上市公司中钢天源明确表示，公司与中钢集团有关联往来，但业务、资金方面并不受影响。根据中钢天源2013年年度报告，中钢天源仅有对中钢集团马鞍山矿山研究院有限公司的"其他应付款"345.19万元，性质为"应付上市前股利"，与中钢集团并无资金拆借，资产负债率一直保持在较低水平，未见异常（见表8-12）。

表 8-12 中钢天源资产负债情况

金额单位：万元

	2006-12-31	2007-12-31	2008-12-31	2009-12-31	2010-12-31	2011-12-31	2012-12-31	2013-12-31	2014-09-30
资产总计	34018.22	38819.72	36393.49	36131.78	43646.49	49234.43	63831.82	58659.73	58981.53
负债合计	10133.14	13919.71	12838.72	12286.04	19080.86	23607.99	18022.12	10693.74	9451.21
资产负债率（%）	29.79	35.86	35.28	34.00	43.72	47.95	28.23	18.23	16.02

资料来源：作者整理。

另一家上市公司中钢国际对中钢集团债务违约传闻并未有相关说明。但从其年报看，中钢国际与中钢集团间的资金拆借较为频繁。截至2014年6月30日，中钢国际对中钢集团"其他应付款"达到5.92亿元。自2006年中钢集团成为中钢国际实际控制人后，中钢国际资产负债率也节节攀升，从2006年的57.47%攀升至2013年的82.35%。2014年半年报显示中钢国际资产负债率已达到92.90%，见表8-13。

表 8-13 中钢国际资产负债情况

金额单位：万元

	2006-12-31	2007-12-31	2008-12-31	2009-12-31	2010-12-31	2011-12-31	2012-12-31	2013-12-31	2014-6-30
资产总计	217795.90	267265.55	258047.45	249256.42	241585.03	247614.28	244937.51	211291.55	193208.19
负债合计	125043.37	157287.07	164322.64	147393.65	145678.73	153883.56	164824.35	174006.16	179483.30

续表

	2006-12-31	2007-12-31	2008-12-31	2009-12-31	2010-12-31	2011-12-31	2012-12-31	2013-12-31	2014-6-30
资产负债率（%）	57.41	58.85	63.68	59.13	60.30	62.15	67.29	82.35	92.90

资料来源：作者整理。

三、中钢集团的高负债之路

"冰冻三尺非一日之寒"，中钢集团的负债危机也并非近年才形成，其原因可能要追溯到 2003～2011 年的急速扩张，这一时期的扩张使得中钢集团总资产从 100 亿元增长至 1200 亿元，但扩张带来的问题日益显现。

（一）黄天文的扩张时代（2003 年 12 月～2011 年 5 月）

1. 国内国外并购重组

2003 年 12 月，黄天文出任中钢集团总经理兼党委书记，当时的中钢集团以铁矿石进出口、钢铁及相关的设备贸易为主。黄天文在任时，曾计划将中钢集团往实业方向转型，向钢铁的供应、销售等环节渗透，将中钢集团发展成为一家"钢铁行业生产型服务商"。但当时原国资委主任李荣融提出央企要做大做强，预计将 160 多家央企重组为 80～100 家，行业前三名以外的都有可能被重组。为了逃脱被重组的命运，中钢集团只能主动出击，将自身做大做强。

从 2005 年开始，中钢集团进行一系列并购重组，先后在西安、洛阳、衡阳、吉林等地投资控股和设立子公司（见表 8-14），并逐步构建起了"矿业、炭素、耐火、铁合金、装备制造"五大产业运作格局。

表 8-14　　　　　　　　　2005～2007 年中钢集团并购重组事项

时间	事项
2005 年 8 月	中钢集团投资控股西安冶金机械有限公司，更名为中钢集团西安重机有限公司
2005 年 9 月	中钢集团投资控股洛阳耐火材料集团有限公司，更名为中钢集团洛阳耐火材料有限公司
2006 年 6 月	中钢集团重组衡阳有色冶金机械总厂，成立中钢集团衡阳重机有限公司
2006 年 7 月	中钢集团重组邢台机械轧辊集团有限公司，更名为中钢集团邢台机械轧辊有限公司

续表

时间	事项
2006 年 8 月	中钢集团重组吉林炭素股份有限公司，更名为中钢集团吉林炭素股份有限公司
2006 年 8 月	中钢集团重组吉林新冶设备有限责任公司，更名为中钢集团吉林机电设备有限公司
2007 年 5 月	中钢集团重组吉林铁合金股份有限公司，更名为中钢集团吉林铁合金股份有限公司

资料来源：作者整理。

除了国内扩张，中钢集团在海外收购方面也有大动作。2008 年 9 月中钢集团正式完成对澳大利亚中西部公司（MidwestCorporation）的收购，以 13 亿美元将对方 98.52% 的股权收入囊中。此次收购被亚洲两家著名金融与投资专业杂志《亚洲金融》（Finance Asia）和《财资杂志》（Assets）分别评为 2008 年度"最佳并购交易"和"最佳交易"，被国内誉为"中国国有企业的第三次海外敌意收购尝试，也是第一宗成功的敌意收购案例"。该项目原计划铁矿石年产量 3000 万吨以上，但现实给了中钢集团重重一击。由于港口、铁路等基础设施问题，该项目在 2011 年 6 月 23 日叫停。此外，中钢集团在非洲拥有近 10 家公司，所投资的资源种类主要为铁矿石和铬矿。但是海外项目收益甚微、进口红土镍矿等多业务组合也出现失误，这些都成为中钢集团连续亏损的重要原因。

2. 民企资金占用

除了扩张失利，中钢集团与民营企业的资金往来方式也出现问题。

2007 年中钢集团与山西中宇之间开始巨额的资金往来。起初，中钢兰州分公司通过山西苑军实业公司与山西中宇展开业务合作。2007 年 5 月，三方签订了有效期五年的战略合作协议。根据协议，中钢将通过中钢旗下的中钢钢铁包销五年山西中宇的产品，包括山西中宇扩大生产后的产量。此后，中钢钢铁西安分公司承接了原中钢兰州分公司的业务。

按照中钢钢铁公司的最初设想，山西中宇每月产量为 20 万吨，依照当时钢材价格 5000 元 / 吨计算，每月销售收入约 10 亿元，中钢钢铁提前两个月预付货款 20 亿元以保证山西中宇的正常运转。但这种预收货款的方式使得山西中宇占用了中钢集团大量资金。

2008 年由此形成的财务黑洞开始显现，山西中宇对中钢集团欠款达到 26

亿元，到 2010 年下半年欠款已近 40 亿元，尽管最后两家公司之间的债务问题得到解决，但中钢集团为此付出了高达 34 亿元的代价。

3. 上市计划失利

2007 年春节后，中钢集团启动整体上市计划，并成立专门的"长江项目办公室"负责上市计划，并聘请了普华永道会计师事务所担任其上市审计。但有消息称，在进行 2008 年一季度财务情况审计时，普华永道注意到中钢集团对山西中宇存在可疑大额资金往来，并向公司管理层质询。此后，普华永道曾专程派人前往山西查看山西中宇工厂具体情况。在进行二季度财务审计时，普华永道认为中钢对山西中宇的预付货款已出现严重问题，必须为可能存在的损失进行相应调整。2008 年下半年，中钢解除了与普华永道的合作关系，将会计事务所更换为中瑞岳华会计师事务所。中瑞岳华最终出具了一份 2009 年度审计报告，但要求其审计报告不得用于上市。

2011 年，中钢集团上市计划仍未成功，总裁黄天文却因为债务等问题被国资委免职。

（二）贾宝军未挽狂澜（2011 年 5 月～2014 年 10 月）

2011 年 5 月，贾宝军接任中钢集团总裁一职。上任后他开始了一系列调整，包括削减资金占用量较大的业务、清理高库存、成立专项小组解决资金占用问题，此外，撤销"长江项目办公室"，开展事业部改革，对中层基层干部进行重新竞聘上岗。

在这一调整方针下，2012 年中钢集团相继出售四川炭素有限公司、杭州湾大桥项目股权、中钢广铁有限公司等资产。与此同时，中钢集团的业务也在收缩。每日经济新闻指出"根据海关资料，中钢集团 2011 年进口铁矿石 2500 万吨，排名全国第四；2012 年进口量仅 2000 万吨左右，排名下滑至第六位；2013 年进口量再度下降，为 1194 万吨。"

然而，出售资产及业务收缩并未给中钢集团带来转机。贾宝军上任 3 年后，中钢债务危局再度爆发，民企占用资金较多、负债高以及企业盈利能力弱的局面并未改变。

2014 年 6 月，中钢集团管理层和员工均收到一封"中钢集团还有希望吗？"为题的公开信。信中指出中钢集团通过财务造假、申请财政补贴才实现 2013 年财务报表的盈利；集团被海鑫、鑫达等民营企业套牢的资金接近 20

亿。信中还指出贾宝军本身做钢铁业出身，对服务业务并不熟悉，在人事方面排斥异己，导致多位"老中钢"的出走。这一信件重新引起市场对中钢集团与民企间资金占用的关注。

2014年9月22日，"中钢数百亿元贷款全面逾期"的消息传出，曾经的山西中宇事件、海鑫与鑫达事件再次被起底，各大银行也将中钢集团列入"关注类"，中钢集团的流动性风险令人担忧。

四、徐思伟临危受命

2014年10月11日，原中钢集团党委书记和副总经理徐思伟正式接任贾宝军出任总裁一职，中钢集团开始新一轮的变革。此次，中钢集团提出五步改革方针"第一步业务梳理，第二步构建好各个板块的核心公司，第三步按照精简高效的原则打造总部机构，第四步优化人员配置，第五步完善相应的机制"。

徐思伟上任以来，已经进行了一些大动作。2014年11月17日，中钢集团总裁徐思伟与力拓首席执行官威尔逊共同签署了《恰那合营企业再延期框架协议》。同日中钢集团将其累计持有的中钢集团吉林铁合金股份有限公司73.326%股权（3.8亿股）挂牌转让。在挂牌信息中，中钢吉铁的资产总计25.78亿元，中钢集团直接或间接持有73.326%的股权，对应价值应为18.9亿元。但由于中钢吉铁的负债达到27.68亿元，此次转让股权的对应评估值为 −1.39亿元，挂牌价格仅为800万元。2014年12月16日，辽宁中泽集团与中钢吉铁签约并购，正式完成对吉铁公司的控股。

新的一年已经开始，中钢集团改革之路任重道远，其能否脱困依然是个问题。

五、中钢债务危机提出的问题和思考

从2003年至今，中钢集团曾经历过迅速崛起的辉煌岁月，如今却在债务泥潭中无法自拔，脱困成谜，其发展模式和危机处理战略不禁引起我们的深思。快速扩张带来的优势能否长久，又该如何保持？商业信用如何合理利用？面对债务危机，企业该如何应对？CEO更替能否挽回残局？这些都值得我们进一步思考。

讨论题：

1. 分析与讨论中钢集团发生债务危机的原因。

2. 画图:(1)画出中钢集团、中钢国际资产负债率走势图;(2)对于中钢集团和中钢国际,找到与其行业相同、规模相当的对比公司,画出对比公司的负债率走势图;(3)对比中钢集团(或中钢国际)与其对比公司资产负债率的差异,说明中钢集团、中钢国际与同比公司相比,资产负债率是否过高或过低。

3. 计算中钢集团、中钢国际过度负债率。

参考方法1:过度负债率=企业实际资产负债率-行业资产负债率中位数

参考方法2:通过回归方式预测中钢集团(或中钢国际)目标负债率。过度负债率=企业实际资产负债率-企业目标负债率

4. 根据2、3题,进一步讨论:(1)企业应该如何判断是否过度负债?(2)企业如何避免走向过度负债?

参考文献:

[1]方军雄:《所有制、制度环境与信贷资金配置》,载于《经济研究》2007年第12期。

[2]姜付秀、屈耀辉、陆正飞、李焰:《产品市场竞争与资本结构动态调整》,载于《经济研究》2008年第4期。

[3]陆正飞、高强:《中国上市公司融资行为研究——基于问卷调查的分析》,载于《会计研究》2003年第10期。

[4]屈耀辉:《中国上市公司资本结构的调整速度及其影响因素——基于不平行面板数据的经验分析》,载于《会计研究》2006年第6期。

[5]盛明泉、张敏、马黎珺、李昊:《国有产权、预算软约束与资本结构动态调整》,载于《管理世界》2012年第3期。

[6]王跃堂、王亮亮、彭洋:《产权性质、债务税盾与资本结构》,载于《经济研究》2010年第9期。

[7]肖泽忠、邹宏:《中国上市公司资本结构的影响因素和股权融资偏好》,载于《经济研究》2008年第6期。

[8]张会丽、陆正飞:《控股水平、负债主体与资本结构适度性》,载于《南开管理评论》2013年第5期。

[9] Aghion P. and Bolton P. "An Incomplete Contracts Approach to Financial Contracting", The Review of Economic Studies, Vol.59, 473-494. Banerjee S., Hesh-

mati A. and Wihlborg C., 2004, "The Dynamics of Capital Structure", Research in Banking and Finance, 1992,Vol.4, 275-297.

[10] Caskey J., Hughes J. and Liu J. "Leverage, Excess Leverage, and Future Returns", Review of Accounting Studies, 2012,Vol.17, 443-471.

[11] Chang C., Chen X. and Liao G. "What are the Reliably Important Determinants of Capital Structure in China?", Pacific-Basin Finance Journal87-113 2014.

[12] Deangelo H., Deangelo L. and Whited T. M. "Capital Structure Dynamics and Transitory Debt", Journal of Financial Economics, 2011,Vol.99, 235-261.

[13] Denis D. J. and Mckeon S. B. "Debt Financing and Financial Flexibility Evidence From Proactive Leverage Increases", Review of Financial Studies, 2012,Vol.25, 1897-1929.

[14] Drobetz W. and Wanzenried G. "What Determines the Speed of Adjustment to the Target Capital Structure?", Applied Financial Economics, 2006,Vol.16, 941-958.

[15] Faulkender M. and Petersen M. A. "Does the Source of Capital Affect Capital Structure?", Review of Financial Studies, 2006,Vol.19, 45-79.

[16] Goyal V. K. F. "Capital Structure Decisions: Which Factors are Reliably Important?", Financial Management, 2009,Vol.38, 1-37.

[17] Graham J. R. "How Big are the Tax Benefits of Debt?", The Journal of Finance, 2000,Vol.55, 1901-1941.

[18] Harford J., Klasa S. and Walcott N., "Do Firms Have Leverage Targets? Evidence From Acquisitions", Journal of Financial Economics, 2009,Vol.93, 1-14.

[19] Hovakimian A., Hovakimian G. and Tehranian H. "Determinants of Target Capital Structure: The Case of Dual Debt and Equity Issues", Journal of Financial Economics, 2004,Vol.71, 517-540.

[20] Jensen M. and Meckling W. "Theory of the Firm: Managerial Behavior, Agency Costs, and Ownership Structure", Brunner K., Springer Netherlands, 1, 1979, pp.163-231.

[21] Lemmon M. L., Roberts M. R. and Zender J. F. "Back to the Beginning: Persistence and the Cross-Section of Corporate Capital Structure", The Journal of

Finance, 2008,Vol.63, 1575-1608.

［22］Li K., Yue H. and Zhao L. "Ownership, Institutions, and Capital Structure: Evidence From China", Journal of Comparative Economics, 2009, Vol.37, 471-490.

［23］Lööf H. "Dynamic Optimal Capital Structure and Technical Change", Structural Change and Economic Dynamics, 2004,Vol.15, 449-468.

［24］Myers S. C. "Determinants of Corporate Borrowing", Journal of Financial Economics, 1977,Vol.5, 147-175.

［25］öztekin Ö. and Flannery M. J. "Institutional Determinants of Capital Structure Adjustment Speeds", Journal of Financial Economics, 2012, Vol.103, 88-112.

［26］Rajan R. G. and Zingales L. "What Do we Know About Capital Structure? Some Evidence From International Data", The Journal of Finance, 1995,Vol.50, 1421-1460.

［27］Titman S. and Tsyplakov S "A Dynamic Model of Optimal Capital Structure", Review of Finance, 2007,Vol.11, 401-451.

［28］Uysal V. B. "Deviation From the Target Capital Structure and Acquisition Choices", Journal of Financial Economics, 2011, Vol.102, 602-620.